大腦修復術

一本書教你如何應對憂鬱、
焦慮、強迫症、拖延、社交恐懼、注意力不集中等精神困擾，
幫助你平衡生活壓力、提升工作表現

耶魯大學
精神醫學博士後

姚乃琳

——

著

Brain Repair

目次

第一章 憂鬱是大腦的重感冒，也是演化的護身符　015

第二章 焦慮是大腦的過時本能　043

第十二章 你在聽我說話嗎？

第十三章 創造力是比記憶力和專注力 更重要的大腦核心競爭力

推薦序

　　近年來，心理和精神疾病的發病率日趨升高，憂鬱症、焦慮症屢見不鮮，由憂鬱症導致的自殺現象時有發生，甚至已經超過了癌症和心血管疾病，成為人類的頭號殺手。與嚴峻的現狀成鮮明對比的是，鮮有人從腦科學的角度向大眾解釋心理和精神問題的腦機制。如果我們不知道正常的大腦如何工作，那麼又談何修復大腦呢？

　　現代心理科學是僅有一百多年歷史的年輕學科，較之於歷史悠久的物理學，心理學在一百多年前還未真正從哲學中分化出來。直至十九世紀末二十世紀初，歐洲才湧現出第一批現代心理學家和精神病學家，包括眾所周知的佛洛伊德，以及他的弟子榮格等人。他們嘗試從個體發育、社會影響、大腦生理學等多個角度來剖析人的心理和精神異常。然而，由於當時對心理狀態和精神異常的觀察手段較為有限，缺乏科學定量的工具和方法論，無法進行實證檢驗，精神病學家和心理學家僅僅依靠行為觀察得到的理論難辨對錯。

　　隨著認知神經科學和相關技術的迅猛發展，最近三五十年間科學界對於大腦機制的認識不斷加深。我們可以藉助腦電圖、大腦成像等技術，在無創條件下對大腦活動進行測量，觀測人在不同發育階段、不同精神狀態下的大腦活動，從而促進對人類心理活動和精神疾病內部過程的理解。然而，相對於精神分析理論，現代心理學的近期發展並不為公眾所熟知。因此，目前心理學急切需要更能為大眾所接納的表述。以深入淺出的方式向公眾描述學術界的進展在目前顯得越發必要，原因有以下三點：

　　在資訊時代中，心理學和腦科學對個人的重要性日益增加。我

們的生活正在迅速變化，科技變革下社會的發展速度超出了人的適應能力。與之相伴，焦慮、憂鬱等心理問題也越來越突出。這種環境下，在充分理解自身的基礎上進行調整和改善變得尤為重要。

社會的認可和參與可以促進學科的發展。心理學是一門可以廣泛服務社會的學科，更好的社會認知和關注度可以在一定程度上反哺學科的發展，從而帶來更多的有利資源。

群體思考可以為尖端研究發現更多空間。心理學是目前應用最廣泛、交叉性最強的學科之一，認知科學、人工智慧、教育學、社會學等諸多學科，都與心理學有深入交叉。心理學基礎理論和思想的傳播，可以激發其他學科和行業從業者的思維碰撞，也許會產生更耀眼的火花。

姚乃琳博士接受了良好的心理學、精神醫學和腦科學的教育，是一名優秀的跨學科工作者。如今她投入科普事業，是當今中國心理學科普的領先者。相信她充沛的精力與好奇心可以感染廣大讀者，她敏銳的學術嗅覺可以讓真正有價值的成果走出象牙塔造福大眾，這些特質使她非常適合承擔起心理學的科普重任，彌合公眾與學界的認知鴻溝。這本書從腦科學角度深入剖析了一個人可能遇到的絕大多數的心理和認知困擾，對每一個精神和心理現象的解讀都有理有據，可以幫助讀者從腦科學角度理解自身的心理問題，以解決自己的困擾。這是一本優秀的科普讀物，值得閱讀。

沈模衛
浙江大學心理與行為科學系教授，中國心理學會前理事長
二〇一九年十一月二十二日

前言

你在一生中遇到的絕大多數問題，都源自你的大腦。

出門忘記帶鑰匙，可能是大腦的記憶力出了問題；看書總是跳行，聽人說話經常走神，可能是大腦的注意力出問題；工作上絞盡腦汁也想不出好點子，可能是大腦的創造力跟不上工作需求；年紀大了，說過的話轉眼就忘，可能是你的大腦衰老了；睡不著覺，或者剛睡著就遇到所謂的鬼壓床，你可能正在經歷睡眠障礙；熱戀中無時無刻不想著心愛的對方，可能是你的大腦對這段感情上了癮……

有時你連續幾天都開心不起來，世界看起來一片灰暗，你可能是憂鬱了；有時你連續幾週坐立不安，總覺得有壞事要發生，你可能是焦慮了；想到要和別人聊天就害怕，你可能有點社交恐懼；你每天花很多時間反覆洗手、檢查門有沒有上鎖、沒完沒了地重複儀式，你的大腦可能有強迫傾向；你從不在乎別人的看法，別人的痛苦甚至讓你覺得有些開心，你可能有點心理變態；絕大多數人都曾經把事情拖到明天再做，這是你們的大腦在拖延；你們中還可能有人曾經看到「不存在」的東西，聽到「不存在」的聲音，覺得別人都不喜歡自己，甚至要加害自己，你可能有幻覺和妄想，這些可不是只有思覺失調症患者才有的認知扭曲；你可能時而極度亢奮，覺得自己無所不能，時而覺得自己一無是處，作為一個人你感到很抱歉，恭喜你，你正在體驗雙相情感障礙（編按：又稱雙極性情感疾患，即躁鬱症）的世界……

親愛的讀者，不用懷疑，你肯定能從本書中找到自己。

沒有人能擁有完美無缺的大腦，沒有人的大腦是完全「正常」

的。每個人的大腦都或多或少有些「不完美」或「不正常」。這些「不正常」有時是情緒方面的，有時是認知方面的，它們可能會影響你日常的工作與學習，或者影響你的生活和處事，又或者影響你的交友和親密關係。可能你自認為是一個智力不俗的人，卻情緒敏感、波動大，凡事容易往不好的方面想；可能你自認為是個情商、智商雙高的人，卻為難以集中注意力而困擾；可能你遇事沉著冷靜，有大將之風，但你從未告訴別人，你大多數時候都無法和別人產生同理心。在本書裡我想告訴你的是，完美無缺的正常本身就是個偽命題；在大自然當中，不正常才是常態，不完美才是才華本身。

本書的每一章都會聚焦於一個大腦精神問題。你需要知道，每個大腦問題所涉及的特質都不是界限分明、非黑即白的，它們更像連續的山坡，在我們的大腦中以不同的嚴重程度存在著。在本書每章的前半部分，我會用有趣的科學實驗、經典案例和生活小故事，為你詳盡介紹這個大腦特質的表現和背後的機制；在後半部分，我會針對這個特質為你提供自我改善的方法。總之，你對自己大腦的好奇、疑惑和憂慮，大都能從本書中得到一星半點的啟發。

感謝我的本科導師、中國心理學會前理事長沈模衛教授對本書內容給出建議並慷慨作序，感謝我的助理同事周靖雯（Mandy）對內容做細緻的校對，感謝我的家人一直以來對我的學術追求無條件支持，感謝我的父母一直教育我要做正直、理性的事，要傳播真、善、美的價值觀，感謝我的博士導師蔡秀英（Siew-eng Chua）、格蘭尼‧麥克阿羅南（Grannie McAlonan）以及我的博士後老闆戴維‧格拉恩（David Glahn）在我近十年的學術生涯中對我的專業素質的培養和打磨，以及對我的專業道德素養的塑造。

本書涉及大量與大腦相關的不同方面的知識和研究，作者能力

有限，雖然反覆修改，但相信文中依然存在不少未能發現的疏漏，或者缺失了最新的未能補充進去的科學觀點，還望讀者諒解和批評指正。

第一章

憂鬱是大腦的重感冒，
也是演化的護身符

我在上大學的時候有一段時間情緒低落，生活茫然，感覺沒有意義，不僅對學習提不起精神，即使是參加最喜歡的活動，也幾乎不再感到快樂。這樣的狀況持續約一個月。直到後來在一次課外活動中喜歡上一個男生，一想到每週有一天可以在同一個場合遇見他，心裡就小鹿亂撞，生活也從低落陰暗的狀態不知不覺變回陽光燦爛有希望。雖然一個月後發現他並不適合自己，但心情還是走回了有晴有陰的穩定軌道。

在全球範圍內，每年有三億人受到憂鬱症的影響，這其中有八十萬人因憂鬱症而自殺。憂鬱症導致的死亡已經成為十五到二十九歲年輕人的第二大致死原因。當一個人憂鬱症發作時，做什麼都不開心，即使是平時最喜歡的活動，也都提不起興趣，感覺沒有任何事情可以給自己帶來快樂。與鬱悶不同，憂鬱的症狀要持續兩週以上才可能是憂鬱症。我有一個朋友在大學時，很長一段時間都處於憂鬱期。他告訴我，他一開始並沒有意識到自己有什麼問題，直到有一天他總結最近的生活，發現本來很外向的他竟然幾個月都沒有和任何人出去玩了。每次答應別人出去吃飯或者做戶外活動，他都在最後一刻滿懷愧疚地爽約，因為「就是不想去」。每當電話鈴聲響起，對他來說就是一種恐怖的折磨。於是，他覺得自己可能需要看醫生了。

如何自我診斷憂鬱症 _____

　　每五到六個人中，就有一個人在一生當中的某個階段會患憂鬱症，這意味著憂鬱症是一種非常常見的精神疾病。

　　無論在富有的國家還是貧窮的國家，憂鬱症的發病率都差不多，這說明憂鬱症並不是一個由貧窮或者現代生活模式引發的疾病。雖然社會和文化因素在一定程度上會影響憂鬱症的發病率，但總的來說，基因對憂鬱症發病的影響才是最大的。

　　憂鬱症第一次發病的時間通常在青少年的中期到四十多歲。其中有將近一半的人在二十歲前就經歷了第一次憂鬱症發病。憂鬱症在不同的性別當中發病率不一樣，女性的憂鬱症發病率幾乎是男性的兩倍，第一次發病高峰通常在二十歲左右，下一次高峰是在四五十歲的時候。

　　憂鬱症是由很多症狀所組成，其中沒有一個症狀是憂鬱症獨有的。我們不能說有了某個症狀，這個人就患有憂鬱症，憂鬱症的各種症狀也會出現在其他精神疾病當中，比如思覺失調症、雙相情感障礙（躁鬱症）、強迫症等。一個更準確的說法是，一系列的症狀構成了憂鬱症，憂鬱症與其說是一種疾病，不如說是一種症候群。憂鬱症的症狀主要包括：持續兩週以上的消極情緒，興趣缺失，感到自己沒有價值或內疚，有自殺的想法、計劃，甚至有自殺的嘗試，感到疲乏、缺乏能量，睡眠變多或者變少，體重和胃口發生明顯變化，難以思考和集中注意力，難以做決策，因心理因素導致的行動遲緩、焦躁不安，等等。

　　憂鬱症和一般的情緒低落、傷心或者不開心的感覺是不一樣的。一個人要符合憂鬱症的標準，至少要滿足前面說到的症狀當中

的五項，並且持續兩週以上的時間，才有可能是憂鬱症。

焦慮可能會引發憂鬱。憂鬱症患者當中有很多人都有焦慮的問題，幾乎三分之二的憂鬱症患者有符合臨床標準的焦慮症。焦慮症狀通常在憂鬱症發病前的一到兩年就出現了，隨著年齡增長，一個人的焦慮症狀可能會越來越明顯。

因為憂鬱症會導致一些人負責記憶的海馬迴神經元凋亡 20%，所以憂鬱症患者中有很大一部分會出現認知損失，比如記憶力、注意力下降，難以做決策，等等。很多憂鬱症患者明顯感覺思維變得比較模糊，不像之前那麼清楚。差不多一半的憂鬱症或者雙相情感障礙（躁鬱症）患者在痊癒後認知能力仍然得不到改善。科學家發現，腎臟分泌的紅血球生成素可以明顯增強憂鬱症患者的認知能力，並且效果在六個星期後仍能維持。紅血球生成素通常用於提高運動員的運動表現，後被發現在重度憂鬱症患者中也有效果。不過並非所有人都適合服用這種激素，因為它會增加血液中的紅血球密度，所以吸菸或者有血栓記錄的人都不適合服用。

憂鬱症的另一個典型體驗是內疚和自責。憂鬱症患者發自內心地覺得自己不夠好甚至一無是處，「充滿負能量」。他們想要向人傾吐內心的痛苦和無助，卻又害怕給別人帶來麻煩，對不起別人。他們希望自己可以做好工作、好好生活，但憂鬱期間因為缺乏心理能量，他們常常力有未逮，於是感到無助和後悔，甚至痛恨自己。我的微信公眾號「酷炫腦」後台收到過一個留言：「其實，如果能說出來，憂鬱症也不會到自殺的地步。有時候對於憂鬱症患者來說，說出來會顯得矯情。我們會一直不斷地承受著別人不以為然的痛苦，但每次在要說出口時就又不想說了。」

憂鬱症還會體現在行為的各個方面，比如呼吸的時候會有深深

的「嘆氣式呼吸」，表情減少，肩膀下垂，步伐沉重，等等。

　　有時，憂鬱症患者還會出現一些明顯不真實的消極念頭，或是出現幻覺。若干年前我有一個遠渡重洋去大洋洲留學的朋友，我們好幾年沒聯繫，有一天她突然在網上和我聊起來，告訴我她得了憂鬱症。她說：「最近不知道為什麼，洗澡的時候常會聽到有人說話，關了水之後又什麼聲音都沒有了。」她一個人住，很害怕是不是出現了嚴重的問題。我告訴她，幻覺也是憂鬱症患者可能出現的症狀。

四個流行的憂鬱症假說 ───────────────

單胺假說

　　有關憂鬱症發病的假說之一叫做單胺假說，單胺包括血清素、正腎上腺素和多巴胺。這個假說之所以形成，是因為精神病學家發現使用抗憂鬱藥物可以增強大腦中單胺神經傳導物質的傳遞。這個假說是在二十世紀中期被提出的，直到現在仍然有效。

　　比如，血清素在大腦當中的失衡和憂鬱有關。在我們的大腦當中，各種神經激素既非越少越好，也非越多越好，它們互相之間維持恆定性才更重要。如果人們長期處於慢性的環境壓力下，比如，婚姻長期不和諧，工作中長期不受重視，學校裡長期沒有可以談心的朋友，被周圍的人社交孤立等，那麼這些壓力會使大腦分泌的TG2（第二型轉麩胺酶）蛋白增多，從而降低我們調節情緒的能力。TG2 蛋白是做什麼用的呢？過高的 TG2 蛋白會使大腦中的血清素濃度過低，影響神經元之間的交流，導致出現「心力交瘁」的憂鬱

症狀。對小鼠的研究也發現，大腦中 TG2 蛋白增多會引起神經元萎縮，進而損害神經元之間的連接功能，而神經元之間有效的連接是維持神經訊號傳輸、動物正常認知和情緒活動的生理基礎。

但是，憂鬱症的很多現象並不能從單胺假說中找到解釋。比如，為什麼憂鬱症在發病過程中會時好時壞？為什麼有些患者對某種藥物有反應，而另外一些患者則完全沒有反應？還有，為什麼憂鬱症患者在服藥之後要過好幾個星期才會感受到療效？這些問題都沒有得到很好的解釋。

發炎假說

發炎假說認為，得憂鬱症可能是因為身體有發炎。

大量研究發現，免疫發炎因子的富集與大腦功能、健康以及認知有著密切的關係。腦科學家發現，我們血液循環系統中的細胞激素可以穿透血腦屏障，或者透過能直接進入大腦的周邊神經通路（比如迷走神經）直接作用於大腦的神經元和其他提供支持功能的腦細胞（比如星形膠質細胞和小神經膠質細胞），來顯著影響大腦的功能。

這個機制也可以解釋為什麼有自體免疫疾病或者嚴重感染的人更有可能患上憂鬱症，以及為什麼為了治療某些疾病而向體內注射細胞激素，會同時引發憂鬱症。

發炎會引起憂鬱並加劇憂鬱，有不少憂鬱症的研究都支持這個觀點。在兒童時期，如果一個人體內介白質素更高，那麼他成年之後得憂鬱症的風險也更高。另外一個很重要的證據是在憂鬱症患者死後的大腦當中發現的：憂鬱症患者大腦當中的小神經膠質細胞被過度活化並伴有神經發炎。

實際上，形容憂鬱症是「一場大腦感冒」並不為過。不過這場「重感冒」對憂鬱症患者來說，挺過去可不容易。想像一下，當你發燒到三十九度多的時候，頭腦昏昏沉沉，什麼都不想吃，沒力氣做任何事，甚至看電視、划手機也力不從心。發燒最厲害的日子睡不好覺，睡著了也很容易醒來，更別提什麼注意力和記憶力了。和憂鬱症不同的是，得重感冒時，我們知道身體生病了需要休息，我們在這段時間做不了什麼事，而這場病也總有過去的一天，病好了又是一條好漢。但是，憂鬱症往往找不到對應的明顯軀體症狀，這讓得憂鬱症的人不知所措、無從歸因，只能逼著自己「表現正常」，內心卻無比恐懼會不會有好起來的那一天。

HPA 軸改變假說

另一個流行的憂鬱症假說叫做 HPA 軸（下視丘—腦垂體—腎上腺系統）改變假說。這個假說在數十年中受到憂鬱症研究領域科學家的持續關注。很多研究發現，在嚴重憂鬱症患者的血漿當中，和壓力有關的可體松（腎上腺皮質醇）含量明顯增高，這一方面是因為這些患者分泌過多的可體松，另一方面則是因為他們的糖皮質激素受體調節回饋抑制機制受損。

HPA 軸的改變也和認知能力損傷有關。在憂鬱症的治療過程中，如果 HPA 軸沒有恢復好，治療效果也會比較差，並且容易復發。

神經可塑性假說

憂鬱症還可以從神經可塑性和神經再生的角度來解釋。二十一世紀最重要的發現之一是在成年人大腦中發現了全能幹細胞。全能幹細胞的存在意味著一個人的大腦在成年之後依舊可以產生新的神

經元，這個過程叫做神經再生，這一特質叫做神經可塑性。大腦的神經可塑性會受到發炎反應和 HPA 軸功能失調的影響而下降，而這兩者常常是因為環境壓力過大。

神經再生的過程涉及一些調節蛋白，其中包括大腦衍生神經滋養因子，這種蛋白在憂鬱症患者的大腦當中會明顯變少。而憂鬱症患者在接受抗憂鬱治療後，大腦中的大腦衍生神經滋養因子濃度就會有所回升。

在動物研究中也有類似的發現。限制動物大腦當中的神經再生，會影響抗憂鬱藥物的療效，導致動物出現憂鬱的症狀，尤其是在有壓力的場景中，動物更容易憂鬱。腦科學家認為，神經可塑性可以幫助動物抵禦環境壓力，讓動物在壓力之下具有更好的大腦復原力（參見第七章）。也就是說，在面對壓力的時候，動物不至於受到長久的大腦損傷，在壓力消失之後，大腦可以像皮球一樣恢復如初，甚至在未來抗壓能力變得更強。

對憂鬱症患者的屍檢研究發現，那些從來沒有受到治療的憂鬱症患者相較於健康人和有過治療經歷的人，前者大腦的海馬齒狀迴當中的顆粒神經元的損傷更明顯。而接受過治療的憂鬱症患者大腦當中則有更多正在分裂的神經前驅細胞。這個研究結果進一步說明，有效治療憂鬱症可以幫助患者在一定程度上恢復大腦的神經再生，增強大腦可塑性，這可能是憂鬱症治療有效果的原因之一。

大腦發生的變化 ————————————————

憂鬱症患者大腦的功能和結構也會發生改變。隨著最近二十年大腦成像技術的臨床應用，現在醫生和腦科學家可以用強大的磁振造影掃描儀觀測一個人即時的內在大腦活動和大腦結構。

這個先進的方法可以讓我們看到，當你集中注意力的時候，大腦的前額葉活躍程度會變強，顯示在磁振造影圖像上，就是前額葉會比其他區域更亮；而當你感到恐懼焦慮時，大腦中央深處的杏仁核會變得活躍，從磁振造影圖像上來看，就是杏仁核區域特別閃亮。

這樣的磁振造影研究發現，憂鬱症患者大腦的海馬迴體積比沒有憂鬱症的人明顯更小。海馬迴是我們大腦當中負責記憶和認知功能的最核心區域，也涉及情緒功能。一些研究發現，海馬迴和周邊的腦區可能是人類大腦在成年後唯一還有神經再生的區域。這個區域的萎縮通常對應著記憶力衰退、認知能力下降和憂鬱。

如果得不到及時治療，憂鬱症持續的時間越久，大腦海馬迴損傷的程度可能越大。如果得到及時治療，海馬迴的體積就會有所恢復。

功能性磁振造影研究還發現憂鬱症與大腦網絡活動異常有關。大腦網絡是什麼呢？基於最近二十年的大腦成像研究，腦科學家發現，大腦執行任何一種功能都不是由某個單獨腦區就可以完成的。大腦在執行任務時，往往需要調用大腦當中距離遙遠的不同區域，這些腦區會以網絡的形式協同合作。比如，當你集中注意力看書的時候，你的大腦前部的注意網絡會被活化，讓你保持專注；而當你無所事事做白日夢的時候，大腦前部、中部和左右兩側的腦區都會

被活化，這些腦區共同組成的網絡叫做預設模式網絡，涉及的功能包括自省、想像、做白日夢等。

那麼，和憂鬱症相關的異常大腦網絡包括哪些呢？研究發現，負責情緒調節、反芻思考和與興趣缺失有關的獎賞迴路，以及與自我意識相關的大腦網絡，在憂鬱症患者的大腦當中都有或多或少的異常。這也解釋了為什麼憂鬱症患者會覺得生無可戀，並且反覆想著關於自己的不好的事。不過，在這些大腦成像研究當中觀察到的變化，只是數量龐大的憂鬱症患者群體的平均線，具體到每一個病患，因為個體差異非常大，所以個體的大腦狀況可能和平均線毫無關係。

憂鬱症患者的大腦功能也和一般人不同。復旦大學對一千多人的大腦做磁振造影掃描檢查，結果發現憂鬱症會影響大腦前部的前額葉皮質層，而前額葉皮質層負責感知獎賞的缺失。可能因為前額葉皮質層的活動出了問題，所以當憂鬱症患者沒有得到他們期待的獎賞時，他們會比普通人更失望。前額葉皮質層也和大腦中負責自我感受的區域相連，因此，當憂鬱症患者沒有得到外界獎賞回饋的時候，比如沒有人誇自己、沒有人請求自己的幫助或者努力之後沒有取得期待的成績，這些人就會強烈地覺得自己沒有價值，產生「不值得活在這個世界上」「自己做什麼都是錯的」之類的極端想法。

為什麼憂鬱症患者常常覺得自己的反應變慢了？這可能和他們大腦的結構變化有關。磁振造影研究發現，憂鬱症患者的大腦結構和普通人不同。英國愛丁堡大學掃描了三千多人的大腦白質纖維，結果發現憂鬱症患者大腦白質的整合性低於普通人。大腦白質是大腦神經元彼此相連的神經纖維的集合，是大腦神經細胞之間傳遞訊

號的「高速公路」，憂鬱症患者的大腦白質整合性偏低，意味著他們大腦不同區域之間的訊息傳遞效率降低，速度減慢了。

雄性更擅長應對急性壓力，雌性更擅長應對慢性壓力

動物實驗發現，雄性更擅長應對急性壓力，雌性更擅長應對慢性壓力。

男性和女性在面對急性壓力的時候，血清素的分泌速度是不同的。在急性壓力下，男性血清素受體密度比女性更高，血清素分泌得更快。這就是為什麼在吵架後，男生常常很快就能平復情緒，好像什麼事情都沒有發生，倒頭就睡，而女生可能會在一邊生很久的悶氣，覺得男生不愛自己了。

在面對突如其來的急性壓力時，雄性表現出的學習能力似乎比雌性更好。在小鼠學習時，科學家對牠們的尾巴進行一連串的電刺激。受到刺激後，雄性小鼠的學習表現比之前提高，牠們的海馬迴神經元之間的聯繫也相應增多；而雌性小鼠則恰恰相反，牠們的海馬迴在遇到急性壓力後縮小了。

但是，當面對長期的慢性壓力時，雌性小鼠就會表現得比雄性小鼠更擅長應對這類壓力。比如，小鼠很害怕被關在籠子裡，所以限制牠們的活動對牠們來說就是一個重大的環境壓力。小鼠每天被關在籠子裡幾個小時，在連續二十一天後，科學家發現雄性小鼠的海馬迴神經元變得十分脆弱，而雌性小鼠的海馬迴卻沒有發生太大的變化。

在另外一個動物實驗中，科學家發現了這個現象背後的原因：

當小鼠反覆經歷慢性壓力時，雌性小鼠體內的雌激素會保護牠們免受壓力的傷害。

當所有小鼠在一個星期中被反覆關監閉（模擬長期的環境壓力）後，雌性小鼠的記憶能力幾乎沒有損傷，但雄性小鼠的情況卻大為不同。雄性小鼠在經歷同樣的壓力後，牠們的短期記憶能力受到明顯的損害。不同性別的小鼠間出現如此大的差異，是因為反覆出現的慢性壓力會導致雄性小鼠前額葉皮質神經元的麩胺酸受體變少，而這種情況在雌性小鼠的大腦中則不會發生。

為進一步證明雌激素在應對慢性壓力中的關鍵作用，科學家運用生物工程方法刻意減少雌性小鼠大腦中的雌激素。結果發現，這樣的雌性小鼠也會受到環境慢性壓力的傷害。相反，當雄性小鼠大腦中的雌激素通路被人為活化時，慢性環境造成的壓力對牠們也就不易構成傷害了。

有趣的是，在科學家把雌性小鼠的卵巢移除後，這些雌性小鼠卻依舊不會受到慢性環境壓力造成的傷害。這似乎是因為牠們大腦中仍舊能分泌出雌激素，其中的雌二醇對雌性小鼠的大腦發揮了保護作用。

所以，那些需要長期（幾個月甚至幾年）面對巨大壓力的工作，在機會公平的情況下，女性可能會越來越勝任。

為什麼憂鬱的人似乎比較缺乏毅力 ─────────

我們知道，毅力可以讓一個人主動持續做一件事，即使這件事不會帶來獎賞，比如背英文單字或一步一個腳印地推進日常工作。

前面說到，血清素分泌減少和憂鬱症有很大的關係。大腦中如果血清素濃度太低，神經元之間的交流就會受到阻礙，導致「心力交瘁」的憂鬱症狀。血清素的分泌可以讓人更有耐心。因為血清素在大腦中發揮抑制作用，所以比較充足的血清素可以讓動物（包括人）願意花更長時間去等待獎賞。二〇一八年一項最新研究發現血清素的更大作用：血清素不僅讓人願意被動地等待，而且可以增強一個人的恆心和毅力，讓人即使面對不確定的結果也不輕言放棄。

在這項研究中，科學家用小鼠做一個簡單的實驗。他們讓小鼠待在一個長長的紙箱裡，紙箱兩頭可以取水喝。在任何時候都只有一個取水點有水，所以小鼠必須在長箱子兩端跑來跑去地找水喝，並且每當牠們跑到取水點時，必須用鼻子戳一下取水口，水才會出來。

為了模擬現實世界不確定的情況，當小鼠用鼻子戳取水口的時候，不一定會有水流出來，所以有時候小鼠必須忍受戳了卻沒有水流出來的結果。這時就要考驗小鼠的毅力了：牠是願意忍受戳不出水來的失望，繼續多戳幾次，還是試了一兩次不成功便承受不起打擊，直接放棄了呢？研究者對小鼠大腦血清素分泌的控制在這裡隆重登場了。

透過光遺傳學的方法，科學家刺激小鼠大腦負責分泌血清素的神經元，讓小鼠大腦的血清素分泌量增加。這樣一來，小鼠便更願意多戳幾次來取水，即使每次都得不到水，仍會有毅力堅持下去。

這個研究結果或許也解釋了，為什麼缺乏血清素的憂鬱症患者比普通人更容易受到失敗的打擊而一蹶不振。

有憂鬱症的人為什麼傾向於迴避衝突

憂鬱和大腦海馬迴也有很大的關係。嚴重的憂鬱症患者大腦中的海馬迴神經元會凋亡 20%。我們知道，大腦海馬迴負責記憶功能，海馬迴嚴重衰退的老年人會出現各種記憶問題。但你可能不知道的是，海馬迴也負責調控情緒和動機。

二○一八年浙江大學的一個團隊發表在《自然》期刊上的研究發現，海馬迴下方外側韁核的異常放電和憂鬱症有很大的關係，當用藥物阻斷外側韁核的異常放電之後，小鼠的憂鬱症便得到顯著的改善。

憂鬱症患者在面對衝突壓力的時候，往往會選擇迴避衝突，這和大腦的海馬迴有關係。當動物感到焦慮的時候，會出現一個典型的壓力反應，這個反應叫做戰鬥或逃跑反應（fight or flight response）。當面對壓力時，動物需要第一時間做出選擇：是和引起牠焦慮的東西戰鬥，還是迴避衝突扭頭就跑？

這就好像當你走進一家你喜歡的餐館時，突然看到一個你很不喜歡的人，那麼此時你會選擇硬著頭皮進去吃飯，還是轉身走人呢？最近的研究發現，海馬迴的不同活動模式對應著類似這種衝突場景下的不同選擇。

在這個研究中，科學家研究小鼠的腹側海馬迴，這個區域對應著人類大腦海馬迴的前部，包括分區 CA1 和 CA3。結果發現，刺激海馬迴不同的區域，小鼠面對衝突會做出截然相反的選擇：當海馬迴的 CA1 區暫時受到抑制時，小鼠在面對衝突時會傾向於逃避；而如果暫時抑制海馬迴的 CA3 區，小鼠面對衝突時則會傾向於選擇接近和直面衝突。

這個對小鼠的研究結果說明，可能是海馬迴活動的變化導致有憂鬱症的人傾向於迴避衝突，而不是積極地面對和解決問題。

憂鬱症是否可以痊癒 ─────────────────

大部分憂鬱症患者的症狀是間歇式的，也就是憂鬱症狀時好時壞，有時症狀比較明顯，而在每兩次發病的中間，他們的情緒狀態又會比較穩定。每個人的憂鬱症發作頻率、持續時間都不一樣，也就很難預測發病的時間。

憂鬱症可以說是一個終身疾病，很多憂鬱症患者在一生當中會經歷憂鬱症狀的多次反覆發作，因此很難用「痊癒」來定義他們康復的狀態。大部分時候，所謂憂鬱症的痊癒，其實指的是一個人在某次憂鬱症發作之後，很長一段時間不再有症狀，恢復了他們的日常生活和工作。

如果積極配合治療，一次憂鬱症的發作通常會持續三到六個月，而大部分患者會在十二個月之內康復。那麼，從長期來看，有多少患者可以維持很多年都不再復發，甚至是永遠痊癒呢？情況並不是很樂觀。

從兩年的尺度看，大約有 60% 的人可以維持康復的狀態；當時間延長到四年時，大約只有 40% 的人維持在康復的狀態；如果六年後再觀察，則大約只有 30% 的人維持在康復的狀態。憂鬱症的長期康復率之所以這麼低，是因為焦慮在其中扮演了一個不容小覷的角色。總之，憂鬱症的復發風險非常高，大約 80% 的患者都會經歷至少一次的復發。每復發一次，再度復發的風險又會增加，

發病後的康復情況也會變差。

在經歷第一次憂鬱症發病後,有超過一半的人可以在六個月內康復,大約四分之三的人一年內可以康復。但是,仍然有多達 25% 的患者一年以後仍然無法康復,並發展成慢性憂鬱症,這和患者有沒有積極參與治療有很大的關係。

什麼人容易得憂鬱症

父母有憂鬱症,孩子會不會更容易罹患憂鬱症呢?的確是這樣,遺傳因素對憂鬱症發病有中等程度的影響。如果你有一位直系親屬患有憂鬱症,那麼你得憂鬱症的風險會比別人高三倍。不過到目前為止,針對憂鬱症的大樣本基因研究並沒有發現哪幾個特定基因會明顯增加憂鬱症的發病率。全基因組相關研究目前只發現了一群可能增加憂鬱症發病的基因,但單獨每個基因都只有非常小的影響。

憂鬱症的遺傳貢獻大約是 40%,也就是說,我們會不會得憂鬱症,40% 是由遺傳因素決定的,而剩下的 60% 則取決於各種各樣的環境因素。

早期的憂鬱症研究發現,有壓力的生活事件常常發生在一個人憂鬱症發病前的一年內。哪些事情是壓力事件呢?威脅生命的遭遇、慢性疾病、經濟困難、失業、和配偶分離、失去至親,以及遭受暴力虐待,這些重大的壓力事件都會增加一個成年人患憂鬱症的風險。

但並不是任何人遇到重大的生活壓力事件之後都會變得一蹶不

振。有一部分人在面對重大的生活壓力時，依然可以應付得很好，他們有很強的心理復原力。不同人在面對壓力時的不同反應，可能來源於他們不同的生物基礎，也可能來自他們的童年經歷。生活壓力幾乎是人生不可避免的經歷。如果一個人在童年時期經歷過重大創傷，他在成年後面對壓力時心理可能更脆弱，也更容易得憂鬱症。

之所以童年時期的創傷會使一個人成年後變得對壓力格外敏感，是因為童年的生活環境改變了他們的基因表達，也就是 DNA（去氧核糖核酸）甲基化。什麼是 DNA 甲基化呢？某一個基因選擇表達還是不表達，是由這個基因的甲基化程度來決定的。甲基化好像每一個基因上面的小帽子，甲基化的程度越嚴重，這個基因表達得就越少，就好比基因上被扣了一頂厚厚的帽子，讓它動彈不得。一個基因的甲基化程度越低，這個基因在細胞當中可能就越活躍。

原生家庭或者童年陰影會影響一個人成年後的性格和情緒，其中很大一部分原因來自基因表達的改變。一個人在童年時期如果經歷過父母的情緒忽略、性虐待或者生理虐待，成年後得憂鬱症的可能性會更大，更嚴重，持續時間也更長。

睡眠和憂鬱症的關係 ———————————

睡眠不好和憂鬱症有著很大的關係，大約有四分之三的憂鬱症患者有失眠症狀。有 40% 的年輕憂鬱症患者和 10% 的中年憂鬱症患者有睡眠過度的問題。憂鬱症患者要麼每天早早醒來後就再也睡

不著，要麼變得很嗜睡，一天中的大部分時間都在睡覺。人口統計學調查發現，不憂鬱的人如果有失眠的問題，就會增加他們得憂鬱症的風險。失眠也會增加憂鬱症患者自殺的可能性。憂鬱症伴隨的失眠問題如果能夠被治癒，患者全面康復的機會可能會提高一倍。

不過，並不是所有睡眠不足的人都更容易得憂鬱症。美國杜克大學在二○一七年對一千多名在校大學生的大腦進行磁振造影掃描檢查，掃描的同時讓他們完成一個獎賞性任務。結果發現，那些大腦腹側紋狀體對獎賞比較敏感的人，平時的情緒也不容易受到不良睡眠的影響——即使睡眠不足，這些人也不容易產生消極情緒。科學家猜測可能的原因是，這些人在生活中更容易受到「小確幸」的激勵，所以彌補了晚上睡眠不足帶來的消極影響。

雖然缺乏睡眠和憂鬱有關，但有趣的是，臨床治療中發現，睡眠剝奪竟可以快速改善憂鬱，並且對 50% ～ 70% 的憂鬱症患者都有短期立竿見影的效果。這比起常規抗憂鬱藥物需要六到八週才能發揮效用的等待時間來說，簡直好太多了。那麼，為什麼不大規模推廣「睡眠剝奪」療法來治療憂鬱症呢？這是因為睡眠剝奪雖然能快速改善憂鬱，但「藥效」消失得也快。

一般睡眠剝奪的標準療程是持續三十六個小時不睡覺，或者一天只睡三到四個小時，然後保持清醒二十到二十一個小時。在這清醒的二十多個小時中，大部分憂鬱症患者的憂鬱症狀都會得到改善，但一般在睡了一覺醒來後，振奮心情的效果也消失了。所以，睡眠剝奪療法在實際操作中是不太實用的。在睡眠剝奪的過程，是大腦中的什麼機制發揮振奮心情的作用呢？科學家發現，這種效果可能是大腦中星形細胞產生的腺苷作用於神經元的腺苷受體所產生的。在一個實驗中，科學家用光刺激的方法直接刺激小鼠神經元的

腺苷受體，小鼠在正常睡覺之後的四十八個小時裡心情和行為都得
到了明顯的提升。

生活方式會影響憂鬱症的發生

　　日照時間的長短是影響憂鬱症的一個因素。有兩種和光照有著
很大關係的憂鬱症，一種叫做緯度性憂鬱症，一種叫做季節性憂鬱
症。緯度性憂鬱症是因為住在高緯度地區的人接受日照的時間短，
所以更容易得憂鬱症；季節性憂鬱症往往好發於日照時間短的冬
季。在一項研究中，科學家把小鼠連續四週放在黑暗的環境中生
活。四週後，牠們身體的免疫表達發生了改變，大腦中的海馬齒狀
迴細胞（負責認知和記憶能力，是成年後大腦神經元唯一還會繼續
增殖的區域）的增殖也減少了，小鼠因此變得憂鬱。相反，如果增
加光照時間，多參加戶外活動，可以有效緩解和抵抗憂鬱情緒。

　　生活環境也會影響得憂鬱症的可能性。人口統計學研究發現，
獨居使得人們患憂鬱症的機率增加近一倍。工作不景氣、缺乏社會
親友的支持，會增加男性得憂鬱症的可能，而居住條件差、沒錢、
缺乏教育，則是女性得憂鬱症的關鍵因素。所以，通常居住條件對
女性的情緒健康很重要，支持性的社交（包括家庭、配偶和朋友的
支持）對男性很重要。

　　年輕人頻繁使用網路社交媒體似乎也和憂鬱症有關。經常使用
社交媒體的人得憂鬱症的機率是不常使用社交媒體的人的 2.7 倍。
究其原因，一方面可能是有憂鬱傾向的人更喜歡利用社交媒體填補
真實世界中的空虛感。另一方面可能是，經常使用社交媒體也會讓

人產生「別人都活得很好，只有我的生活這麼失敗」的錯覺，於是感到嫉妒或者心理不平衡；每天在社交媒體做一些沒有意義的事，會讓人覺得白白浪費了時間，而感到自責；經常使用社交媒體還可能面臨網路霸凌。種種原因都可能增加罹患憂鬱症的風險。

產後憂鬱是怎麼回事

　　為人父母也會增加得憂鬱症的風險，這叫做產後憂鬱。產後憂鬱會讓人感到極度悲傷，缺乏能量，焦慮，睡眠和飲食習慣改變，經常哭泣和容易生氣。產後憂鬱通常在新生兒出生後的一週到一個月之間發生。女性產後憂鬱的原因有很多，比如，身體激素的大幅變化，缺乏睡眠，以及社會角色的巨大變化帶來的不適應，等等。產後憂鬱不僅影響婚姻滿意度，也會影響孩子的大腦發育。

　　產後憂鬱以往特指女性在生孩子之後經歷的憂鬱，男性則往往被當作既得利益者，或者至少是旁觀者，社會對男性的期待是在妻子產後能提供足夠的諒解和照顧。總之，男性似乎和產後憂鬱這個詞沾不上邊。然而事實並非如此，男性也會得產後憂鬱症。

　　我讀博士期間隔壁組的一個女生就是研究這個課題的。第一次和她聊起她的研究課題時，她說她研究的是男性的產後憂鬱問題，我以為自己聽錯了：男性的產後憂鬱？她雲淡風輕地回答：是啊。我確定自己沒聽錯之後興趣大增，便請她說說為什麼男性會患產後憂鬱，男性的產後憂鬱有什麼症狀。她告訴我，不少男性在妻子生產後都會經歷產後憂鬱，鬱鬱寡歡，生無可戀，但因為從來沒有人告訴他們男性也會罹患產後憂鬱，所以他們對自己的反應也是十分

不解；又因為不少男性不善言辭，平時互動的對象只有自己的妻子，在妻子生下孩子後，以前的待遇一下子都沒有了，所以更容易憂鬱。他們在訪談中只會說：「我老婆自從生了孩子後就只顧孩子，也不怎麼理我了，我心情很差，我也不知道該怎麼辦。」總之，生孩子會導致男女雙方的情緒發生巨大的變化，所以，彼此多溝通，多尋求外界支持是十分必要的。

在有了新生兒後的第一年，男性出現產後憂鬱的機率是 4% ～ 25%，並且容易和女性的產後憂鬱共同出現。新手父親的產後憂鬱會影響孩子的行為和心理健康，加劇婚姻關係的衝突。父親的焦慮和憂鬱甚至可能轉化成暴力，使女性受到傷害。男性感到為人父母的過大壓力，缺少撫養後代需要的社會支持，或者覺得被排除在母子連結之外（妻子自從有了孩子再也不理我了），這些都會增加男性罹患產後憂鬱的可能性。

憂鬱症的「懶」和普通人的「懶」不一樣 _____

憂鬱症患者的一個症狀會被誤認為「懶」和「不上進」，那就是啟動性差。

「啟動性差」是憂鬱症量表中必問的一個問題，具體是：「要做一件事情的時候，是否要過很久才能開始？比如，從沙發上起身去洗澡，是否要花幾分鐘甚至十幾分鐘的時間來『啟動』自己？」負責啟動性的，就是大腦的多巴胺和獎賞系統。

多巴胺不僅負責人的慾望，也負責人的運動，因為憂鬱症患者的多巴胺分泌失調，所以他們長時間處於低慾望狀態，什麼也不想

做。當他們開始做一件新事情時，因為多巴胺不足，所以「運動啟動」的速度也會比較慢，看起來就會有點像樹懶的狀態，被人誤以為懶惰。

臨床治療憂鬱症的幾種選擇

有一次病房新來了一個患者。這位患者是一個高高瘦瘦的男生，醫生查問病情時，他的父親就站在他身邊焦灼地看著他。醫生和他說話時他毫無反應，目光呆滯，表情平靜。這位病人已經住院兩天了，剛入院的時候就是木僵的狀態，父母和醫生問什麼他都不回答。

第三天也是一樣，表情木訥，問他什麼都沒有任何回應。其他時候就自己走來走去，做一些基本生活上的事，比如洗澡、上廁所。第四天醫生和他說話，問他今天感覺如何，這位病人終於開口說話了，說自己感覺好多了。問他為什麼前幾天不說話，他說因為心情不好，不想說話。這是一個典型的重度憂鬱症患者。

對憂鬱症的治療，輕度、中度和重度憂鬱症的選擇是不同的。輕度到中度的憂鬱症，心理治療會發揮比較好的作用，而重度憂鬱症則需要用藥物治療。對於嚴重的憂鬱症，藥物是首選的治療方案，而那些對任何藥物都沒有反應的難治型憂鬱症患者，就需要考慮電痙攣治療了。

認知行為治療是目前發達國家應用最廣泛、效果相對顯著的心理治療方法，這種治療方法的主旨是教患者識別頭腦當中的消極思

維方式，讓患者認識到正是這些消極的思維方式加重了他們的憂鬱體驗。認知行為治療會教憂鬱症患者如何用更加健康、真實、客觀的想法，去替代頭腦當中那些錯誤、不真實、扭曲的消極想法。

心理療法對於治療憂鬱症是有效的，但是效果取決於治療師的水準，以及治療師和患者之間的關係。治療師表現出來的溫暖、積極的鼓勵和真誠的關心，對憂鬱症患者症狀的緩解有著很大的影響。

對輕度到中度的憂鬱症患者來說，心理治療和藥物治療的效果差不多；而對嚴重的憂鬱症患者來說，心理治療就不夠了，因為嚴重的憂鬱狀態會導致他們沒有足夠的精力和動力持續接受心理治療。

認知行為治療對治療輕度到中度的憂鬱症長期效果是比較好的，效果可以持續至少一年，甚至更久。相較於認知行為治療，抗憂鬱藥物只在服用的當下是有用的，一旦停藥，症狀可能就會反彈。但是對於嚴重的憂鬱症，藥物治療是非常必要的治療方法。雖然服用抗憂鬱藥物會有一些副作用，比如噁心、頭痛等，但患者也不用太過擔心這些副作用，因為在停藥之後這些副作用都會自行消失。為什麼在實際生活中選擇心理治療的人那麼少呢？這是因為一方面受訓的心理治療師相比起患者來說比較少，另一方面心理治療費用相較藥物來說更昂貴。

雖然憂鬱症的治療有不少選擇，既有心理治療方法，也有藥物治療方法，但還是有很大一部分憂鬱症患者對任何治療都沒有明顯的反應，甚至完全沒有反應。在一個隨機的臨床調查研究中，研究者彙總了各種治療憂鬱症方法的效果，結果發現，在四次治療之後，有臨床意義的疾病緩解率只有三分之二。也就是說，有三分之

一的憂鬱症患者即使嘗試了四次治療，症狀依然沒有得到改善。

　　對於那些嘗試不同的方法仍舊沒有明顯療效的憂鬱症，我們稱之為難治型憂鬱症。這個詞挺難定義的，就好像在說疑難雜症一樣。這是因為憂鬱症其實不是一種標準單一的疾病，每一個得了憂鬱症的個體的實際狀況可能都千差萬別。同樣的療法，有的人效果顯著，有的人則完全沒有效果。

　　還有很多複雜因素也會影響不同治療方法的效果，比如，這種治療方法是在什麼樣的大環境下提供給患者的？是在醫院、社區，還是在家中？患者的主觀因素也會影響憂鬱症的治療效果，患者是否主動願意配合治療，他的性格是什麼樣的，他的年紀多大，這些都會影響憂鬱症治療的成功率。所以，如果你或者你身邊的人得了嚴重的憂鬱症，你需要降低預期，積極嘗試不同的治療方案。

自助改善憂鬱的方法

　　在生活中有什麼方法可以幫助你克服憂鬱症呢？

　　運動被英國醫療衛生當局推薦為治療憂鬱症的有效療法之一。一項對二十三份研究的系統性回顧顯示，運動對治療憂鬱症有「很大的臨床療效」。運動可以明顯改善壓力導致的憂鬱，為了瞭解背後究竟是什麼大腦機制在發揮作用，科學家在小鼠身上進行一個實驗。當我們鍛鍊身體之後，四肢的肌肉會釋放一種叫做 PGC-1 α 1（過氧化物酶體增殖物活化受體 γ 輔助活化因子 $1\alpha1$）的蛋白。於是，科學家編輯了一部分小鼠的基因，讓牠們肌肉中的 PGC-1α1 蛋白表達特別多。接著，這群基因變異的小鼠和另外一群普

通小鼠都被放在一個比較嘈雜的環境中，周圍很吵，不停地有閃光，小鼠的作息也非常不規律。在這種嘈雜的環境中生活了五個星期後，普通小鼠都變得憂鬱了，而編輯了 PGC-1α1 蛋白基因的小鼠依舊活潑，沒有表現出憂鬱症狀。

PGC-1α1 蛋白在憂鬱中究竟扮演了什麼角色呢？進一步的研究發現，肌肉中的 PGC-1α1 蛋白越多，KAT（犬尿胺酸轉胺酶）也越多。動物在壓力下會釋放犬尿胺酸，有精神疾病的人體內的犬尿胺酸含量會比較高。而 KAT 發揮清道夫的作用，幫助把犬尿胺酸轉換成無法進入大腦的犬尿喹啉酸，從而幫助身體和大腦排毒。所以，有氧運動對身體的好處部分來自它的排毒作用。

美國加州大學戴維斯分校的另一項研究發現，劇烈運動半小時到一小時左右，可以明顯增加大腦中神經傳導物質麩胺酸和 GABA（γ-胺基丁酸）的含量。麩胺酸和 GABA 是大腦中最常見的神經傳導物質，對大腦神經元之間的訊號交流來說非常重要。運動後這兩種神經傳導物質在大腦中會有所增加，促進大腦神經元訊號的傳遞，這可能是運動可以治療憂鬱症的又一個原因。運動產生的這種神經傳導物質分泌增強的效果較為持久，可持續超過一個星期。

有氧運動不僅可以治療憂鬱症，還可以預防憂鬱症。即使是少量的運動（比如每天走路二十分鐘或者做二十分鐘園藝），也可以明顯發揮預防憂鬱症的作用，並且這對任何年齡段的人都有效。

攀岩對改善憂鬱症似乎也有不錯的效果。在一個研究中，憂鬱症患者參與了為期八週、每週三小時的攀岩治療後，他們的症狀明顯緩解了。攀岩對於改善憂鬱症患者的反芻思考格外有效。反芻思考是憂鬱症的一種典型症狀：患者常會在頭腦中反覆琢磨一些負面的想法，導致自己深陷負面情緒之中。因為攀岩的時候需要全神貫

注於攀爬的步驟和體驗上，以免自己掉下去，所以人沒有太多時間胡思亂想，自然就切斷了反芻思考。攀岩還可以提升自我效能感（成就感），促進和其他攀友的社交，而自我效能感和社交都是憂鬱症患者非常缺乏的。

　　在做研究的這幾年裡，有一個朋友給我留下了深刻的印象。她平時總是笑咪咪的，每天都穿著美麗的裙子，看起來既精緻又陽光。她似乎和誰都聊得來，人緣很好，我和她聊天也總能找到有意思的話題。有一天下午，辦公室裡的其他人都放假回家了，她剛吃完飯回到辦公室，從我桌邊走過時我們寒暄了幾句，不知不覺就聊到憂鬱症的話題（畢竟大家都是精神醫學的博士）。在接下來的兩個小時裡，她告訴我一個讓我十分驚訝的故事。

　　她說，她在高中曾患有非常嚴重的憂鬱症，究竟嚴重到什麼程度呢？因為服藥和病情，她在憂鬱期間和人聊天會突然大腦放空，說話前言不搭後語，甚至變成模糊不清的咕噥聲。因為害怕嚇到別人，她幾乎不敢交朋友。當然，憂鬱症的典型症狀，比如出現想死的念頭，也經常浮現在她的腦海裡。因為思維變得緩慢，聰明的她沒有辦法在規定時間內完成考試。這樣的情況持續了一兩年，有一天她突然覺得自己不能再這樣下去了，於是她開始每天長時間、高強度的運動──三個小時的長跑、跳樓梯，直到再也跑不動、跳不動為止。持續一段時間後，她的憂鬱症狀漸漸地變得越來越少，慢慢地她回歸了正常的生活軌道。

　　光照療法也是非常有效的治療憂鬱症的方法。隨機臨床試驗中，研究者比較了光照療法和常規藥物對憂鬱症的療效。在光照療

法中，患者起床後（早上七點到八點之間）要坐在一個發光的盒子前半個小時，在這期間可以做自己想做的任何事，看書、看報紙或者看電視都行。發光盒子的亮度接近於夏天早上七點鐘的室外亮度。結果發現，只接受光照療法的患者中，44% 在八週後症狀有明顯的緩解；既接受光照療法又吃百憂解（常用抗憂鬱藥物）的患者，八週後的症狀緩解率是 59%；那些未接受光照療法而只吃百憂解的人在八週後的緩解率是 19%；什麼治療都不做的患者中有 31% 的人症狀有所改善。因此，在早上起床後出門坐或者走半個小時，可能對改善憂鬱症有顯著的作用。

社交支持和憂鬱的發病也有很大關係。在挪威進行的一個涉及四萬人的調查顯示，一個人感覺到的社交支持越多，患憂鬱症的可能性就越小。不同年齡段的社交需求的來源不同：兒童和青少年更加依賴於父母的支持，成年人則更依賴於配偶的支持，然後才是家庭和朋友的支持。上文提到的那位朋友，她說她很感激在憂鬱期間家人和老師對她無盡的體諒和支持。比如，她沒有辦法在規定時間內完成期末考試，老師就破例為她一個人延長考試時間，讓她可以順利地升學和畢業。她說在剛開始讀博士的時候，也有一段時間非常憂鬱，但有了之前的經驗，她知道有哪些策略可以幫助自己擺脫。比如，當她覺得心情特別低落的時候，她會強迫自己去找朋友聊天，從社交支持中得到能量，而不是執著於自己的負面情緒。

除了改變日常生活中的一些習慣可以緩解憂鬱之外，近年來還出現越來越多的科技方法可用來幫助治療憂鬱症。比如，有一個方法叫做神經回饋治療，就是讓憂鬱症患者接受磁振造影掃描儀的檢查，用即時記錄回饋技術讓他們看到自己的大腦活動。這個療法的原理是讓憂鬱症患者透過一邊看自己的大腦，一邊有意識地調節大

腦活動，以達到改善憂鬱症狀的目的。不過，可能是因為磁振造影掃描成本高昂，這個方法還處於探索階段。

迷走神經刺激法也被用於治療難治型憂鬱症。迷走神經屬於混合性神經，是人的腦神經中最長和分布範圍最廣的一組神經，從大腦到延髓沿著食道兩旁向下延伸，涉及頸部和胸腔，然後進入腹部。因為迷走神經特殊的分布方式，所以從體外刺激迷走神經也可以刺激大腦內部的神經，發揮改變大腦功能的效果。

憂鬱症與人類演化 ——————————————

科學界有一種理論認為，憂鬱基因的優勢在於保護人不得傳染病。因為人類歷史上最大的殺手是病毒或細菌感染，憂鬱基因使人疲倦厭食，不願參加社交，從而保護得憂鬱症的人免受傳染，基因得以延續。

另一種解釋精神疾病基因為什麼在人類演化過程中一直穩定存在的理論叫做蒲公英－蘭花理論。這種理論認為，一些可能導致人腦對壓力環境敏感、比較脆弱的基因，也是在順利的環境中可以讓大腦茁壯發育、超越普通人，甚至做出驚人成就的基因。環境和基因的交互影響，導致同樣的基因在糟糕的環境中會讓人得精神病，在良好的環境中則會讓一個人擁有更旺盛的生命力和對環境更強的適應能力。這種因環境而產生不同效果的基因，被稱為「蘭花基因」，因為它們對環境十分敏感；而那些不會因環境變化而使大腦發生重大改變的基因比較堅韌，就像蒲公英一樣，因此叫做「蒲公英基因」。

第二章

焦慮是大腦的過時本能

六年前的一個星期二上午十一點，我抱著筆記本電腦走進研究組的會議室，坐在我平時的位置上。我的同事陸陸續續走進來。我和其中一個關係比較親密的同事聊了聊各自的研究進展，她告訴我她的小鼠吃深海魚油還沒有明顯的抗精神病效果，我告訴她我的程式又出錯了，需要從流程的開頭重新跑數據。互相吐槽一番後，我們又誇讚對方的衣服很好看。這時，大老闆走了進來。

我們每次開會都用英語溝通，當時英語程度不太好的我每次發言前都要反覆打腹稿，把要說的詞都回憶清楚，唯恐報告的時候突然忘了一些詞該怎麼表達。

老闆照例先和大家閒聊她這一週來的見聞，接著大家開始彙報工作。就在這時，我突然覺得自己的心臟猛跳兩下。我一陣慌亂：不會是得心臟病了吧？右手趕緊搭在左手腕上開始給自己「把脈」。我盡量表現得淡定，但其實我看著老闆的嘴一張一合，完全不知道她在說什麼，只覺得周圍的世界在發出嗡嗡聲並迅速地向外退去，我的手心也沁出薄薄的一層汗。我感到自己心跳很快，就這樣大概過了三五分鐘，心跳漸漸慢下來，一切似乎又恢復正常。

類似的事情在三個月內反覆發生了六七次，而且一次比一次嚴重。直到有一天我半夜十二點躺到床上，迷迷糊糊正準備入睡的時候，心跳突然加速到每分鐘一百四十次，怎麼也慢不下來。我趕緊請室友一起搭計程車去香港瑪麗醫院看急診。急診室裡排隊就診的人很多，護士遇到心臟問題不敢馬虎，優先給我做包括心電圖在內的各種檢查。檢查結果是：除了心跳快，其他指標都正常。於是，我的優先程度也從加急降到了取號候診。坐在候診大廳等待的空檔，室友上網查了一下，抬頭說道：「你不會是恐慌發作吧？」我接過手機一看各種症狀，還真是！說來好笑，從那天以後，我就再也沒犯過這種毛病了。

恐慌發作是焦慮症的一種，即焦慮的急性發作。我得恐慌發作的原因可能是讀博士期間學業壓力比較大，又需要適應香港當地的文化和語言，各方面的壓力持續時間很長，漸漸地影響我的身體和大腦的生理平衡，「突然」就引發了恐慌發作。

焦慮在每個人身上的體現都不太一樣。隨著社會和經濟的快速發展，每個階段都有可能陷入各種各樣的焦慮：學生時代有升學的焦慮，畢業時有找工作的焦慮，工作後有薪水待遇和同事關係的焦慮，結婚後有家人關係的焦慮，看到周圍的人收入高又焦慮起換工作的事，看到別人有「說走就走的旅行」又焦慮起自己沒時間「做自己」。總而言之，生活中的任何事都會讓人如臨大敵。很多時候，有些人的焦慮甚至變成了沒有具體焦慮對象的一種常態。

在生活中，很多人會混淆焦慮和恐懼，其實兩者有本質上的區別。這其中的區別主要來自威脅是否在場，以及情緒反應持續的時間。恐懼反應通常是在感知到了確定在場的威脅後發生，比如五分鐘後的考試或者近在眼前的地震海嘯，一旦這個威脅消失了，恐懼就會即刻減少；相反，焦慮反應則常常來自遙遠的或者不確定的威脅，持續的時間比恐懼久得多，感受到的情緒也和實際的威脅不成正比。

七種不同的焦慮症

焦慮有很多不同的種類和表現形式。比如，任何時候都感到坐立不安的毫無原因的廣泛性焦慮，不敢在大庭廣眾下說話或者對特定人群說話的社交恐懼，等等。焦慮症最核心的特徵是，過多且持

續的恐懼、焦慮及迴避感知到的威脅。這種威脅包括外部的威脅，比如社交場景，以及內部的威脅，比如身體的感覺。焦慮症的迴避行為由重到輕有不同的呈現方式，嚴重的焦慮症患者會拒絕進入特定的處境，輕微的可能是在應對某些事物或者人的時候感覺比較勉強。

當我們遇到讓我們感到焦慮的事，或者身處讓我們感到焦慮的場合時，我們就會有一種強烈想要逃離的衝動，然而現實往往是無法逃脫的。

不同人的焦慮症狀都有可能不一樣，一個人不同時候的焦慮症狀也會有所差別，焦慮的頻率和強度也各不相同。可以說，幾乎所有人一生中都會在某個時刻經歷焦慮情緒，但長期的慢性焦慮或者突發性的高強度恐慌發作，只會在一小部分人中出現。根據世界心理健康調查，大約每四個人當中就有一個人曾經得過或者未來會得某一種焦慮障礙。這其中包括廣場恐懼症、廣泛性焦慮症、恐慌發作、創傷後壓力症候群、社交恐懼和特定的恐懼症等。

焦慮症主要可以分成以下七種類型。

第一種是分離焦慮。我們最容易從兒童和熱戀的情侶身上看到這種類型的焦慮，後者來自熱戀狀態下的心理退行。分離焦慮的主要症狀包括，當一個人和他的依戀對象，比如母親或者戀愛對象分離時，會感受到明顯的恐懼和焦慮，而這種恐懼和焦慮是和年齡、場景不相稱的。

有分離焦慮的人會過度擔心依戀對象可能遭遇不測，或者擔心會有一些不好的事情發生，導致自己失去依戀對象。他們不願意離開依戀對象，分離焦慮的壓力甚至會引發生理症狀，比如胃痛和做噩夢。

第二種叫做選擇性緘默症。它是指一個人一直無法在應該說話的特定社交場合說話。比如，在很多人參加的商務會議或者聚會上無法開口和陌生人說話，或者像《宅男行不行》裡的拉傑一樣，看到女生就一個字也說不出來。

第三種是特定的恐懼症。比如，很多人會特別害怕蛇和蜘蛛，就連提到這兩個詞都會感到不自在。我有一個閨密，她特別害怕長有細毛或者小鱗片的動物。上學的時候，有一次一隻鳥誤打誤撞飛進教室，一個男生抓住牠，大家都圍著看，覺得好可愛又好可憐，閨密卻嚇得站到離我們三公尺外的地方，看都不敢看一眼。我還有一個閨密，能力和個性都很強，她的恐懼對象也很有趣又後現代——她特別害怕機器人，尤其是那種會走會動的機器人。

大家可以看到，恐懼症就是對某些物體或者場景有明顯的恐懼、焦慮或迴避，患有恐懼症的人表現出的恐懼和實際威脅是不相稱的，他們也知道自己的表現是過分誇張和不合理的。

第四種典型的焦慮症是社交恐懼症。患有社交恐懼症的人會對自己成為眾人矚目的焦點或者自己被仔細觀察的社交場景有明顯的恐懼、焦慮或者迴避。他們特別害怕其他人對自己的消極評價，害怕其他人不喜歡自己，害怕尷尬、被羞辱、被拒絕或者冒犯他人。這種對社交場景的恐懼是和實際的社交威脅不相稱的，當事人也知道自己的症狀是不合理的。有社交恐懼的人在他們害怕的社交場合還會出現某些身體症狀，比如臉紅、怕到想吐，或者想上廁所。關於社交恐懼的具體表現和應對方法，我們在之後的章節會有詳細的介紹。

第五種是恐慌症，也就是我在本章一開始說的自己的親身經歷。恐慌症是反覆出現的、毫無預兆的恐慌發作，有恐慌症的人會

擔心隨時有更劇烈的恐慌發作毫無預兆地發生。

恐慌發作是一種持續時間短而強烈的焦慮障礙，經常伴有一些身體症狀。恐慌發作的人會突然產生強烈的不舒適感，可能還有胸悶、透不過氣的感覺，以及心悸、出汗、胃不舒服、顫抖、手腳發麻、覺得自己快死了或要瘋了，或者失去控制感的症狀。恐慌發作每次持續十五分鐘左右，在十分鐘內達到高峰，持續幾分鐘後會自動逐漸消失。

恐慌發作通常沒有明顯的誘因，所以很多人會以為自己突發心臟病了。還有一些人會在一些特殊情境中體驗到恐慌發作，比如在擁擠的人群中或是在商店、公共汽車裡。恐慌發作看起來很嚇人，但其實比較常見，約有 10% 的成年人都經歷過、正在經歷或者未來可能經歷恐慌發作，其中女性出現恐慌發作的可能性是男性的二到三倍。恐慌發作通常不會有什麼不良後果，絕大多數人也不需要特別的治療就可以從恐慌發作中自行恢復。如果你也時不時地經歷恐慌發作，並像我一樣正確意識到自己的身體反應是焦慮情緒導致的，這對應對你的恐慌發作會非常有用。

第六種焦慮障礙叫做廣場恐懼症。廣場恐懼症不單指對廣場有恐懼，還包括對公共交通工具、空曠的廣場、密閉的空間、排隊、人群或者一個人出門有明顯的恐懼、焦慮情緒或迴避心理。

有廣場恐懼症的人害怕在這些場合，自己會毫無徵兆地出現恐慌發作之類的突發症狀，或者出現其他會讓自己感到尷尬的症狀，比如臉紅、手抖、心跳加速等，以致事態可能失控，會難以逃走或者無法得到幫助。

第七種焦慮障礙是廣泛性焦慮症。大約每二十個人中就有一個人在一生中可能會得廣泛性焦慮症。得了廣泛性焦慮症的人會對日

常事務無緣無故地感到緊張，雖然沒有明確的緊張對象，但總覺得有壞事要發生。他們會過分擔心日常小事，比如健康、家庭、人際或工作等，並且容易感到疲勞和坐立不安，他們會難以集中注意力，出現肌肉緊張、睡眠障礙、換氣過度或者心跳過速等症狀。

除了上述這些主要的焦慮症類型之外，不同的民族文化還會衍生出具有獨特文化特徵的焦慮症。比如，社交恐懼中有一個普遍的焦慮場景，就是擔心自己在社交中尷尬。然而亞洲人卻有一種獨特的焦慮，叫做對人恐懼症（taijin kyofusho），焦慮的對象是「冒犯他人」或者「讓他人尷尬」，而不是自己感到尷尬。

以上這些不同類型的焦慮症狀，如果持續半年以上，就可能變成特定的焦慮症。焦慮直接的行為後果是，它會導致一個人在特定場景中對特定對象的迴避和退縮。比如，一個人若有社交恐懼，就會在生活中盡量避免去人多的地方；一個人若有數學焦慮，就會迴避做數學題和思考數學問題，即使他的實際數學計算能力可能並不差；一個人若有考試焦慮，就會特別想逃避考試，但因為考試通常是迴避不了的，所以他有可能在考場上有手抖、出汗、大腦一片空白等焦慮的生理和大腦反應。

焦慮對演化十分有用

我們生活在叢林裡的祖先在面對威脅時，比如突然遇到一隻大黑熊的時候，會在第一時間做出一種反應，叫做戰鬥或逃跑反應。這個概念最早是由美國哈佛大學醫學院的生理學家沃爾特·坎農（Walter Bradford Cannon）在一九一五年提出來的。戰鬥或逃跑反

應指的是當我們遇到危險或者威脅時，身體的交感神經系統和內分泌系統會迅速做出反應，將我們全身的資源緊急調動到四肢，準備好戰鬥或者拔腿就跑。

身體中主要負責戰鬥或逃跑反應的是控制五臟六腑的自主神經系統。這個系統分為兩部分：一部分是交感神經系統，一部分是和它相拮抗的副交感神經系統。交感神經系統興奮會引起腹腔內臟和皮膚末梢血管收縮、心率加快、心臟收縮能力增強、瞳孔放大和新陳代謝率上升等，這一系列身體變化會讓一個人對外界更敏感警覺，肌肉能量更充足，身體可以隨時對外界變化做出反應，也就是我們面對威脅時做出的戰鬥或逃跑反應。

相反，副交感神經系統的主要功能是讓瞳孔縮小、心跳減慢、皮膚和內臟血管舒張、胃腸蠕動加強、括約肌鬆弛、唾液和淚液分泌增多、男性生殖器勃起等。這一系列反應是我們在放鬆狀態下的生理反應，讓我們可以把能量用於消化食物、抵抗微生物和繁衍後代。

交感神經系統和副交感神經系統這兩者的關係是互相拮抗的，也就是你強我弱的關係。當身體的交感神經興奮的時候，副交感神經活動就會相對受到抑制；反之，當副交感神經活躍的時候，交感神經就會相對受到抑制。

當你準備戰鬥或者逃跑的時候，身體所有的能量都需要被調動到四肢來支持最大強度的運動，這時胃腸道和免疫系統的能量也會被緊急調用，副交感神經會被抑制，腸胃蠕動會變慢，你會感到口乾舌燥、胃部收緊等。比如，在考試前十分鐘，你可能有想喝水、想上廁所、胃裡好像有蝴蝶在飛的感覺。當我們長時間處於慢性壓力之下時，交感系統會長時間保持興奮，副交感系統受到長時間的

抑制，久而久之就可能導致一個人的消化道功能紊亂、便祕甚至性功能障礙。

面對環境當中突如其來的威脅時，大腦負責壓力反應的中心主要在下視丘。下視丘是我們大腦當中一個非常原始的區域，在大腦的中央深處、丘腦下方和腦幹交界的區域。下視丘在緊急事件中具備雙重功能：第一重功能是對自主神經系統，也就是交感神經和副交感神經兩者之間平衡的控制；第二重功能是對腦下垂體調節內分泌的控制。當我們的眼睛看到威脅時，訊號傳導到丘腦，丘腦會在第一時間做出緊急反應，於是大腦中負責負面情緒的杏仁核就會被活化，進而活化下視丘，下視丘又活化交感神經系統和腦下垂體，最終引起交感神經的興奮，以及內分泌系統中的腎上腺素、正腎上腺素、腎上腺皮質醇等一系列其他激素的釋放。

一方面，腎上腺素、正腎上腺素的分泌會帶來快速的生理調節，比如增加心肺活動、收縮內臟血管、放大肌肉血管、加快血流速度、抑制腸胃活動、抑制唾液分泌、放鬆膀胱、出汗等。另一方面，腎上腺皮質醇會帶來比較緩慢的調節，包括升高血壓、血糖，抑制免疫反應，從而讓我們身體細胞中的能量都用於戰鬥或者逃跑。

這種壓力調節機制對於我們的祖先在原始社會中活命是至關重要的。但到了現代社會，我們幾乎不會再遇到黑熊或者老虎，我們生活中的猛虎變成了考試、工作中按時完成一個項目、在工作中的表現和地位、家庭成員的關係、生活中的突發變故等。而這些現代環境中的壓力，都很難透過戰鬥或者逃跑來解決。因為就算你不喜歡你的上司，也不能當場和他打一架。就算你不喜歡被老婆嘮叨，也不能打老婆，正因如此，有時候夫妻吵架，不擅長說話的老公往

往趕緊開溜，這種時候戰鬥或逃跑反應裡的「逃跑」就真的派上用場了。當面對現代壓力時，我們無法再像我們的祖先一樣，透過血液流向四肢、抑制內臟反應來快速解決壓力源，於是慢性壓力就來了，還陰魂不散地糾纏著我們。

如果生活中的問題遲遲得不到解決，壓力機制就會被活化得太久或者太頻繁，以致最終損害大腦和身體的各個部位。在長期焦慮的情況下，一方面腎上腺皮質醇的慢性釋放會抑制免疫系統，讓人變得免疫力失調或低下，很容易生病；另一方面，腎上腺皮質激素還有令中樞神經興奮的作用，會減少大腦內抑制性遞質 GABA 的含量，引起中樞興奮，讓人總覺得該做點什麼，否則就坐立難安。腎上腺皮質激素還會抑制大腦松果體褪黑激素的分泌，褪黑激素可調節睡眠節律，讓人產生困倦感。如果褪黑激素分泌減少，我們就會難以入睡甚至失眠。所以，焦慮還會導致失眠。

長期焦慮的危害 ──────────────────

焦慮的持續時間可長可短，持續時間短叫做焦慮狀態，持續時間長就可能會變成焦慮症。一部分焦慮症是由基因決定的，不良的生活習慣也會增加你得焦慮症的風險。長期焦慮可能導致猛爆型痤瘡、性功能障礙、頭痛、肌肉緊張、無法集中注意力、煩躁不安等不良反應，也會增加患慢性疾病的風險，比如心臟病和糖尿病，還會損傷免疫系統，讓你更容易受到病原體的感染。

大腦當中主要負責對環境壓力做出反應的區域是大腦的杏仁核。這個區域在演化上由來已久，因為形狀類似杏仁而得名。杏仁

核主要負責負面情緒反應，尤其是恐懼情緒。焦慮症患者大腦的杏仁核活動比普通人更加強烈和持久，反應的閾限（臨界點）也比普通人低。在遇到外界輕微的壓力時，普通人的大腦可能沒有明顯的變化，而焦慮症患者的大腦杏仁核因對壓力事件特別敏感，所以即使外界環境中很小的壓力也會導致他們的杏仁核反應激烈，普通人眼中的普通小事就有可能導致焦慮症患者過分緊張。比如，在急性焦慮發作的時候，焦慮症患者會覺得自己快要死掉了，擔心自己的胸痛是因為突發心臟病，或者自己的頭痛是因為得了腦癌。一想到自己可能會死掉，他們就會感到極度害怕，忍不住反覆地想，越想越緊張。

焦慮症患者大腦的腦島區域也會比普通人更活躍。腦島位於大腦皮質靠前的部位，兩側大腦半球各有一個腦島，因為形狀像一個孤立的小島而得名。腦島和一個人的自我意識、內感覺以及情緒和認知有關。焦慮的人常會有反芻思考，反反覆覆思考過去的事、現在正在發生的事和未來還沒發生的事，這種對自身和世界關係的反芻思考，可能和腦島的過分活躍有關。有的焦慮症患者還會覺得身體百般不舒服，但又說不出個所以然，因為焦慮導致的這種不舒服往往是過度放大的，不符合實際情況。

當一個人處於壓力狀態下的時候，大腦對外界訊息的解讀就會改變。焦慮的生理機制在演化上設計出來，就是為了讓我們盡可能地避開環境中的危險。在「戰鬥或逃跑」的思維模式下，我們對消極訊息的敏感度會大大增加，這可以幫助我們在面對威脅時第一時間從周圍環境中識別出對我們不利的東西。恰恰是因為這個機制，長期處於焦慮狀態的人更容易把中性的訊息看成消極的訊息，總的來說就是大腦在焦慮的情況下對外界的感知變得消極了。

在焦慮狀態下，一個人對社交訊息的解讀也會變得有敵意：別人隨便說了句不痛不癢的話，焦慮的人可能就會把這句話解讀成挑釁。長期焦慮還會影響睡眠，缺乏睡眠會導致我們的大腦留存更多消極的記憶，而不是積極的記憶。這兩個因素疊加在一起，就會使得焦慮的人更加容易悲觀，所以長期焦慮的人還有很大的可能變得憂鬱。比如研究發現，社交恐懼會導致一個人患憂鬱症的風險增加 1.49 ～ 1.85 倍。

什麼樣的人容易得焦慮症

絕大多數焦慮症患者都不是成年之後才患病的，而是在兒童時期或者青少年時期就早早地出現焦慮症狀了，因為缺乏專業的識別和關心而沒有得到及時治療，逐漸變成了慢性焦慮。焦慮症在一個人的一生當中會起起伏伏、時好時壞。統計數據表明，在所有的焦慮症患者中，大約只有 40% 的人的焦慮症狀會逐漸減少，而其餘的大多數焦慮症患者，在一生當中都會反反覆覆受到焦慮症的困擾。

從全球範圍的調查來看，在十二個月當中焦慮症的發病率相較於終身焦慮症的發病率只略低一點，總體來講數值差不多。這意味著，焦慮症在人的一生當中其實都在持續性地發作，從童年到老年的發作頻率沒有明顯的變化，並且幾乎每年都會發作。而無論是兒童還是青少年，十二個月內的發病率都跟成年人非常接近。其中恐懼症和分離焦慮的發病時間尤其早，六到十七歲的兒童和青少年的發病率最高，而廣泛性焦慮症則更多是在成年時期發病。

焦慮症是由基因和環境共同決定的，焦慮的遺傳貢獻率是30% ～ 40%。也就是說，一個人得焦慮症，30% ～ 40% 要歸因於他的基因。

有三個主要因素會增加一個人得焦慮症的風險。

第一，性別。女性得焦慮症的機率是男性的兩倍。

第二，遺傳和家族史。如果你的家庭成員當中有人患有焦慮症或者憂鬱症，你得焦慮症的風險也會明顯提高。如果父母有焦慮症，那麼子女得焦慮症的風險比父母沒有焦慮症的人要高二到四倍，出現焦慮症狀的年齡也會明顯偏低。童年時期，一個孩子如果是退縮和內向的氣質類型，在壓力環境下就會更容易感到焦慮。

第三，焦慮障礙也和童年時期的負面經歷有關。父母習慣性地體罰孩子，對孩子的情感需求不做回應，對待孩子態度冷漠甚至反感，父母常年吵架甚至當著孩子面吵架的家庭，孩子出現焦慮、憂鬱等心理問題的可能性都更大。父母特定的養育方式，包括對孩子過多干預和挑剔，以及從小缺少可以一塊兒玩的朋友，這些環境因素都會明顯增加一個人得焦慮症的可能性。在年輕的時候經歷過重大生活壓力事件，比如經濟困境、家裡有人生重病或者離婚，也會增加焦慮症的發病率。

基因會透過影響一個人認知世界的方式來影響他的情緒。焦慮的人會有認知偏差，更容易把一件事情解釋得比較負面。面對同樣一個大環境，普通人看到的和焦慮的人看到的情況是不一樣的，焦慮的人更容易把中性的環境看作威脅，由此產生更多的焦慮情緒。因此，焦慮易感基因可以透過改變一個人的認知方式，來導致環境對他的影響更消極負面。

很多人認為，因為父母過度控制和挑剔孩子，孩子又較為敏感

脆弱，所以孩子才會得焦慮症。實際上事情並沒有這麼簡單。遺傳因素不僅會影響孩子的氣質，也會影響父母的養育方式。具體是這樣的：父母自身的基因可能就是容易焦慮的，這從一開始就會導致父母容易出現過分控制的行為傾向。當同樣的基因遺傳給孩子時，這些敏感的孩子也會更容易因為環境壓力（父母的管教方式）而感到焦慮。所以父母的控制行為和孩子的焦慮症其實在某種程度上都受到焦慮易感基因的影響，而不只是前者影響後者的單向關係。

焦慮不僅是大腦的問題，和身體也息息相關 _____

　　如果你得了胃潰瘍，醫生的診斷通常是幽門螺旋桿菌感染。但科學家在臨床研究中發現，一些人即使胃中沒有幽門螺旋桿菌，也會出現胃潰瘍的症狀。在這種情況下，病因常常是心理因素——焦慮。為什麼焦慮會和胃潰瘍有關係呢？這是因為長期焦慮會導致腎上腺皮質醇長期過量分泌，把血液調配給肌肉，於是供應胃黏膜的血管日漸狹窄，給養供應不上，胃黏膜不能分泌足夠的黏液，無法抵擋胃液的腐蝕，長此以往，就很容易得胃潰瘍了。

　　在生活中如果觀察身邊的人，你會發現，那些特別操心、容易焦慮的人往往身形比較消瘦，這是有科學依據的。那就是，長期的壓力反應會導致肌肉損耗。焦慮引起的腎上腺皮質醇的長期釋放會引發蛋白質分解，因為肌肉就是由蛋白質組成的大塊組織，所以焦慮的人的肌肉可能會長期慢性受損，得不到重建的機會，人就會因此消瘦；相反，很少焦慮的人可能更容易心寬體胖。當然，這只是影響身材塑造的一個因素。

你可能不知道的是，我們人體還有第二個大腦，就是我們的腸道。人體腸道中的菌群數量非常驚人，是人體自身細胞總數的十倍多，而這些菌群編碼的基因數更是遠遠超過人體基因總數。近幾年的研究發現，腸道菌群與個體的行為情緒有著神奇的聯繫。

麥克馬斯特大學的約翰·克萊恩（John Cryan）和他的研究團隊在一個實驗中測試了腸道微生物的力量。在這個實驗裡有兩種小鼠：一種是天生膽子很小的 B 型小鼠，一種是天生勇敢無畏的 N 型小鼠。面對這兩種性格迥異的老鼠，科學家有一個奇思妙想：如果把牠們腸道中的微生物菌群互換，會不會改變這兩種小鼠的性格呢？於是，他們真的這樣做了。科學家先把生性膽大的 N 型小鼠腸道裡的細菌移植到天生膽小的 B 型小鼠體內。過了三個星期後，B 型小鼠竟然變成了勇敢的「探險家」！那麼反過來，如果把 B 型小鼠腸道裡的菌群移植給勇敢的 N 型小鼠，會怎麼樣呢？結果是，當 N 型小鼠被移植了膽小的 B 型小鼠的腸道細菌後，牠們竟然變成膽小鬼，花了比平時三倍多的時間才小心翼翼地從「高空」實驗台上走下來。

發現腸道菌群會影響小鼠性格後，研究者覺得移植腸道菌群畢竟還是有點麻煩，如果直接給小鼠「吃」細菌，會不會也有用呢？於是，克萊恩和他的同事嘗試一個更簡便的方法：直接給小鼠吃可以減輕焦慮的菌株——長雙歧桿菌和短雙歧桿菌。結果正如科學家所料，這兩種細菌果然改變了小鼠的性情：短雙歧桿菌讓小鼠變得更勇於探索，而長雙歧桿菌則讓小鼠在面對壓力時，體溫的變化不會太劇烈。

所以，焦慮不只是大腦的反應，身體的五臟六腑以及腸道中的細菌都在其中扮演非常重要的角色。

現在我們知道，焦慮遠不只是大腦當下的情緒問題，而是一個持久並且全身心的不健康狀態，和一個人的性別、基因、童年經歷、外界環境壓力甚至腸道菌群都有關係。焦慮狀態如果長時間不得到干預和治療，還可能會誘發失眠、憂鬱症等更嚴重的精神問題。

絕大多數焦慮症都沒有得到治療

在發展中國家，比如中國，有 50% ～ 85% 的焦慮症患者在焦慮障礙發病的前五十年中都沒有得到治療！想像一下，如果你在八歲時得了焦慮症，極有可能你自己也不知道，你父母也不知道，直到你五十八歲了才終於忍無可忍去看心理醫生或者精神科醫生，然後幡然醒悟自己一輩子都在飽受焦慮症的折磨。

即使是在全世界的範圍內，焦慮症通常也要在一個人發病二十年後才會得到治療。

跟蹤研究發現，焦慮症是所有心理健康疾病當中最頑固和最持久的，焦慮症自發的痊癒率只有不到 23%。也就是說，一個人得了焦慮症，最應當採取的行動就是儘快接受心理治療或者相對有效的藥物治療，而不是坐等焦慮症自行康復。

治療焦慮症最有效的方法是認知行為治療

無論是成年人的焦慮症治療，還是兒童和青少年的焦慮症治療，到目前為止全世界公認最有效的治療方法就是認知行為治療。

認知行為治療在英國、加拿大、德國、新加坡的健康實踐指導中，都被推薦為治療特定焦慮症的第一線療法；在美國，用認知行為治療來治療焦慮等精神困擾是被納入醫療保險的。不過在發展中國家，認知行為治療還非常稀少。這是因為，一方面精通認知行為治療的人非常少，教育體系極度缺乏相關技能的培養；另一方面，認知行為治療的費用相較於藥物明顯更高昂。但是，只要可以在認知行為治療和藥物療法當中擇其一，人們通常更願意選擇認知行為治療，因為認知行為治療見效較快，而且沒有副作用。

認知行為治療和我們通常所知道的佛洛伊德的心理動力學療法不同，前者需要的干預時間短，見效快，通常十到二十週就可以完成一個療程。認知行為治療的操作簡單易行：焦慮患者先要了解自己的認知方式是消極的、不現實的，接著他們要比較自己的消極想法和現實結果的差距，然後透過調整自己的認知方式來減輕焦慮情緒。在接受認知行為治療的干預後，大約 45% ～ 55% 的人的焦慮障礙會有所減輕。其中社交恐懼的緩解率是 45%，恐慌發作和廣場恐懼症的緩解率是 53%，廣泛性焦慮的緩解率是 47%。用認知行為治療來治療兒童焦慮症的效果更好，治療後的即刻緩解率是 60%，並且效果在十二個月之後仍然可以維持。和認知行為治療相比，藥物治療則通常被當作一種備選方案或者附加治療方案。

雖然認知行為治療是治療焦慮最行之有效的方法，但仍免不了有一定的復發率。在兒童和青少年當中，接受認知行為治療之後的一到兩年的復發率大約是 40%；而在有恐慌發作的成年人當中，進行治療後的一到兩年的復發率是 30%。所以，治療之後的遠程長期維持也很重要。遠程治療越密集，從長期來看，焦慮症狀緩解得也越徹底。相較於認知行為治療，藥物療法的復發率就高多了：在停

藥之後的三到六個月，焦慮症的復發率高達 30% ～ 50%。

下面教你幾個日常生活中可用於減輕焦慮的方法。

第一，改變你看待壓力源的方式，不要把它看作威脅。一旦你把壓力源看成危險，你的身體的第一反應就是打一架或者撒腿就跑，而這些原始反應對我們應付考試、完成工作任務、處理家庭矛盾都沒有任何用處。只有當你知道你的大部分本能的焦慮反應其實沒有用時，你才不再會把完成工作、處理好人際關係看成需要與之對抗的東西，而是可以換個角度，把生活中的這些壓力源看作像原始社會中採野果、縫製皮裙這樣按部就班的事。簡單來說，可以幫助你減輕焦慮的健康心態是：盡人事，聽天命。

第二，細化你的目標。焦慮的一個典型思維特徵是反芻思考。你有很多項目要完成，每天在腦子裡反覆想該怎麼應對，結果不好怎麼辦，失業怎麼辦，這樣的反芻思考往往會讓你越來越焦慮。但是，在你反覆擔憂的時候，你的血液其實都跑到你的四肢裡去了，這種本能反應對你解決問題一點幫助也沒有。

應對反芻思考的正確方法是，把你的目標寫下來，分成可以執行的小步驟。在把大目標和小步驟都寫在本子上後，你需要做的只是每天按部就班地完成一個個小步驟。為什麼細化目標這個方法能幫助你緩解焦慮呢？這是因為，一旦你把大目標和小步驟寫在本子上，你就不需要經常去做過於長遠的、無法掌控的展望，也不需要在大腦中反覆思考未來可能會發生的好或不好的結果。這樣一來，大腦多出來的思維空間和能量自然而然地就把小步驟完成了，你的大目標也就實現了。

假設你現在有經濟壓力，想要趕快解決。但是，經濟壓力不是短時間內就可以解決的問題。你每天被經濟壓力困擾，就像是人類

的祖先每天從早到晚和一隻老虎大眼瞪小眼，瞪上個一年半載。試想一下，就算人沒被老虎吃掉，也緊張死了。所以，比起毫無建樹地焦慮一個賺錢的大目標，你應該做的是，好好想想當下切實可行的工作途徑，然後一步一個腳印地朝目標努力。你可以經常提醒自己：不積跬步，無以至千里；不積小流，無以成江海。

第三，練習冥想。科學家發現，密集的冥想練習可以迅速降低人體促發炎因子基因的表達，減少壓力和焦慮導致的皮質醇分泌，使身體擺脫焦慮的傷害。冥想的方式很簡單：靜坐，把注意力集中在緩慢的呼吸上，任由大腦裡的各種念頭來去而不做刻意的評判或抑制。每天一小時左右的冥想可以明顯減少你的焦慮。美國麻薩諸塞州綜合醫院的研究表明，持續的冥想練習可以使大腦中負責記憶及情緒調控、自省、同情的大腦皮質灰質密度增加，並且減小大腦中產生壓力的扁桃體灰質密度。在一項研究中，參加八週冥想訓練之後的人，知覺能力明顯提高了，壓力也變小了。

第四，定期做有氧運動。這是自助減輕焦慮的最有效的方法。有研究發現，耐力運動可以促進大腦釋放神經營養因子。在運動的時候，肌肉細胞會釋放鳶尾素，這種物質不僅可以促進脂肪的分解，幫助減重，還可以進入大腦，促進神經營養因子的表達。大腦當中的神經營養因子既可以提高認知能力，改善情緒，也可以減少焦慮症狀。

生活和工作中的慢性焦慮會導致我們長期處於戰鬥或者逃跑反應中，但實際上，面對現實生活中的壓力，我們通常沒有辦法戰鬥或者逃跑。從今天起，你就可以開始增加平時的有氧運動量，保證每週運動時數累計三到十個小時。可以嘗試的有氧運動包括慢跑、游泳、打羽毛球等，這種強度和頻率的有氧運動可以讓我們的身體

執行類似於戰鬥或者逃跑時的運動肌肉反應，讓四肢肌肉釋放積蓄已久的能量。這樣一來，身體會告訴大腦，「已經戰鬥或者逃跑了，威脅不存在了」，大腦就會放鬆下來。

第三章

有社交恐懼的你可能並不缺乏社交技巧

公司星期五有個慶功宴，所有收到邀請的員工都很高興可以在工作日不上班，還有東西吃。但是這卻讓小諾一籌莫展。

一個星期之前，小諾就開始想自己參加慶功宴該穿什麼風格的衣服，該和同事聊什麼話題，有什麼事情可能會出錯，該怎麼處理慶功宴中突發的一些狀況，萬一自己說錯話該怎麼辦，要是遇到上司該聊些什麼話題才不會冷場，等等。一整個星期，小諾的大腦都被這些問題占據著，經常工作到一半，大腦裡就突然蹦出其中某個問題：慶功宴上我該和同事聊什麼？我該和上司說什麼？……

終於到星期五，小諾穿了一身白色休閒連衣裙和黑色平底鞋來到現場。她徑直走到角落裡吃著自助零食，裝出一副自得其樂的樣子。十分鐘後，她看到好朋友小倩來了，彷彿遇到大救星，趕緊如釋重負地迎上前去聊起天來。慶功宴吃的是西餐，小諾平時很少出來吃飯，也從未吃過西餐。上菜後，正襟危坐的她仔細觀察旁人使用餐具的順序，然後小心翼翼地拿起最外面的刀和叉。吃的時候，因為不順手，刀還不小心從她手裡滑到地上，發出清脆的響聲。坐在右邊的是她的上司阿滕，阿滕低下頭撿起小諾的刀還給她，衝小諾微笑了一下，小諾覺得自己的臉瞬間變得滾燙。吃完西餐，大家又喝些酒，聊聊公司的業務進展和家長裡短，下午三點左右就各自回家了。

對小諾來說，慶功宴的結束又是另一場焦慮的開始。

回家後，小諾一直在回想自己當天的表現，越想越覺得自己好丟人。為什麼不敢和陌生同事聊天？為什麼吃飯時會把刀掉到桌子底下？上司一定注意到她很緊張，覺得她能力差……就這樣，小諾在之後的兩個星期都沉浸在自我否定中難以自拔。

有社交恐懼症的人約占總人口的 5%，也就是差不多每二十個人中就有一個人可能有社交恐懼症。社交恐懼最常見於青少年和年輕人，女性比男性的比例更高。社交恐懼不單影響社交和生活，還會使一個人患上憂鬱症的風險增加 1.5 ～ 1.85 倍。

為什麼會有社交恐懼呢？遺傳因素、心理因素和環境因素共同造成了社交恐懼。在遺傳方面，如果你的直系親屬中有人有社交恐懼，那麼你得社交恐懼的機率會比普通人高出兩三倍。但我們的社交恐懼在更大程度上是「習得的」（learned），也就是被培養出來的，我們並非生來就有社交恐懼。一定是家庭養育中或者成長過程中的一些特殊經歷，導致我們遇到社交場合就會焦慮。在心理方面，社交恐懼可能來源於你曾經被欺負的經歷或者發生過丟臉的事。比如從小被父母挑剔、被高個子的人欺負、學習成績不好、長得不好看、被其他人忽視，這些都有可能是一個人長大後畏懼社交的原因。從環境方面來說，雖然一個人沒被欺負過，也沒有經歷過特別丟臉的事，但如果在生活中曾經看到其他人在社交場合被嘲笑，這些負面例子也可能導致一個人產生社交恐懼。這是因為透過觀察模仿別人來學習合適的行為，是動物在演化中的一個重要能力。除了這些原因之外，從小被父母過度保護而沒有機會學到足夠的社交技能，也可能導致一個人在青春期出現社交恐懼。

如何自我診斷社交恐懼

社交恐懼主要有四個特徵。

第一，在社交場合感到焦慮和恐懼。讓一個人出現社交恐懼的

場合包括：在大庭廣眾下發言，在其他人面前吃東西，在其他人面前工作，在社交場合中成為他人注意的焦點，參加聚會或者約會，在工作組會上發言，打電話，等等。比如，小諾就很害怕面對同事們做報告。在報告的時候，小諾一開始會有點緊張，說話也有些結巴，於是她覺得大家一定都注意到她結巴了，她的發言在同事眼中一定沒有說服力。這種認知進一步增加小諾的焦慮，導致她結巴得更厲害，她感到越來越緊張，覺得自己快要暈過去了。

第二，社交認知扭曲，即過分關注自我，擔心自己的言談舉止不恰當，被別人討厭。社交恐懼的人容易高度關注自我，對自己的表現標準定得比較高，害怕自己犯錯，或者在他人面前丟臉。比如在相親的飯局上，有社交恐懼的人往往會在意自己的表情是不是自然，自己的手是不是放對地方，自己剛才說的話是不是聽起來很蠢。

比如，兩週後你要參加公司舉辦的郊遊活動。焦慮的你可能兩週前就開始想，到時候我該穿什麼衣服呢？該和其他人聊些什麼話題呢？該以什麼樣的態度出現在別人面前呢？那個一直不和我說話的人，萬一他也去，我該怎麼和他相處呢？那個我一直喜歡的人，我到時候會不會不小心做了什麼事，讓他覺得我特別蠢呢？這些預期焦慮會一直延續到社交活動當天，在活動結束之後，你可能又會反覆想自己當天的表現有哪些糟糕的地方，越想越沮喪，以致你在活動結束後一週依舊處於焦慮狀態。

第三，為了避免自己遭遇尷尬，盡量不出現在社交場合中。如果實在不能迴避，就會帶著強烈的焦慮感忍受著。

第四，焦慮的程度和實際的威脅不相符。比如，你想和你喜歡的異性說話，一定程度的心跳加快、手心出汗是正常的。但是，如

果你每天都在頭腦中排練這次對話,真正見面時卻頭腦一片空白什麼也說不出來,事後又懊悔不已,天天反思自己做得不好,這就有點過頭了。

再比如,當眾報告的時候,一般人都會覺得緊張,但講著講著就會忘了緊張。然而,社交恐懼的人會因為過分關注自己的生理反應,並且擔心別人也會看出他的異常表現而變得越來越緊張,甚至還有可能把焦慮伴隨的出汗、心跳加快等生理反應當作心臟病發作的症狀,覺得自己快要死掉了。有社交恐懼的人明知道自己的焦慮不合理,但就是沒辦法克服。

焦慮會導致同理心能力變差

人在焦慮的時候,同理心能力也會變得比較差。美國愛荷華大學的研究者安德魯・陶德(Andrew R. Todd)在一個實驗中讓一部分參與者回憶以往讓他們感到焦慮的事,來激起他們的焦慮情緒,而讓另外一些參與者保持情緒平靜。接著,他給參與者看一張照片:照片裡有一個人坐在桌子面前,左手邊放著一本書,這些參與者需要回答書在左邊還是右邊。結果發現,不焦慮的人裡有一半說書在左邊,因為他們採用了照片中人物的視角;而在焦慮的參與者裡,只有四分之一的人說書在左邊,而更多的人說書在右邊。這意味著處於焦慮狀態下的人更關注自己的視角,很難從他人的角度考慮問題。

社會交往的主要目的是建立人和人之間的聯繫。但是,焦慮會損害人的同理能力,以及站在他人的角度思考問題的能力。人際交

往中最需要的就是同理能力，也就是感他人所感，想他人所想，而不是胡思亂想。無論是面試，還是和朋友聊天，都需要理解對方是怎麼想的，然後才能採取合適的立場和行動。但是，當你的大腦被過多的焦慮情緒占據時，你就很難有足夠的思維空間正確衡量他人的想法，以及站在他人的立場上做恰當的反應。

內向和社交恐懼不一樣

　　大家常會把內向和社交恐懼看成同一件事，或者覺得社交恐懼是內向的一種極端狀況。其實，社交恐懼和內向是不同的。

　　對於「社交恐懼」「內向」「害羞」這幾個概念，我們需要加以區分。害羞可以等同於輕微的社交恐懼。有一個大型調查的結果顯示，美國青少年中有一半的人認為自己屬於害羞的性格類型，不過只有 8% 的人有社交恐懼症。而內向跟社交恐懼和害羞就不太一樣了。內向是一種人格特質，內向的人傾向於獨處，一個人待著的時候會覺得神清氣爽，有種充電的感覺，但他們並不害怕社交場合，只是不願意社交。如果你有社交恐懼，你的內心可能非常想參與社交活動，但因為擔心別人可能不喜歡你而選擇迴避社交場合。所以，內向和社交恐懼其實是兩個不同的維度，它們兩兩組合共有四種類型。我本人屬於內向特質，比較享受一個人獨處的時光，但當需要社交或者展示自己的時候，我也可以應付得不錯。

　　有社交恐懼的人往往是由恐懼情緒主導的，他們獨處時可能感覺還不錯，但更多是一種如釋重負的感覺，而不是快樂。你可能會告訴自己不要在乎那個聚會，但在你的內心深處，避而不見其他人

會讓你覺得很孤獨或者不安全。然後，擺脫焦慮的動機又如此強烈，以至於你為了避免尷尬而拒絕去你其實很想去的社交場合。

有社交恐懼的人會覺得自己缺乏社交能力，在社交場合不知道該說什麼，還會預設其他人會忽略或者誤解自己。而內向的人則未必缺乏社交技能，當需要社交的時候，內向的人也可以隨時啟動他們的「社交模式」。在社交中損耗的能量，可以透過第二天獨自閱讀一本書或者和最好的朋友吃頓飯來補足。

克服社交恐懼的方法——認知行為治療

絕大多數有社交恐懼的人並不是因為缺乏社交技巧。恰恰相反，他們通常都擁有足夠的社交技巧。真正的問題在於，焦慮阻礙了他們在社交情境下的正常表現。而且，一些看似缺乏社交技巧的表現（比如，迴避和他人進行目光接觸）其實是一種「安全行為」——為了掩飾自己可能產生的尷尬和焦慮而採取的行為。

臨床上最有效的治療社交恐懼的方法是認知行為治療。簡單地說，就是心理諮詢師在諮詢過程中把一個人的想法引導到更理性的方向上，幫助這個人不再迴避曾引起他焦慮的場合。認知行為治療幫助社交恐懼者意識到他們迴避特定場合的行為給自己帶來了負面影響，並且透過科學的練習方法，幫助他們最終擺脫迴避行為。實際上，我們平時看到的「口才大師」或者「溝通大師」訓練課只是純粹地訓練表達和溝通技巧，並不能幫助有社交恐懼的人克服社交恐懼。

除了認知行為治療外，還有一些理念接近的心理治療方法，包

括漸進式暴露法、現實生活暴露療法、接受與承諾治療等。

接受漸進式暴露法的人會身處一個安全和放鬆的環境中，比如治療師的辦公室。心理治療師會讓社交恐懼患者想像他恐懼的場景或者對象，比如，如果害怕約會，就想像對面坐著自己喜歡的約會對象；如果害怕擁擠的空間，就想像自己周圍擠滿了人。這種想像加上安全的現實環境，可以使患者逐漸學會更有安全感地看待自己的恐懼情緒。

在現實生活暴露療法的治療過程中，治療諮詢師會陪伴著社交恐懼症患者，讓他逐漸暴露在恐懼的真實場景裡。比如，如果一個人害怕參加酒會，治療師就會作為朋友陪伴他參加酒會，為他提供心理支持和進行心理建設。

接受與承諾治療的基本理念是，讓患者學著接受內心的焦慮和掙扎是生活的一部分，學會根據個人的價值觀和意願來體驗生活，而不是任由自己迴避焦慮。這種生活和思維方式最終可以把人從焦慮的束縛中解脫出來。十二個星期的接受與承諾治療可以明顯改善一個人的生活品質，減少他的焦慮感。

喬西是一名主修音樂的大學生，她很害羞，以致很難和其他人社交，多年來一直沒有同齡的好朋友，學習和生活也受到嚴重影響。比如，她會因為需要在課堂上發言或者和周圍的人互動而感到極度焦慮，經常臨陣脫逃或者表現生硬。經過精神科的訪談評估，喬西被診斷為中度社交恐懼症。

在接受多次個體認知行為治療的干預之後，喬西漸漸地不再符合社交恐懼症的診斷標準，她在各種社交情境中的焦慮明顯降低，迴避的行為也顯著減少；她學到了克服社交恐懼的重要認知技能，

比如識別和挑戰自己扭曲的自動思考；她對自己形成了更加客觀和積極的認識，更願意接納自己──包括不完美的地方，對自己的未來也更加有信心。

一年之後，在社交恐懼自評問卷和精神科醫生的專業評估中，喬西的社交恐懼症狀的干預效果仍然得以保持。她找到工作，結交很多新朋友，並且開始籌備自己的音樂會。五年後治療師再次聯繫喬西，此時她已經結婚，有一個可愛的兒子，她成為一個經驗豐富的作曲家和演奏家。她非常自豪當年有勇氣去接受諮詢，在治療師的幫助下努力把自己推到一次又一次的社交情境暴露練習中。

下面是另一個案例。

瑪麗是一名保險業務分析師，今年四十一歲，因為多年的社交恐懼到精神科尋求幫助。她一直對一些非正式的社交場合（比如聚會）有強烈的焦慮，不知道自己該說什麼、做什麼，總有一種自己不像自己的感覺，所以多年來她一直拒絕這類社交邀請。大學期間，瑪麗會避開那些需要做正式報告的課程，畢業後又選擇一份不怎麼需要跟人打交道的工作。但她在工作上還是遇到了問題：她在準備做會議報告，以及給客服打電話的時候，都會感受到強烈的焦慮和痛苦。在生活中，瑪麗也會因為要去參加孩子的家長會，需要和老師及其他家長交談，而感到害怕和有意迴避。

為了克服自己的這些社交恐懼問題，瑪麗接受一系列團體認知行為治療，在治療師的帶領下，嘗試探索焦慮背後的根源，建立起恐懼和迴避的情境等級表。在後面的幾次干預中，她在團體裡進行了暴露練習，做她最害怕的正式演講。治療師還指導她在生活中自

己進行社交失誤練習，故意做一些看上去很尷尬的事情，最後看看結果是否符合她的預期。經過一個療程的干預後，瑪麗的焦慮量表得分從一開始的九十分降至三十八分；半年之後再次測量，她的狀態依然保持得不錯。

認知行為治療可以改善社交恐懼，那麼具體應該怎麼做呢？在這裡，我介紹兩項核心技術。

第一項技術叫做行為實驗。研究者準備大大小小不同的恐懼場景，有的會讓我們感到特別焦慮，有的焦慮程度則會弱一些。我們在克服社交恐懼的練習過程中，可以從不那麼焦慮的事情開始練習。這種行為練習並不是要提高你的溝通技巧，而是讓你從客觀的角度去審視你頭腦中不合理的社交信念。

舉個例子，在我讀博士的第一年，有次一個長輩邀請大家去KTV唱歌，其中包括一位我很喜歡的歌手。這位歌手唱完一首歌後，我朋友指著我大聲對這個歌手說，她很喜歡你，你們合唱一首吧。這位歌手大方親切地邀請我合唱，但當時的我害羞極了，躲在朋友背後埋著頭說：「不用了，不用了，等一下再說。」因為一直低著頭，所以我也沒有機會看清這位歌手當時的反應，然後大家很快又開始唱別的歌了，而我的害羞情緒持續了好久才漸漸退去。

如果現在的我再遇到這樣的事，毫無疑問我會開心地接過麥克風和那位歌手一起唱歌。可當時的我卻覺得這是一件讓我極度害怕的事。

針對類似的社交恐懼，該怎樣快速改善呢？認知行為治療告訴我們可以分成三個步驟來操作。第一步，在頭腦中產生一些預期。在唱歌這件事上，我的預期是，雖然我覺得自己歌唱得挺好的，但

對方可能覺得我唱得不好，畢竟他是專業歌手，我的歌聲和他比起來差太遠了。大量這類消極的想法讓當時的我自我否定，以至於無法回應歌手的熱情邀請，甚至沒辦法看他。如果給自己的不合理想法打分數，滿分一百分，那麼我給當時的自己打九十分。

第二步是開展行為實驗。假設回到過去，我會努力鼓起勇氣接過麥克風，和那位歌手一起唱歌。

第三步是在結束後評估自己的行為和最初的預期有什麼差別。唱歌的過程中我可能會聲音太小，唱歌的氣息斷斷續續，甚至可能因為太緊張而走調。但是，這個時候我的行動是我已經在和歌手一起唱歌了，我不需要認為只有我的唱歌水準達到專業，才有資格和他一起唱歌。事實上，對方是專業歌手，本來就唱得比我好得多。我只須像平時一樣唱歌即可，大家對我不會有任何期待。這樣的想法會讓當時的我思維更合理，而不是變得理想化或扭曲。

第二項技術叫做社交失誤實驗。這對那些總覺得自己的言談舉止可能會帶來非常嚴重的後果，或者擔心破壞一些既有社會規則的人來說非常有用。一句話概括就是，我們故意做一些看上去很尷尬的事情，然後看看結果到底會怎樣。

還是上面的三個步驟：第一步，我們要對這件事進行預測，評估自己頭腦中根深蒂固的一些自動思考和信念。第二步，開展實驗。第三步，對第一步中的信念重新評分，然後比較一下差異。霍夫曼（Stefan G. Hofmann）在他關於社交恐懼的書中，專門用一頁篇幅列出了社交失誤實驗。下面舉幾個例子，大家可自行感受。

· 你在北京大學校園裡，問十個不同的學生北京大學怎麼走。

· 進入一個餐廳後，坐在一名顧客的斜對面，然後直接問他有

沒有看過電影《霸王別姬》，裡面的主角叫什麼名字。

· 走進一個高級飯店，在櫃檯預訂一個房間，然後走出飯店，不一會兒又進入飯店告訴櫃檯的工作人員你要取消預訂，原因是你改變主意了。

· 在大街上或捷運站裡唱三十分鐘兒歌。

· 詢問書店的工作人員，有沒有關於放屁的書籍。

設計這類實驗時有一些原則，比如不要對自己和他人產生身體或精神上的傷害。我們做這些實驗是為了檢驗我們腦海中的一些信念，我們會把這些失誤造成的結果預期得非常嚴重，但很多時候並非如此。我們最終會發現，人們對於一些言談舉止的準則，其實並不像我們想的那麼嚴苛，我們就更不用拿這些也許根本不存在的準則來度量自己了。這個實驗還有一個好處，就是讓我們更加幽默地對待自己的一些失誤，有時失誤反而會給我們的生活添加不少樂趣，讓我們變得對自己更寬容。

催產素可改善社交恐懼

催產素又叫做「愛的荷爾蒙」。顧名思義，催產素是在胎兒出生時母親體內大量釋放的激素，這種激素使母親可以順利生產，也讓母親和孩子之間產生難以名狀的深刻情感。催產素不僅在女性生孩子的時候會大量分泌，在我們擁抱、接吻、做愛的時候，身體也會釋放出催產素，增強人和人之間的社會連結和親密感。

除了增加情感連結，催產素的另一個作用是對抗焦慮。德國波

昂大學的心理學家莫妮卡‧埃克斯坦（Monika Eckstein）用實驗證明了催產素的抗焦慮作用。

在這項研究中，研究者在給有特定焦慮障礙的人聞催產素後，成功放緩了他們大腦當中負責焦慮情緒的杏仁核的活動。杏仁核是位於大腦中間的一個長得像杏仁的小區域，會對環境中的潛在威脅做出反應。社交恐懼症患者的杏仁核一直處於過分活躍的狀態，所以他們會持續地把社交刺激看作威脅，甚至對中性的社交活動也容易形成恐懼記憶。

實驗一開始，只要實驗參與者看到某些事先選定的中性圖片，就會遭到輕微的電擊。漸漸地，他們便對這些圖片產生了恐懼的條件反射。透過這樣的反覆操作，參與者的大腦把中性圖片和電擊聯繫起來。在形成條件反射後，研究人員讓一些參與者去聞催產素，而讓另外一些參與者聞不含催產素的安慰劑。之後再給他們看這些和恐懼相關聯的圖片，結果發現，聞了催產素的參與者和沒有聞催產素的參與者，大腦反應不同。相較於那些沒有聞催產素的參與者，聞過催產素的人大腦杏仁核活躍度降低，這表示他們的恐懼反應下降了，而且他們的大腦前額葉活動增加，這也表示他們對恐懼情緒有較強的控制力。這個研究結果說明，攝入催產素或許可以幫助社交恐懼症患者在社交場景當中更好地擺脫焦慮情緒。

害怕得到負面的社交回饋是社交恐懼症患者的一個重要特徵，男性大腦中有一種和催產素對應的激素叫做血管加壓素，血管加壓素對緩解男性的社交恐懼似乎也有用。二十一個健康男性參與了一個實驗，他們需要完成一個簡單的任務。實驗一結束，這些人就得到了實驗人員的負面評價——實驗人員說他們的表現不夠好。接下來這些人被分成三組，一些人聞了催產素，一些人聞了血管加壓

素，另外一些人聞了不含有任何激素的安慰劑。之後科學家觀察他們的大腦，發現他們的大腦活動模式是不一樣的。那些聞了安慰劑的人大腦中負責心理理論的區域（顳葉與頂葉連接區）、負責疼痛加工的區域（腦島和副運動皮質）和負責情緒性社交感知視覺的辨認區（梭狀迴）都被實驗人員的消極回饋活化了，而聞催產素或者血管加壓素的人的大腦活動則沒有發生明顯的變化。這個實驗說明，催產素和血管加壓素對男性的社交恐懼可能會有緩解作用。

那麼，我們能不能買點催產素幫助自己克服社交恐懼呢？答案是：不建議這樣做。催產素對人的作用比較複雜，所以不推薦自行使用催產素。催產素雖然會促進群體內部的合作，但也會導致一個人對不屬於自己群體的其他成員表現出敵視和不信任的態度。不過，確實有不少研究支持催產素對各種焦慮的緩解和治療作用，用催產素和心理療法共同治療社交恐懼症或者創傷後壓力症候群，在未來可能是一個比較有前景的應用。

生活中減少社交恐懼的自我調節方法 ──────────

改變思維方式

你要知道，在社交場合感到焦慮其實是很正常的。焦慮是當我們感覺到有威脅時非常有用的反應，因為在演化過程中，其他人的看法，尤其是批判性的看法，可能會影響個體的生存。焦慮可以讓一個人對負面社交訊息保持敏感，及時把握其他人的負面回饋──知道自己說的話對不對，採取的社交行動對不對，從而隨時糾正自己的行為，避免因被其他人排斥而陷入生存危機。所以，適當的社

交恐懼其實是對生存的一種演化保護。所謂社交恐懼症，是指你的焦慮程度超過了必要的程度，以至於對社交中負面訊息的敏感大大超過了現實，給自己帶來不必要的困擾。

在日常生活中每個人都會有一些內心獨白，比如，我今天有很多事要做，或者我今天覺得很開心。和普通人相比，有社交恐懼的人內心獨白偏向於消極。有社交恐懼的人會想，「我今天有很多事要做，萬一做不好就完了」，「雖然這會讓我心情不錯，但不知道下午還會不會發生什麼糟糕的事破壞我的心情」，「今天張祕書指出我的錯誤，他一定不喜歡我」。這些都是有社交恐懼的人常見的消極思維傾向。

思維方式可被看作一種習慣，習慣既然可以養成，當然也可以改變。有社交恐懼的你可以試著隨時監控自己的想法，把你在社交場合裡產生的焦慮想法記錄下來，再把這些想法替換成一些比較現實的想法。比如，你要和一群不認識的人一起參加一個商務午餐，你可能想，「完蛋了，我到時候不知道該說什麼，如果我表現得很木訥，大家會發現我很緊張，那我就會給所有人留下很差的印象」。但事實上，這些想法都是誇大的消極想法，和現實關係不大。你可以把這些習慣性的消極想法先寫在本子上，再把它們替換成積極的想法。比如，「這種常規的商務午餐一般都會比較順利，我平時也都能給人留下不錯的印象，就算真出了什麼差錯，也不是世界末日，因為大家不會太在乎其他人，所以不用太把自己當一回事。」

羅素是一位有名的哲學家和數學家，也是演講家和社會活動家。羅素在他一生中的很長時間裡，主要靠巡迴演講維持生計。他在剛開始做公共演講時也會焦慮。關於他如何克服演講焦慮，羅素

是這樣說的:

有一個方法可以消除大多數煩惱,就是明白那些讓你操心的事根本無關緊要。我曾有一段時間做過無數次公共演講,最初的每一場都令我害怕,慌張的心緒導致我講得很糟糕;對這種窘境的懼怕,竟然讓我希望自己在演講之前能遇到意外,演講過後我又會因神經緊張而疲倦不堪。

慢慢地,我試著告訴自己我的演講好壞根本無足輕重,宇宙絕不會因我的演講優劣而有所改變。於是我發覺,越是不在乎講得好壞,我越是講得不壞,緊張情緒逐漸減退,最後幾乎完全沒有了。

改變對生理反應的解釋

當你感到社交恐懼的時候,生理反應可能會加劇你的焦慮和緊張。這時候,試著改變你對生理反應的解釋,可能會帶來完全不同的效果。焦慮和激動的生理反應在本質上是一樣的:交感神經系統變得興奮、心跳加快、出汗、手腳發抖、意識狹窄等。當你出汗、心跳加速的時候,如果你告訴自己這是緊張焦慮的反應,那麼你可能會越想越緊張,出汗越來越多,心跳越來越快。但如果你把出汗、心跳加快解釋成「因為興奮和激動」,你可能就不會覺得特別焦慮,反而覺得自己正在面對一個有趣的挑戰。

在社交場景中調整呼吸

有社交恐懼的人在社交場合感到最糟糕的一點可能是擔心焦慮的感覺一旦開始就會漸漸失控。這樣一來,人只能感到越來越緊張、越來越焦慮,呼吸也會越來越急促。在這種情況下,嘗試調整呼吸可以幫助你逐漸擺脫焦慮。在惡性循環形成之前,你可以試著

用緩慢的深呼吸逐漸緩解焦慮，讓自己恢復到平靜狀態。

練習呼吸的好處非常多，不僅可以降低焦慮，提高專注力，還可以提高睡眠品質。那麼這些好處背後的原因是什麼呢？

二〇一七年發表在《科學》期刊上的一項關於小鼠的研究發現，腦幹中的神經元和呼吸冥想的平靜狀態有關。我們日常的呼吸包括很多不同種類的節律，比如嘆氣、打哈欠或者喘氣等。不同種類的呼吸節律和我們的社交、情緒訊號是有關係的。關於動物的研究發現，腦幹的前包欽格複合體（pre-Botzinger complex）是神經元群落中的一個分群落，和嘆氣有關。刺激這個區域的神經元，小鼠就會不停地嘆氣；而移除這一部分神經元，小鼠會繼續呼吸，但不嘆氣。這群控制呼吸節律的神經元也參與調節大腦平靜和覺醒之間的平衡。敲除這部分神經元的一個基因片段後，小鼠的呼吸節律不會受到影響，但牠們的平靜行為增加了，覺醒狀態卻減少了。腦幹中的這部分神經元還連接並且負責調節藍斑核中的正腎上腺素神經元，而藍斑核恰恰是大腦中負責注意力、覺醒和恐慌的中心。我們的呼吸、情緒和注意力因為這個小小的前包欽格複合體而緊密地聯繫在一起。這就是為什麼當我們有意識地調整呼吸頻率的時候，就會影響焦慮情緒和專注狀態。

學習調整呼吸的一個簡單易行的方法是練習呼吸冥想。在日本東邦大學的研究中，研究人員讓健康的參與者嘗試腹式呼吸，即在從一數到四的過程中把空氣深深地吸到腹腔裡，保持一會兒再將氣緩慢地呼出。當這些參與者堅持把注意力集中在呼吸上二十分鐘後，他們的消極情緒變少了，血液中提升情緒的血清素增加了。

你平時就可以進行呼吸練習，站著或坐著都行。漸漸地，你會覺得調整呼吸變得非常簡單和自然。在你反覆練習之後，當你再次

在社交場合感到焦慮時，可以關注自己的呼吸，如果呼吸的狀態又淺又快，就有意識地調節成緩慢的腹式呼吸，焦慮可能就會很快得到緩解。

轉移注意力

當你感到焦慮的時候，你的注意力會轉向自身：心跳加快、手抖、消極地評價自己的表現。過度自我關注還會導致你陷入焦慮的情緒中無法自拔，這時候就需要轉移注意力。

在社交場合，當你因為過度自我關注而感到焦慮時，可以試著把你的注意力轉移到談話內容或者社交對象身上。比如，當你在做項目展示的時候，只去關注展示的內容，而不關注自己講得怎麼樣；當你在社交場合認識新朋友的時候，只關注新朋友的外貌特點和聊天內容，而不關注自己的表情姿勢和說話的內容。在社交活動中，多考慮對方是什麼樣的人，其他人在說什麼、想什麼，而不是考慮自己表現得怎麼樣。如果關注別人的眼睛、說話的內容對你而言還是有點困難，你也可以試著把注意力轉移到一些中性刺激上，比如地毯的顏色、別人穿的衣服等。注意力的轉移可以打破你的自我關注，讓你逐漸變得不再需要應付自己的焦慮，而是可以應付真正的事情。

接納不舒服的感覺

你要知道，在社交過程中感覺不舒服一是沒什麼大不了的，一些社交場合即使讓你感到焦慮，也是值得一試。因為當你真的做了某件你害怕做的事，直面自己內心的恐懼和不安之後，你會驚訝地發現自己一直害怕的事也不過如此，即使你覺得緊張也可以做到這

麼多事，你會因此覺得自己很棒。其實，有時候人們會注意到你的焦慮，但大多數時候大家並不會注意到你的表現如何。當你真的帶著焦慮和恐懼勇敢地參加了一些社交活動時，你對自己的感覺會變得更好。

轉換選手心態和評審心態

在選秀比賽中，每一個選手在面對評審的審視時都是非常焦慮和緊張的。相反，評審在觀察和評價選手時則不那麼緊張。選手會特別在乎自己表現得怎麼樣，肢體語言做得對不對，表情到不到位，評審對自己的看法如何、評價如何，這種高度的自我關注通常會讓選手感到異常焦慮和緊張。很多人之所以在社交場合感到焦慮，就是因為把對方擺在評審的位置，而把自己當作被評價的選手。

有社交恐懼的人在社交的時候會特別在意自己表現得好不好，交往對象對自己的評價，以及對方的反應。選手心態和社交恐懼其實都來自過度的自我關注。可以說，自我關注是社交恐懼的罪魁禍首。社交時換一個視角，學習採取評審的立場，一切就變得不一樣了。採取評審的視角之後，你的關注點就不再在自己身上，而是會關注對方的外貌和行為，對方的樣子和言談舉止，以及你是不是喜歡對方。這種視角的轉化會讓你在社交場合中變成評審，又有誰聽說過評審評價選手的時候會緊張呢？

第四章

幻覺和妄想不是精神病人的特權

這時候，遠遠望見郊野裡有三四十架風車。堂吉訶德對僕從桑丘說：「運道的安排比咱們要求的還好。你瞧，桑丘，那邊出現了三十多個大得出奇的巨人。我打算去跟他們交手，把他們一個個殺死。咱們得了戰利品，就可以發財了。這是正義的戰爭，消滅地球上這種壞東西是為上帝立功。」

桑丘道：「什麼巨人？」

主人說：「那些長著長胳膊的，你沒看見嗎？有些巨人的胳膊差不多有五公尺長呢。」

桑丘說：「您仔細瞧瞧。那不是巨人，是風車；上面胳膊似的東西是風車的翅膀，風吹動起來，它們就能推轉石磨。」

堂吉訶德道：「你真是外行，不懂冒險。他們確實是貨真價實的巨人。你要是害怕，就走開些，做你的禱告，我一人單幹，跟他們拚命好了。」

——《堂吉訶德》

在精神疾病的症狀中，大腦的問題可以主要分成情緒和認知兩個方面。情緒方面的問題有憂鬱症、焦慮症、強迫症、雙相情感障礙（躁鬱症）等；認知方面的問題可以分為兩種，一種是認知功能變差，比如認知衰退，另一種是正常的認知方式發生扭曲，比如幻覺和妄想。幻覺是看到不存在的東西或聽到不真實的聲音，妄想是頭腦中出現不符合現實的扭曲想法。比如，思覺失調症患者常常會「看到」背後有人盯著自己，或是「聽到」有人說自己壞話，有時他們會「聽到」自己腦子裡的聲音在說「你真沒用」，或是強迫自己做不想做的事，難以擺脫，並因此感到驚慌失措。

你可能覺得幻覺和妄想這兩種思覺失調症患者具有的典型症狀

斷然不會出現在正常人身上。或者反過來，人一旦有了幻覺和妄想就是得了精神病。但事實上，幻覺和非幻覺之間並沒有非黑即白的分水嶺，健康人有時也會出現幻覺和妄想。服藥、缺乏睡眠等都可能導致正常人出現幻覺和妄想，有時健康人甚至會毫無徵兆地出現幻覺和妄想。

幻覺是什麼樣的感覺呢？

　　我讀博士期間，需要臨床訪談數以百計的老人，其中一部分是有幻覺的患者。有一次正在訪問的患者剛好經歷了視幻覺。這是一位五十多歲的女性，我們當時坐在一個兩公尺見方的小房間裡做問卷訪談。我問這位病人：「你最近會不會看到一些實際上不存在的東西？」她答道：「會啊，剛才走進這個房間的時候，我看到你身後有個人。」說這句話的時候她氣定神閒，並不顯得害怕，因為她知道自己看到的東西不是真實的，那只是她的幻覺。反倒是我有一瞬間感到脊背發涼。對於幻覺泰然處之，說明她的幻覺是良性的，因為她的自省能力完好無損。那麼，什麼是非良性的幻覺呢？就是指患者失去自省能力，以為自己產生的幻覺是真的，甚至和幻覺互動或被幻覺驚嚇到。

　　我曾經遇過一位九十三歲的巴金森氏症患者說自己經常出現幻覺，發現死去的妻子又回到他身邊，其實他妻子幾年前就去世了。一個人在家的時候，他會看到妻子在洗碗，他便和她聊天。晚上睡覺時，他也常常覺得妻子在抱著他。當醫生想要給他增加一定劑量的藥物來減少他的幻覺時，老人拒絕了，他說他很喜歡自己的幻

覺，不想因為增加藥物劑量而失去妻子的陪伴，以及和妻子聊天的機會。

在有臨床記載的案例研究中也有一些關於幻覺的有趣故事。有一位七十二歲的巴金森氏症患者反覆出現幻覺：晚上和妻子睡覺時，他經常看到一個女人溜進臥室，一絲不掛地躺在他和他的妻子中間。醫生想知道出現幻覺時他是否能動，於是問：如果你碰這個女人，她會消失嗎？老人毫不猶豫地回答：當然不能碰啦！一動我老婆就醒了！

有一種特殊類型的幻覺體驗叫做出體經驗（out-of-body experience），經歷出體經驗的人會感覺他位於自己的身體之外。有偏頭痛、癲癇或者心理疾病的人容易產生這種幻覺，健康的人有時也會有出體經驗的經歷。科學家研究了健康的出體經驗者，發現他們大腦顳葉有異常放電的現象，而這些異常放電的區域是負責加工空間中的身體訊息的。也許是因為他們的大腦無法確定他們在空間中的位置，所以這些人會覺得他們在自己的身體之外。

幻覺不僅包括視幻覺和聽幻覺，還存在於其他感覺通道，比如觸幻覺和嗅幻覺——感到有不存在的東西觸摸自己和聞到不存在的氣味。

有一種妄想症叫做寄生蟲幻覺併發妄想症，得了這種病的人會覺得有昆蟲、蛇或者寄生蟲在他們的皮膚上爬。他們擔心自己的皮膚下面有寄生蟲，尤其擔心自己身體的開口處（比如肛門）、胃部或者腸道內有寄生蟲，他們還認為自己的家和衣物也被寄生蟲感染了。這些有寄生蟲幻覺併發妄想症的人不僅有觸幻覺，還伴隨著不切實際的妄想。因為他們真的相信自己被寄生蟲感染了，所以他們常常會帶著一些「證據」（比如灰塵、皮膚屑）積極尋求皮膚科醫

生的幫助。

在生活中你可能也會有一些類似幻覺的體驗。比如淋浴的時候水聲很大，你有可能覺得耳邊響起音樂聲，或者覺得放在外面的手機鈴聲響了。但關水後卻發現什麼聲音都沒有。另一種常見的視幻覺是在你快要入睡時發生的，你的眼前可能出現一些栩栩如生的場景，這時如果身邊剛好有人提醒你一下，你就會發現自己剛才出現幻覺了。這些都是正常人會有的幻覺經歷。

幻覺和妄想並非精神病人獨有 ————————

健康人產生幻覺的現象並不少見。雖然思覺失調症在一般人群中的發病率只有 0.4%，但幻覺和妄想在普通人中的發生率其實高達 7.5%。也就是說，大約每十四個人中就有一個人曾經看見不存在的東西、聽見不存在的聲音，或者有完全不符合現實的妄想，而這些人其實都是人群中的「正常人」。澳大利亞昆士蘭大學的約翰‧麥格拉思（John McGrath）博士等人從二〇〇一到二〇〇九年調查了來自十八個國家的三萬多名成年人，在排除藥物或睡眠因素後，他們發現有 5.8% 的正常人有過幻覺或者妄想的經歷，其中有幻覺體驗的人數是有妄想體驗的四倍。這個研究涉及的樣本規模大，人口分布範圍廣，所以研究結果非常有說服力地證明，幻覺和妄想並非精神病人的專屬體驗，而是廣泛存在於人群之中。

在體驗過幻覺的普通人中，大約有三分之一的人只經歷過一次幻覺或妄想，約有三分之一的人有過二到五次幻覺或妄想，而餘下三分之一的人有過不少於六次甚至多達一百次的幻覺或妄想。這些

正常人的幻覺或妄想往往發生得很偶然，轉瞬即逝，不過也有一小部分人會常常產生幻覺和妄想。

大腦產生幻覺的原因 ————————————

　　大腦究竟為什麼會產生幻覺呢？在第十一章中，我會介紹大腦是怎樣感知到外界刺激的。大腦感知外部世界是結合了兩個方面的結果，涉及兩個加工方向，一個是自下而上的加工，另一個是自上而下的加工。以視覺為例，自下而上的加工方式指的是眼睛感受到光的刺激之後，把訊號「由下而上」傳導到大腦的主要視覺皮質，從而使大腦感知到外界的視覺刺激。自上而下的加工指的是大腦透過儲存在皮質中的知識經驗來處理訊息，對看到的東西提早做出預期。比如，當你看到一朵花的時候，大腦在你「意識到」這是一朵花之前，就已經調取出儲存於大腦中的各種花的記錄，當這些記錄和你眼睛感受到的光影圖像高度匹配時，大腦就會判定這是一朵花。大腦自上而下的加工方式可以幫助你更快更有效率地感知外界訊息。

　　當你看一個物體時，一方面，這個物體表面的光線進入你的眼睛，投射到大腦的視覺皮質，這個過程會占據主導地位；另一方面，大腦透過以往的經驗來預期這個東西是什麼，這個自上而下的過程發揮了輔助作用。但在一種特殊情況下，自上而下的過程會占據主導地位，就是外界光線不足的時候。因為眼睛無法接收到足夠的光訊號，傳入大腦的模糊圖像不足以讓大腦判斷究竟看到了什麼，這時大腦自上而下的加工就只能喧賓奪主地占據主導地位；因為線索

不足，所以大腦常常會猜錯，這就導致你看到實際上不存在的東西，產生了錯覺或者幻覺。

如何自己「製造」幻覺

如果你想要自己製造幻覺，可以試試這個方法：站在一面大鏡子前，身後放一支昏暗的蠟燭，關上燈。盯著鏡子中的自己持續看上一分鐘，你就有可能開始產生一種奇怪的錯覺——你看到自己的臉變得扭曲，甚至會變成另一張臉。這是因為在光線不足時，大腦可能無法將臉部特徵整合成完整的臉，從而產生恐怖的錯覺，這種場景視錯覺的發生率高達 70%。這也是為什麼盲人容易體驗到幻覺。當沒有足夠的客觀線索可以推測看到的東西時，大腦就容易憑藉內部線索去主觀猜測看到的東西。因此，你想得越恐怖，就越有可能看到恐怖的東西。

精神病人經歷的幻覺也基於類似的原理。我讀博士期間的研究課題是巴金森氏症患者的幻覺機制。巴金森是以運動障礙為主的神經疾病，大約有 20% 的巴金森氏症患者會有視幻覺症狀。我們用磁振造影成像的方法觀察有幻覺和沒有幻覺的巴金森氏症患者的大腦，想知道兩者在結構上和功能上有什麼不同。我的猜測是，因為巴金森氏症患者的視覺能力變差，所以他們從環境中得到的視覺線索減少，為了彌補這種不足，大腦內部的視覺記憶匹配喧賓奪主，致使巴金森氏症患者出現幻覺。

結果恰如我所料。一方面，幻覺病人的大腦中負責內省的預設模式網絡活躍程度比較高，超過沒有幻覺的病人；另一方面，幻覺

病人的大腦主要視覺皮質（負責接收外界視覺刺激）的活躍度低於沒有幻覺的病人，而高級視覺皮質（負責儲存與視覺有關的記憶成分）的活躍度則高於沒有幻覺的病人。由此可見，巴金森氏症患者經歷的幻覺的確是因為對外界的視覺感知能力變弱而「腦補」太多引起的。總之，有幻覺的病人傾向於以大腦憑經驗的「猜測」來決定自己看到了什麼。

二〇一七年，耶魯大學在《科學》期刊上發表了一項關於聽幻覺的研究。科學家對比了四類人的大腦：有聽幻覺的精神病人，沒有聽幻覺的精神病人，有聽幻覺的正常人，沒有聽幻覺的正常人。這項研究的目的是瞭解大腦的什麼活動和幻覺有關，以及為什麼有些出現幻覺的人是精神病患者，而有些人則不是。在這項研究中，當參與實驗的人躺在磁振造影掃描儀裡時，他們一開始會聽到一個固定音高的聲音，同時看到一個閃光。這個過程反覆幾次之後，聲音會慢慢變弱，有時甚至會完全消失，只剩下閃光。在只有閃光而沒有聲音的條件下，那些平時體驗到聽幻覺的人（無論是精神病人還是正常人）仍表示他們聽到了聲音，此時他們大腦的聽覺皮質和前扣帶迴都被活化了，這種大腦活躍模式和有聽幻覺的人的大腦過度活躍模式很像。

研究者接著對所有人的大腦活躍結果進行建模分析，結果發現，有幻覺的人更依賴自上而下的主觀預測來感知世界，而不是主要依賴自下而上的客觀證據。在同樣有幻覺的人當中，精神病患者和沒有精神病的人的區別在於，有精神病的人即使出現幻覺，也不太會承認他們聽錯了。這說明精神病人的自省能力比較差，他們的幻覺也大多是非良性的。

第五章

不睡覺會死人！

馬奎斯在《百年孤寂》中講到一種奇怪的失眠症。有一對夫婦收養了一個小女孩。不料，這個女孩患有會傳染的不眠症。不久，全村的人都得到此病。一開始沒人在意，許多人甚至因為不用睡覺而感到高興，因為當時馬康多（故事發生的小鎮）百廢待興，時間寶貴。人們勤奮地工作，在短時間內就把一切都做完了，到早晨三點就雙臂交叉地坐著，計算自鳴鐘播放的華爾茲舞曲有多少段曲調。時間長了，沒人再為睡眠這個沒用的習慣擔憂。但是大家很快就發現，失眠症帶來失憶的後果。

小說的主人公把家裡所有的東西都貼上小紙條註明它們的名稱：桌子、椅子、門⋯⋯但他意識到終會有那麼一天，人們即使能透過標籤記得事物的名字，也會記不起它們有什麼用。

就這樣，人們繼續在捉摸不定的現實中生活，這種靠詞語暫時維繫的現實似乎隨時都會消失。人們逐漸出現幻覺，失眠者開始分不清現實和夢境，整天醒著做夢。由於夢境和現實混為一談，他們失去現實，失去過往。患者開始淡忘童年的記憶，然後是事物的名稱和概念，最後是每個人的身份，以至於最終失去自我，淪為沒有過往的白痴。

小說中的失眠症並非憑空捏造，而是有歷史原型的，即十八世紀末出現在歐洲的致死性家族失眠症。患致死性家族失眠症的病人完全無法睡覺，在幾個月到一年多的時間裡，病情迅速惡化到痴呆，最後患者因困倦而死。致死性家族失眠症是一種非常罕見的普恩蛋白腦病，全世界只有不到四十個家族患病，大多數在歐洲。由於基因變異，患者最初莫名其妙地無法入睡，出現毫無根據的恐懼，接著恐懼加劇並且出現幻覺，體重下降，最終大腦退化變成毫

無反應的痴呆，直至死亡（此時不睡覺已經持續了一年半）。

致死性家族失眠症是 20 號染色體基因突變導致的隱性遺傳疾病，與人類庫賈氏症，也就是人類中的狂牛症致病基因十分接近。普恩蛋白是一種錯誤摺疊的具有傳染性的蛋白，會在大腦中自發傳播，最終致使患者的整個大腦發生海綿狀病變並死亡。

致死性家族失眠症是一種非常罕見的病症，很少有人會真的活活被「睏」死。但是，失眠在普通人中並不少見。

高考前的那個晚上我就因為緊張和興奮幾乎一夜沒睡，第二天凌晨勉強睡了兩個小時就起床奔赴考場；有時候，下午喝了咖啡或者茶，晚上也會輾轉反側，難以入眠。

人類為什麼要花三分之一的時間睡覺？ ────────

睡眠差不多占據我們人生的三分之一，可是為什麼我們要浪費這麼多時間來睡覺呢？

要知道，在動物演化的歷程中，不是所有動物都會睡覺。只有神經系統具備一定複雜程度的動物才會有睡眠行為。到目前為止，科學家還沒有在單細胞動物（如草履蟲）、沒有神經元的動物（如成年海綿）或沒有中樞神經系統的動物（如水母）中發現睡眠行為。

睡眠的一個最原始的功能就是促進發育。比如，一種非常低等的動物線蟲，牠的睡眠發生在每一次蛻皮之前；如果剝奪幼年果蠅的睡眠，會導致牠長期的認知和行為缺陷。對人類而言，人類嬰兒的睡眠品質比成年人高很多，胎兒在子宮內的睡眠是大腦發育的重要階段，這也是為什麼我們常常把一個人睡得很熟形容為「嬰兒般

的睡眠」。

在動物演化的早期，睡眠還能幫助動物應對外界環境壓力和機體的自我修復。比如，線蟲進入睡眠狀態後，更能應對熱、冷、滲透壓等來自環境的壓力，以及促進組織損傷的修復；蒼蠅需要更多的睡眠才能從細菌感染中恢復；人類在身體受到病原體感染或者免疫系統有壓力反應時也會睡得更多，所以當我們感冒的時候會特別想睡覺，好好睡了兩三天之後，身體狀態就會恢復不少。

隨著大腦變得更加複雜，動物們逐漸演化出學習、記憶和選擇性注意等高級認知功能，大腦也隨之演化出新的睡眠功能，即睡覺時大腦的突觸可塑性會得到恢復。換句話說，睡一覺可以增強大腦修改迴路的能力，也就是快速學習和整合訊息的能力。

總之，在演化早期，睡眠可能僅作為一種「低能耗狀態」來節省發育所需的能量。後來，隨著神經系統演化得越來越複雜，這種「低能耗狀態」逐漸受到大腦的控制，發展出更高級的輔助功能，包括促進學習、注意和記憶等。實現這些高級功能的基本前提是突觸可塑性，也就是說，睡眠後期演化出來的高級功能更多是幫助大腦恢復可塑性。

什麼是大腦的神經可塑性 _____

人們曾經以為大腦發育到青春期後期和成年早期就結束了，大腦的結構和功能在成年之後基本定型，後面就開始走下坡路了。現在科學家知道事實並非如此，大腦在成年之後依舊保持著巨大的變化潛力，這種潛力叫做「神經可塑性」，指的是大腦神經連接生成

和修改的能力。更重要的是，我們的大腦終身都保有神經可塑性，即便是老年人的大腦，也無時無刻不在環境的衝擊下發生著改變。

如果你長期練習某一種大腦功能，就可以生成和鞏固負責該功能的腦區的神經連接。

如果你每天堅持練習彈鋼琴，你的大腦中負責手指活動的腦區就會長出更多的神經連接，手指在大腦中的「地盤」就會隨之變大；如果你每天學英文，你的大腦語言皮質中負責英文讀寫的區域就會越來越大。但如果你偶爾偷懶，幾天沒練鋼琴，或者幾天不學英文，大腦中剛剛建立起來的「鋼琴神經網絡」或「英文神經網絡」的鞏固過程就會日漸式微，一些微弱的神經連接甚至會被修剪掉。幾天後，當你再彈鋼琴或學英文的時候，就會覺得生疏許多。總而言之，我們的大腦在一生中都是可以改變的，而且對環境有著積極的適應能力。

缺乏睡眠會影響大腦的認知功能和神經可塑性，這個規律不僅體現在高等動物中，在簡單的昆蟲中也能發現。對果蠅來說，剝奪睡眠會影響牠們的操作性視覺學習能力和求愛行為，補充睡眠則能讓這些缺陷得到一定程度的恢復。在這種情況下，睡眠的功能就不再只是原始的輔助發育功能或者環境壓力反應，而更多的是讓大腦變成快速可逆的狀態，恢復大腦的可塑性和學習能力。

很多人並不重視睡眠。人們對於睡眠的忽視往往來自一個很大的誤解，也就是認為睡覺是在浪費時間，或者只是工作後的休息。實際上，睡眠是一天當中最關鍵的活動之一。當你睡覺的時候，身體不僅會對各個系統進行調節，身體中五分之一的血液還會流入大腦，幫助大腦執行一些對我們的生存而言至關重要的任務。睡眠能為我們的大腦和身體細胞重新補充能量，清除大腦中一天生理活動

產生的生物垃圾，並鞏固我們一天的學習和記憶。此外，良好的睡眠還有助於調節心情、食慾和性慾。

全世界每十個人中就有一個人受到失眠的折磨。如果強迫一個人二十四小時保持清醒狀態，他的認知表現就會變得和一個血液酒精濃度為 0.1% 的人類似。也就是說，缺乏睡眠讓我們的大腦像個醉漢。缺乏睡眠還會導致幻覺、高血壓、高血糖和肥胖，影響人們的預期壽命，提高患病風險，甚至可能導致過早死亡。長期被剝奪睡眠的動物會出現體溫和體重的變化，最終死於感染和器官損傷。

睡眠可幫助大腦排毒

睡一個好覺可以幫助大腦排毒。清醒的時候大腦細胞持續消耗能量，這一過程會產生很多副產品，大腦的生物垃圾會堆積在大腦中。大腦細胞的代謝產物包含多種成分，其中一種叫做腺苷。當腺苷在大腦中累積時，會增加一個人的困倦感。我們喝咖啡就是透過阻斷大腦中的腺苷受體來減少困倦感，從而保持清醒。

我們身體的循環系統除了動脈和靜脈之外，還有一個系統負責排毒，這個系統叫做淋巴系統。我們身體的循環網絡中每隔一段距離就會有淋巴結，其中儲存著負責抵抗病原體入侵的免疫細胞。近年來科學家發現，大腦中也有類似的負責排毒的淋巴系統。

自從二十世紀以來，醫學界一直相信，由於血腦屏障的隔離，大腦和身體是兩個相對獨立的器官，並且大腦中不存在淋巴系統。這一觀點在醫學教科書中存在了一百多年。如果你現在去翻閱二〇一五年之前出版的醫學書籍，還可以看到「大腦中沒有淋巴系統」

的描述。然而在二○一五年，維吉尼亞大學的喬納森‧基普尼斯（Jonathan Kipnis）教授和他的團隊徹底改寫了這句話。基普尼斯和他的同事透過對老鼠腦膜的神經成像研究發現，包裹大腦和脊髓的腦膜上廣泛分布著淋巴管網絡，它們負責運輸腦脊髓液和淋巴細胞到頸部的淋巴結。所以現在我們知道，大腦也是有淋巴系統的。

羅徹斯特大學醫學中心的科學家發現，小鼠在睡覺的時候，腦細胞之間的空間會增大 60% 左右，大腦中的淋巴系統在這個時候開啟，把清醒時累積的毒素更快地透過腦脊髓液從大腦中排出。睡眠的這個「排毒」機制還可能和預防阿茲海默症有關。阿茲海默症患者的大腦神經元中會聚集一種病態摺疊的蛋白，叫做 β 類澱粉蛋白。這種蛋白的聚集和神經元的凋亡有關，睡眠良好的小鼠的大腦可以更快地排出大腦中這種和阿茲海默症有關的病態蛋白，而睡眠不好就有可能導致病態蛋白在大腦中滯留和累積，影響神經元的功能和健康。只有晚上睡個好覺，大腦才能高效率地排出生物垃圾，讓我們一覺醒來神清氣爽地迎接新的一天。

睡眠可鞏固記憶力

睡眠除了可以徹底清除大腦一天的生理活動產生的生物垃圾之外，它的另一個非常重要的作用就是鞏固記憶。

我們的記憶主要儲存在大腦的海馬迴和新皮質中。什麼是海馬迴呢？海馬迴是位於我們大腦內部一個長得很像動物海馬的小區域，這個區域在演化上非常古老。海馬迴負責快速學習和儲存當下新學的訊息，它的作用類似電腦的快取。你在此時此刻學到的知識

就會暫時存儲在海馬迴當中。十九世紀的心理學家赫爾曼・艾賓浩斯（Hermann Ebbinghaus）發現一個現象，在我們學習新知識的時候，一般在學習之後的前二十分鐘，我們會迅速遺忘多達 40% 的新學訊息。心理學家給這個現象取了一個專門的名字，叫做遺忘曲線。要讓記憶長時間存儲在大腦中，就需要把記憶從臨時儲存它的海馬迴搬運到負責長期儲存記憶的新皮質中去。這個過程主要在睡覺期間實現：當你在睡覺的時候，白天新學的知識和訊息會被分門別類地逐漸「寫入」大腦的新皮質中。因此，良好的睡眠對學習來說非常重要。

可以說，睡眠是一天當中鞏固記憶最關鍵的時期。睡眠可以被粗略劃分為三個階段，前兩個階段是由淺入深的慢波睡眠階段，第三個階段叫做快速眼動睡眠階段。之所以叫做快速眼動睡眠階段，是因為在這個階段眼球會快速移動，這個階段也是夢境出現的主要階段。睡眠由慢波睡眠進入快速眼動睡眠，再進入慢波睡眠，每個週期持續九十分鐘左右，我們一晚上的睡眠大約會經歷五到六個這樣的週期。在睡眠的早期階段，慢波睡眠的深度最深且持續時間最長，隨著睡眠進入後半段，慢波睡眠的比例逐漸下降，快速眼動睡眠的持續時間則會逐漸增加，直到你醒來迎接新的一天。

在你睡覺的時候，慢波睡眠階段和快速眼動睡眠階段都會參與記憶的鞏固過程。在慢波睡眠階段，大腦神經元會表現出三重節律，分別是大腦皮質的慢波振盪、丘腦（大腦中央一個原始的腦區）的紡錘波和海馬迴的漣漪波。這三種波有規律地依次出現：大腦皮質先出現慢波振盪，然後是丘腦的紡錘波，海馬迴的漣漪波也一同出現。這個固定的三重節律在時間上的正確排序和記憶的鞏固有很大的關係。

丘腦紡錘波的數量和白天的學習內容有關：白天學的東西越多，晚上睡覺時丘腦紡錘波的數量也越多。在老年人和思覺失調症患者的大腦中，紡錘波的數量明顯減少。科學家發現，在小鼠慢波睡眠的時候修改牠們的丘腦神經元振盪波節律，既可以促進記憶形成，也可以干擾記憶形成的過程。具體是怎麼做的呢？

這個實驗是這樣巧妙設計的：小鼠在白天學習了一個簡單的行為，就是待在特定的籠子裡，聽到一個固定音高的聲音後就會遭到輕微的電擊。這樣反覆很多次之後，小鼠一進入曾經被電擊的籠子，聽到那個固定音高的聲音，就會因為害怕被電擊而緊張地僵在那裡。

在實驗前，科學家先用光遺傳學方法改造這些小鼠的大腦神經元，使得丘腦的部分神經元對光敏感。當小鼠晚上睡覺的時候，研究者就用光束刺激小鼠的丘腦，人為製造出丘腦紡錘波。

實驗中的小鼠被分成三組，分別接受不同節律的光刺激。第一組在大腦慢波振盪之後馬上刺激丘腦，使丘腦產生紡錘波，波形完美地契合了原有的記憶鞏固過程中大腦不同區域放電的前後順序；第二組的小鼠丘腦也受到了光刺激，但刺激的時間較晚，使得產生的丘腦紡錘波和大腦原有的睡眠三重節律不一致；第三組小鼠作為對照組，不接受光刺激。接著，科學家在小鼠第二天睡醒後檢查牠們前一天的學習效果。

結果發現，當小鼠又被放在前一天遭受電擊的籠子裡時，第一組神經元振盪節律得到強化的小鼠一進入籠子後僵在那裡的比例是40%，而第二組和第三組的小鼠僵在那裡的比例只有20%。不過，這三組在聽到固定音高之後僵住的比例都是40%，沒有差別。實驗結果說明，在慢波睡眠階段人為強化大腦神經元電波振盪的同步

頻率，可以增強大腦空間記憶的效果。在後續的研究中科學家還發現，這個方法也可以用來達到削弱記憶的效果：人為地消除紡錘波的同步性，減少慢波睡眠階段的丘腦紡錘波數量，小鼠第二天的學習記憶就減少了。

根據這個研究結果，科學家推測記憶的鞏固過程依賴大腦有規律性的神經元同步放電。如果大腦皮質、丘腦和海馬迴的三重節律被打亂，就會導致當天學習的內容無法被整合到大腦皮質的長時記憶中去，記憶可能會丟失。

需要注意的是，我們在睡眠中的記憶鞏固並不是單純地記住一天中經歷的所有細節，而是從大量細節的記憶當中總結出整體的概念性訊息，並進行創造性的重組，然後整合到已有的神經記憶網絡中去。這個創造性重組的過程也會讓人在不知不覺中發掘出事物的規律。睡眠將我們一天中的新經歷和大腦中存儲的經驗以高度概括和創造性的方式整合在一起，豐富了我們對世界的認知。

睡眠不僅可以幫助鞏固記憶，還可以幫助刪除前一天儲存在大腦中不重要的訊息和情緒。我們大腦的神經元表面長有細小的樹突，就像樹枝的分叉一樣。當你接觸到新訊息，學習到新的知識技能時，神經元表面的這些「樹杈」就會開始往外生長，學得越多，樹突生長得越粗壯，最終把不同的神經元連接在一起。我們的睡眠過程可以幫助修剪這些「樹杈」，把不重要的細節記憶剔除。

科學家透過研究小鼠發現，睡了一覺的小鼠大腦中的樹突數量比沒睡覺的小鼠減少 18%，也就是說，睡覺的過程減少了大腦中的神經元連接。不過，這種修剪過程並不是隨意的，而是選擇性的。睡覺時，大腦會修剪掉那些較小的神經元突觸，而保留那些明顯已經長出來的神經元樹突，讓大腦資源和能量可以得到集中使用。睡

眠除了幫助修剪神經元連接的過程之外，還會幫助調節情緒，這也是為什麼當我們睡了一覺醒來會覺得神清氣爽，思路更清晰，情緒也更加平和。

睡得好才會有好的專注力

你一定有過在熬夜後第二天注意力難以集中的經歷。其實不僅人類如此，其他動物也是這樣。大腦注意力的功能是把感知集中在特定的領域，同時抑制其他領域，這個功能發揮得好不好特別容易受到睡眠的影響。恢復注意力是睡眠的主要功能之一，剝奪動物的睡眠會影響許多動物的注意力。如果你想完成更需要專注力的任務，就需要良好的睡眠品質和充足的睡眠時間。

注意力的使用反過來對睡眠也有影響。研究發現，白天集中注意力的時間越長，晚上對睡眠的需求就越多。注意力對學習能力是至關重要的，一個人在白天用來學習的時間越多，就越需要依賴晚上的睡眠來調節大腦的突觸變化。我們在一生中最密集學習的時期是童年和青春期，這時對睡眠的需求也是最大的。研究發現，學習之後大腦的慢波活動會明顯增加，而一些大腦疾病，比如自閉症、思覺失調症和注意力不足過動症，則常常伴隨著睡眠的減少。所以，有時候睡不好覺，可能是因為你白天動腦不足，沒有好好利用注意力。

光線影響睡眠

　　光線對睡眠品質和睡眠節律有很大的影響。大腦靠近眼睛的地方是個神經集合的區域，叫做視交叉上核。這個區域透過眼睛感受到的光線來調節我們大腦和身體的日夜節律。每當夜幕降臨，動物眼睛接收到的光線大幅減少，視交叉上核的活動就會下降，松果體開始大量分泌褪黑激素。褪黑激素是使人產生睡意的激素，它會促使大腦進入困倦狀態。當早上太陽升起時，視交叉上核感受到的光線會使褪黑激素的分泌減少，大腦逐漸清醒過來，迎接新的一天。這就是自然狀態下，動物日出而作、日落而息的節奏。

　　但在發明電之後，隨著城市中出現越來越多的人造光，人類和動物的生理時鐘都受到不同程度的干擾。不同波長的光對松果體產生的作用是不同的。作用於視網膜的藍光尤其會抑制褪黑激素的分泌，而波長大於 530 奈米的紅光則幾乎不會影響我們的睡眠節律。在睡覺前接觸到的藍光可以把我們的生理時鐘推遲四到六個小時，導致我們入睡困難。

　　怎樣才能逆轉無處不在的人造光對人類睡眠造成的不良影響呢？一個有用的方法是，你可以在睡前幾小時佩戴只能透過紅光的特殊眼鏡，從而減少進入眼睛的藍光。這麼做可以模擬自然天黑，促進褪黑激素的分泌，讓你盡早入睡。我們現在用的手機夜視功能也是基於這個原理——降低螢幕中的藍光，減少藍光對大腦的影響，這就是為什麼夜視功能的手機螢幕看起來顏色偏黃。

睡眠中的神奇現象 _____

你經歷過「鬼壓床」嗎？

　　台灣的一個娛樂節目曾經請一群有過「鬼壓床」經歷的明星嘉賓來講述他們的故事。有一位嘉賓的故事給我留下深刻印象。這個女生某次外出拍戲，晚上睡在當地的飯店裡。她說，那晚走進飯店房間她便覺得氣氛十分詭異，但因為她當時很累就先睡下了，而同屋的另一個同事則躺在床上看電視。這位女生只睡了一小會兒就醒過來了，卻發現自己完全沒辦法動彈，好像被什麼東西緊緊壓在床上。她可以聽到電視的聲音，想要喊叫，卻沒辦法發出任何聲音。她嚇得渾身顫抖起來，幸好這時候她的室友走過來搖搖她，她這才醒了過來。

　　這位明星經歷的「鬼壓床」其實並不少見，甚至可以說很常見。「鬼壓床」的典型體驗是，睡覺時突然覺得被千斤重物壓住，好像有個「小鬼」坐在自己身上，感覺自己醒著，可是手腳卻怎麼也動不了。壓身「小鬼」在醫學上被稱為睡眠麻痺（sleep paralysis），大約有一半的人都會遇到。

　　為什麼會出現「鬼壓床」這種神奇的現象呢？在睡眠的快速眼動階段，也就是做夢的階段，我們身體的肌肉會變得麻痺無力。大腦這種生理機制是為了防止我們在床上做出夢境中的動作，誤傷自己和身邊的人。

　　大腦腦幹中有一小群細胞叫做藍斑下核，這個小區域負責在睡覺時抑制我們的肌肉運動。當這些細胞受損時，睡眠的運動抑制效應就會消失，人在夢境中的動作也會直接表現在軀體上。比如，你若夢到自己在跑步，就會在床上蹬腿；若夢到打架，就會在床上揮

動手臂。一些大腦退行性疾病的早期症狀就包括這些，比如巴金森氏症患者在運動障礙核心症狀出現前數年，大腦藍斑核已經有所損傷，他們在睡夢中就會手舞足蹈。而「鬼壓床」發生的機制則恰恰相反，「鬼壓床」是由睡眠中控制肌肉張力消失的機制沒有及時解除導致的。

睡眠麻痺容易在睡眠不規律的情況下發生，比如在旅遊途中或者工作特別累的時候。睡眠麻痺通常沒有什麼危險性，周圍人喚醒一下就可以緩解。此外，當一個人仰臥睡覺時，「鬼壓床」比較容易發生，有些人還會在這時體驗到幻覺，比如「聽到」有人在耳邊說話，「看到」周圍有動物等。「鬼壓床」如果不是經常發生，一般都不需要特別治療。

神奇的「清醒夢」，你也可以做到

有一種有趣的夢，叫做「清醒夢」。做夢的時候人們知道自己在做夢，有時甚至能控制夢境發展。在做清醒夢的時候，大腦發生了什麼呢？

夢中的意識程度和平時的意識程度是不一樣的。在夢中我們可以輕易接受一些奇怪事情的發生，這說明做夢時人的自我覺醒程度降低了，這可能是由做夢時大腦前額葉皮質活躍度較低導致的。研究發現，在做清醒夢的時候，我們大腦中負責執行功能的側前額葉會被活化，這使得我們在夢中的意識程度提高了，變得可以將夢境和現實聯繫起來，進而「意識」到我們正在做夢。

做清醒夢沒有什麼壞處，有些人甚至很享受做清醒夢的感覺，因為在清醒夢裡你可以主動控制夢境的發展，讓夢裡的自己「遇到」很多好事。有些人天生就比其他人更容易做清醒夢，大腦成像

研究發現，經常做清醒夢的人大腦額極皮質更大，後設認知能力也更強。小孩通常也會比成人更容易做清醒夢，原因可能是小孩睡得比較久，在睡眠的後半段，清醒意識更容易侵入夢境。

既然清醒夢這麼好，有沒有辦法可以多做清醒夢呢？答案是肯定的，反覆練習可以幫助你更容易做清醒夢。練習方法一點也不難：在睡前默想「我今晚會意識到我在做夢」，這種自我暗示可以幫助你在睡覺時做清醒夢。此外，冥想也能強化做清醒夢的能力。這是因為冥想會增強前額葉皮質的功能，而前額葉正是負責自我意識的腦區。

有些人有能力做清醒夢，有些人則恰恰相反，他們很少做夢甚至從來不做夢。真的有人睡覺時從不做夢嗎？他們可能並不是從來不做夢，而只是忘記自己做了夢。我們現在知道，做夢主要發生在快速眼動睡眠階段。然而，即使從快速眼動睡眠中被叫醒，每個人回憶夢境的能力也不一樣。回憶夢境的能力取決於一個人大腦中由鼻腔皮質經內嗅皮質到海馬迴路的功能連接程度，這個迴路負責記憶和嗅覺，迴路的連接程度越高，回憶夢境的能力就越強。此外，如果你在白天經歷了生動和不尋常的事，晚上就比較容易做生動的、被記得的夢。個性和回憶夢境的能力也有關係，更具創造力或想像力的人對夢境的記憶力也更強。

打呼打到窒息是什麼情況

打呼聲斷斷續續，中間突然沒聲音了，過了幾十秒或者更長時間，突然長吸一口氣，像憋醒了似的，然後又開始有節奏地打呼，這是睡眠呼吸中止症的典型症狀，又叫做阻塞性睡眠呼吸暫停。

有睡眠呼吸中止症的人睡覺時因為呼吸道不順暢，經常由於缺

氧而被憋醒，之後又會很快睡著，所以他們往往意識不到自己睡覺時醒來過。經常因缺氧而被憋醒會明顯影響睡眠品質，因此有睡眠呼吸中止症的人睡眠時間長，白天容易犯睏，也會為此感到消極沮喪。睡眠呼吸暫停導致的夜間睡眠紊亂還會帶來白天的一系列問題，除了嗜睡之外，有睡眠呼吸中止症的人還容易覺得疲乏、生氣，早上起床會頭痛，工作或學習時思維遲鈍、注意力不集中等。

如果你一個人住，即使你有睡眠呼吸中止的症狀也很難被發現，因為你既不知道自己睡覺時打呼的聲音很響，也不知道自己半夜經常被憋醒。有睡眠呼吸暫停的人通常是在有室友或者親密的人一起睡覺之後才被告知他們的睡眠有問題。如果你有上述狀況，覺得自己白天容易疲勞、生氣，感到沮喪消極，早上起床會頭痛，白天工作或學習時思維遲鈍、注意力不集中等，不妨看看自己是不是有類似的睡眠呼吸暫停的問題。

如果你確定自己有睡眠呼吸暫停的症狀，應該怎麼應對呢？臨床上對睡眠呼吸暫停的治療方法包括：改變生活方式、服用口含片、使用呼吸輔助裝置等，嚴重的可以考慮透過手術改變呼吸道結構。其中，改變生活方式的做法包括：遠離酒精，減肥，睡覺的時候側向一邊，以及戒菸。你也可以去醫院睡眠科做詳細的檢查，讓醫生給你配備特定的呼吸輔助裝置，使你在睡覺的時候呼吸順暢。一旦你發現自己有睡眠呼吸暫停的問題，你就需要盡快改變自己的生活習慣或就醫，因為不經治療的睡眠呼吸暫停會增加患心臟病、中風、糖尿病、心臟衰竭、心律不齊、肥胖症的風險，還會增加發生車禍的風險。

每二十個成年人中就有一個人存在睡眠呼吸暫停的問題，老年人的發病率更高，差不多是 10%。睡眠呼吸暫停大多發生在中年男

性身上，男性的發病率約為女性的二到八倍，另外，肥胖、扁桃體過大、鼻骨移位、下頜骨過短、酗酒、吸菸和濫用安眠藥的人比較容易有睡眠呼吸暫停的問題。如果你發現自己是睡眠呼吸中止症患者中的一員，就應該儘快尋求專業的幫助，以保證自己睡覺的時候呼吸順暢，從而提高睡眠品質和生活品質。

缺乏睡眠的壞處

就像《百年孤寂》中的失眠症帶來的影響一樣，缺乏睡眠會給我們的大腦和身體造成非常大的傷害，這種傷害很多時候是不可逆的。一個成年人每天所需的正常睡眠時間是七到九個小時，青少年需要八到十個小時，兒童需要的睡眠時間更長。老年人因為睡眠品質下降，睡得比較少。

缺乏睡眠可能導致肥胖。研究發現，如果將健康人的睡眠時間從八小時縮減到四小時，他們體內的糖分代謝速度會明顯降低。研究發現，熬夜可能導致白天食慾暴增，晚上睡眠減少或者不睡覺會活化大腦前扣帶迴皮質，讓人胃口大增，對所有食物都充滿興趣，這個大腦區域的活化在肥胖症中尤為普遍。睡眠不足還會增加一個人罹患糖尿病的風險。

長期缺乏睡眠會提高死亡率。二〇一四年，一個熱心球迷因為連續觀看了四十八小時球賽而死亡。雖然他的死因是「中風猝死」，但早在二〇一二年波士頓舉辦的睡眠會議上公布的研究就發現，長期的睡眠時間平均低於每天六個小時的人，相較於每晚能保持七到八個小時的睡眠時間的人來說，中風的風險增加了 4.5 倍。美國國家睡眠基金會的資料顯示，近年來美國只有 28% 的成年人每天的睡眠時間能達到八個小時，而在二〇〇一年這一數據是 38%。隨著

經濟和生產力的發展，人們的睡眠時間反而減少了。

　　缺乏睡眠會導致記憶力下降，即使只是一晚上的睡眠時間少於五個小時，也會引發對事件細節記憶的混淆和扭曲。在一項研究中，當小鼠被剝奪了五個小時的睡眠後，牠們大腦中負責記憶的海馬迴神經元之間的連接明顯減少了。不過及時補覺可以逆轉這一損傷：在補了三個小時的覺後，牠們大腦海馬迴的神經元樹突又長了回來，變得和一直擁有正常睡眠的小鼠差不多。

　　缺乏睡眠會影響人的情緒，這是因為睡眠是修復我們情緒的關鍵時間。睡覺過程中，我們有 20% 的時間在做夢。做夢時和焦慮有關的正腎上腺素和負責負面情緒的杏仁核活動會被抑制，使得大腦額葉可以在沒有情緒壓力的環境下重新整合記憶，從而降低記憶中的情緒強度。當我們第二天起床時，前一天強烈的情緒在經過大腦一晚上的處理後就會變得比較平靜。

　　反之，缺乏睡眠則會讓人變得情緒化。在一項研究中，科學家讓參與實驗的人完成一個簡單的任務：分辨電腦螢幕上的光點往哪個方向移動，同時這個光點上會出現情緒化圖片或者中性圖片來分散參與者的注意力。結果發現，睡眠充足的人更容易受到情緒化圖片的干擾，但不容易受到中性圖片的干擾；而缺乏睡眠的人則不同，情緒化圖片和中性圖片都會干擾他們的表現。也就是說，缺乏睡眠可能會讓一個人把中性刺激等同於情緒化刺激，這種不分青紅皂白的傾向會導致他們在生活中也容易變得情緒化。睡眠剝奪還會降低人們對他人面部表情的識別能力，尤其是對生氣和開心表情的識別，從而影響他們的人際交往能力。

　　缺乏睡眠還可能會引起嚴重的精神問題。很多精神疾病都和睡眠有著千絲萬縷的聯繫，有人認為是長期睡眠差導致了精神問題，

也有人認為睡眠障礙先於精神症狀出現，是對大腦問題的預示。總之，睡眠問題和精神問題似乎彼此影響，互為因果。

我讀博士期間訪談的一個巴金森氏症患者告訴我，他在發病前已經失眠了十多年，每個星期只有三天能睡著，而發病五年後他的睡眠變得更差了。憂鬱症通常也伴隨著失眠、睡眠品質低下等問題。

熬夜可能會引發急性精神異常症狀。二〇一二年，一則新聞報導說，大陸一個農民工在春運的火車上突發精神病。原來，這個農民工把打工一年賺來的一萬三千元人民幣用布包著綁在腿上坐火車回家，因為精神過度緊張，他一路上不敢說話也不敢睡覺，不眠不休四十三個小時之後心力交瘁，出現急性妄想。像這樣的急性睡眠剝奪可能會導致一個人情緒低落、易怒、思路不清，甚至出現妄想和幻覺。

缺乏睡眠對女性的影響甚於男性。女性的睡眠品質通常沒有男性好，每天需要的睡眠時間也比男性長半小時左右。女性的睡眠還會受到激素變化的影響，比如雌激素、黃體素和睪固酮。在激素變化的關鍵時期，比如青春期、懷孕期、更年期或者每個月的生理期，女性出現各種睡眠障礙的風險會增加，包括睡眠呼吸中止症、不寧腿症候群和失眠。

女性出現失眠的可能性比男性高 40%，而且這個比例還會隨著年齡的增長而增加。如果睡眠被強制剝奪，女性的睡眠節律就會受到更大的影響，進而引發情緒、血壓問題。被剝奪同樣時間的睡眠後，女性在認知測試中表現變差的程度比男性更明顯，在類似「三班制」的工作中，女性的工傷事故發生率也更高。

睡太多也不好

你所需的睡眠時間取決於你的年齡、健康狀況和生活習慣。年紀小的時候，你需要的睡眠時間比較多；年紀大了，需要的睡眠時間就會越來越少。當有壓力或者生病的時候，你的睡眠需求也會增加。一個成年人一般所需的睡眠時間是每晚七到九個小時。前文中提到，睡眠不足會導致一系列的情緒和認知問題，不過凡事都過猶不及，睡太多也不是好事。

很多研究都發現，每晚睡九小時以上的人的死亡率高於每晚睡七到八小時的人。英國一個大型調查發現，長期過度睡眠（超過九小時）和較低的智力水平有關，並且和較高的糖尿病、心臟病、阿茲海默症、憂鬱症和不孕的發病機率有關。到目前為止，科學家還沒有搞清楚其中的原因究竟是什麼，不過一些研究發現，有憂鬱問題或者社會經濟地位較低的人總體來說睡眠時間更長。這可能也是睡眠時間過長和死亡率增加兩者之間有關係的原因之一。

有一種睡眠過度的疾病叫做嗜睡症，得了嗜睡症的人每天都特別想睡覺，晚上睡得特別久，白天即使經常打盹，也沒辦法緩解睏意。有嗜睡症的人常常感到焦慮，能量低下，記性不好，因為他們總覺得很睏。

睡眠過度的感覺和宿醉非常相似，科學家稱之為「睡醉」（sleep drunkenness）。睡醉和酒精造成的神經損傷不同，前者是因為不健康的睡眠節律打亂了大腦中控制身體日常週期的生理時鐘造成的。人的生理節律是靠下視丘中的一團神經元細胞組成的晝夜節律器來控制的。下視丘是人腦中較為原始的一小部分，除了生理節律之外，它還控制飢餓、口渴和出汗等基本生命徵象。當你早晨醒來時，丘腦中的節律器收到眼睛傳來的光訊號，就會發出化學訊號來

叫醒身體的其他細胞。當你睡眠過度時，就相當於無視這個生理時鐘，造成生理時鐘和細胞面臨的實際情況不一致，讓你主觀上感到疲勞。

睡覺前喝太多酒也會導致你的睡眠時間過長，這是因為酒精會影響睡眠週期，使我們對睡眠的需求增加。美國國家防止酒精濫用與酒精中毒研究所的研究發現，睡覺前幾個小時喝酒會導致我們的睡眠變得支離破碎，深層睡眠的比例下降，第二天起床後感覺昏昏沉沉，這就是我們所謂的宿醉。

如何改善睡眠

安眠藥和褪黑激素是否有助於改善睡眠

失眠是一個常見問題，如果你每個星期有三個晚上或者更多天失眠，並且這種情況持續超過三個月，你可能就是一個失眠患者。很多人面臨長期失眠問題時首先想到的就是吃安眠藥，認為安眠藥是解決失眠問題最便捷的方法。但實際上，安眠藥並不像你想像的那麼有效和安全。

大量關於睡眠的研究發現，服用安眠藥僅能幫助人們加快入睡八到二十分鐘，並且每晚僅增加三十五分鐘的睡眠。研究還發現，服用安眠藥雖然可以加快入睡速度，但會影響睡眠結構，減少深層睡眠的總體時間。深層睡眠是睡眠中最重要的清除生物垃圾和恢復大腦能量的階段，安眠藥雖然加快了入睡速度，但減少了深層睡眠的比例，結果可能得不償失。

安眠藥還有一些風險和副作用，比如，它會增加危險夢遊的發

生率，增加順行性遺忘、困倦感和摔倒的發生機率，增加阿茲海默症的發病率和死亡率。二〇一二年發表在《英國醫學期刊》上的一項研究發現，在兩年的時間裡，經常服用處方安眠藥的人的死亡機率是其他人的五倍。另一項研究發現，某些常用的睡眠輔助藥物會使過早死亡的風險增加四倍，對於只是偶爾服用這些藥物的人亦如此。

如果你連續服用很長時間的安眠藥，那麼你可能會對安眠藥產生依賴性，以至於必須長期服用安眠藥才能入睡；如果停止服用安眠藥，你的睡眠品質就會變得比你開始服用安眠藥之前更差。這也是為什麼當醫生給你開安眠藥時，會建議你最好偶爾服用。

總之，吃安眠藥並不能有效地解決失眠問題，因為安眠藥沒有辦法促進深度睡眠，甚至還會減少深度睡眠的時間。近年來，另一種「助眠劑」褪黑激素進入了大眾視野，很多失眠的人開始尋求褪黑激素的幫助。那麼，褪黑激素對緩解失眠有作用嗎？

前文中講到，褪黑激素是讓動物感到困倦的激素，這種激素的分泌量隨著周圍光線的減少而逐漸增加，從而幫助大腦進入睡眠狀態。而當早上光線逐漸增多時，褪黑激素的分泌量就會減少，幫助人從睡夢中醒過來。隨著一個人年齡的增長，大腦中的褪黑激素分泌量會自然下降，這也是為什麼老年人的睡眠時間比較短。當我們跨時區旅行時，大腦的日夜節律生理時鐘會被打亂，在這種情況下，如果在新時區入睡前服用褪黑激素，就可以幫助你調整大腦的睡眠節律，適應新時區的時間。褪黑激素也可以幫助一些需要三班制的人調節睡眠節律，讓他們在白天順利入睡。

不過褪黑激素對睡眠的作用也僅限於此，它的主要作用就是調節睡眠節律，而對那些因為焦慮影響睡眠品質，或者因為更嚴重的

身體問題而長年失眠的人來說，褪黑激素並沒有什麼作用。而且，過量服用褪黑激素還會帶來一系列的副作用，比如頭暈、頭疼、噁心、情緒變化和白天嗜睡。如果你受到失眠的困擾，並且服用褪黑激素超過幾個星期也沒有多少作用，那麼我不建議你繼續服用，畢竟褪黑激素的適用範圍是非常有限的。

規律的有氧運動可以改善睡眠

規律的有氧運動可以顯著改善睡眠品質。在美國的一個全國普查中，研究人員調查了兩千六百個十八到八十五歲的人。結果發現，每週兩個半小時的中高強度運動可以提高 65% 的人的睡眠品質。相比很少運動的人，有長期運動習慣的人白天更少犯睏。科學家對於長期失眠者的研究也發現，有氧運動（比如快步走、慢跑、游泳）可以改善慢性失眠，而高強度的劇烈運動（比如舉重、短跑）則沒有類似效果。另外一項研究發現，在堅持有氧運動四到二十四個星期後，慢性失眠患者的睡眠品質提高，入睡速度也更快。

現代人的生活壓力大，不少人長期處於焦慮狀態，焦慮是影響睡眠品質的重要因素。積極的有氧運動可以有效幫助我們緩解焦慮，有科學研究發現，耐力運動可以促進大腦釋放神經營養因子。在運動的時候，肌肉細胞會釋放鳶尾素，不僅可以促進脂肪分解，還可以進入大腦促進神經營養因子的表達；神經營養因子既可以提高認知能力，也可以減輕焦慮和憂鬱。

正確的生活習慣可以改善睡眠

前文中說到，光線對睡眠的影響至關重要，尤其是短波長的藍光。清晨的藍光被大腦的視交叉上核感知之後，大腦會減少褪黑激

素的分泌，不知不覺地把我們喚醒。天黑之後，隨著光線減少，松果體又會增加褪黑激素的分泌，讓我們開始犯睏。但因為人們在晚上習慣使用照明和電子產品，這些環境中的人造光線會大大推遲我們犯睏的時間。大腦從感受到光線減弱到產生足夠的睡意需要很長的準備時間，如果你剛看完電腦便關燈上床睡覺，那麼你可能會在床上輾轉反側挺長時間才能睡著。想要及時入睡，你可以嘗試在睡覺前幾個小時就把室內光線調暗，減少進入眼睛的藍光，幫助大腦分泌足量的褪黑激素。

飲食對睡眠品質也有影響。睡前三個小時不要大量進食，如果覺得餓，可以吃少量澱粉類的食物來增加困倦感。

近年來，睡眠專家傾向於使用簡短型的行為治療（BBTI）來快速改善失眠患者的睡眠品質。這個治療方法的核心建議之一是，每天在相同的時間起床。如果你是上班族，工作日的睡眠時間可能不太多，週末就會想著多睡一點把平時的睡眠補回來。但如果你有失眠問題，不規律的睡眠只會讓你的睡眠品質變得更糟糕。我們不能控制入睡的時間，卻能控制醒來的時間。強制自己每天都在同樣的時間起床，每天的作息盡量保持規律，這能讓你的身體和大腦有規律可循，大腦的日夜節律也會逐漸穩定下來。

適當縮短睡眠時間也是簡短型的行為治療方法的核心內容之一。很多失眠患者會花很長的時間在床上躺著，但實際上他們的睡眠時間並沒有這麼多。比如，你晚上十一點上床睡覺，第二天早上八點起床，但你常常半夜二點醒來，凌晨四點才能再次入睡，在這種情況下，你的實際睡眠時間只有七個小時，而你卻花了九個小時躺在床上。睡眠治療師的建議是：縮短你躺在床上的時間，比如晚上十一點上床，強制自己早上六點起床。一段時間之後，你的大腦

就會適應你的新睡眠長度，中間醒來的時間也會明顯縮短，甚至不再醒來，你整體的睡眠長度依舊為七個小時。之後，將你躺在床上的時間增加半小時，這樣一來，你的整體高效睡眠時間就會有所增加。

減少酒精和刺激性食物的攝入，比如咖啡或者香菸。咖啡因對大腦的刺激效果可以持續幾個小時，對有些人來說甚至長達二十四小時，所以喝咖啡可能影響你的睡眠，喝茶亦如此。攝入咖啡因不僅有可能讓你難以入睡，還有可能導致你半夜醒來。如果你抽菸，香菸中的尼古丁也會產生類似的效果，影響你的入睡速度和睡眠深度。

喝酒也會影響睡眠，有些人覺得喝酒可以讓人更好地入睡，其實這是一個錯誤的認知。酒精看起來可以讓人犯睏，實際上反而降低睡眠品質，會讓人在睡覺的過程中經常醒來，深度睡眠的比例降低。

最後，健康的床上生活習慣也很重要。在床上盡量不要做和睡覺無關的其他事情：不要在床上玩手機，不要用電腦工作或者看節目，不要打電話。如果你習慣在床上做和睡覺無關的事情，你的大腦就會把床和工作、學習或社交聯繫在一起，當你想睡覺的時候，大腦就不容易從興奮的狀態中平靜下來。只在床上睡覺，把工作或學習放在其他空間中進行，這樣一來，當你上床的時候，大腦自然而然就會聯想到睡覺，你也會更快入睡。

第六章

上癮是慾望，不是快樂

在讀博士期間，我有一段時間需要採訪大量的巴金森氏症患者，並且要掃描他們的大腦。四十五歲的中層管理人員小穆就是其中的一個。在他來實驗室掃描大腦之前一年，他變得暴飲暴食，每天極度渴望吃大量的高糖食物，他嗜賭成性，每個星期都要買彩券。他的家人告訴我，以前他一張彩券都沒有買過。這樣的狀況持續整整一年，小穆的家人才在不經意間向醫生透露了他的成癮情況。當時一起做研究的神經科醫生第一時間意識到問題所在：這和小穆服用治療巴金森氏症的多巴胺促進劑有關。

巴金森氏症是以運動機能受損為主要表現的疾病，巴金森氏症患者的主要運動症狀包括四肢震顫、軀幹僵硬、行走困難、難以隨心所欲地動作等。巴金森氏症之所以會造成運動機能損傷，是因為患者大腦運動迴路中負責分泌多巴胺的細胞團——黑質神經元大量凋亡。醫生開的多巴胺促進劑是用來替代患者大腦中缺少的多巴胺，來活化多巴胺受體，但它的副作用也很明顯——會導致和運動無關的多巴胺獎賞迴路也被過度活化，使人出現成癮症狀。

慾望還是快樂

一直以來，很多人都把多巴胺描述成人類愉悅感的來源。一些文章甚至把多巴胺形容為生活值得一過的唯一原因，也是每個人試圖透過獲得藥物、運動、食物、性或者地位來得到的終極高潮體驗。但腦科學研究告訴我們，多巴胺並不是人們所說的「快樂分子」。

多巴胺的作用其實非常簡單。獎賞迴路中的多巴胺，一是作用

於我們的獎賞系統，讓我們產生慾望；二是讓大腦預期獎賞，指導我們做出相應的行為。簡單來說，多巴胺的作用就是「讓你想要」，以及讓你主動選擇能得到更多獎勵的行為。多巴胺和快樂其實關係並不大。高曉松曾經說過：很多人分不清理想和慾望，理想就是當你想它時，你是快樂的；慾望就是當你想它時，你是痛苦的。而這個慾望，就是多巴胺的分泌。

一九七八年，羅伊・懷斯（Roy Wise）用抗精神疾病藥物清空了一隻小鼠大腦中的多巴胺神經傳導物質，這隻小鼠隨後變得對美味的食物和一些會導致成癮的藥物無慾無求，也不再做任何努力來獲得這些獎勵。在之後幾十年的研究中，科學家不斷觀察到類似的現象。人們也因此一直以為多巴胺和愉悅、快樂的感覺有關。可是，後來密西根大學的神經科學家肯特・貝里奇（Kent C. Berridge）研究發現並非如此。

貝里奇發現，當動物感到開心時會舔嘴脣，比如飢餓的時候吃到美食，或者口渴的時候喝到水。這個舔嘴脣現象在小鼠、猩猩和人類嬰兒中都可以觀察到。接著，貝里奇和同事用神經毒素損毀小鼠的多巴胺分泌中樞，想看看牠們對美味的食物是否還會有愉快的舔嘴脣反應。結果出乎意料，小鼠在沒有了多巴胺之後，的確不再主動尋找食物，但當牠們看到眼前的美食時，還是會舔嘴脣。反過來，當科學家透過電刺激增加了小鼠的多巴胺分泌後，小鼠會拼命找吃的，還會吃很多，但牠們的舔嘴脣行為並不會增加。而且，即使食物難吃，這些多巴胺過剩的小鼠還是會吃很多。這個結果意味著，多巴胺似乎並不會使動物產生愉悅感，而是會讓牠們產生慾望。而對某件事、某樣東西過多的慾望，就是上癮。

所以，你很想要某樣東西或很想做某件事，這並不代表它就一

定會給你帶來滿足感和快樂。想要和需要其實是兩件事。多巴胺給人「想要」的感覺，讓人一直不停地追求；而快樂指的是「被滿足」，它和多巴胺沒有太大關係，兩者之間是有差別的。你可能並不真的需要一樣東西或一件事情，但是多巴胺會讓你一直想做這件事或獲得這個東西，最後即使如願以償了，它也不見得會給你帶來更多的快樂。

上癮行為因人而異，一個人的易上癮體質是由基因和環境因素共同決定的。40% 的上癮由基因決定，剩下的 60% 由環境因素決定。到目前為止發現的成癮基因都和多巴胺神經通路有關。而環境因素方面，有研究發現青春期的高度孤獨會導致成年後更容易上癮：青春期被剝奪所有社交活動的小鼠成年後更容易對安非他命等藥物上癮，戒除起來也更困難。

上癮和養成習慣是很像的，我們的習慣一旦形成，就難以改變，這和上癮也很相似，這其中的大腦機制是什麼呢？大腦多巴胺獎賞迴路中的紋狀體（依核就在其中）有一個重要的功能，就是把我們特定的重複行為打包成一個習慣性程序，讓它可以在無意識的狀況下容易被調用。研究發現，一個行為從被學習到變成無意識習慣的過程中，大腦的活動會從紋狀體腹側逐漸轉移到紋狀體背側，隨著這個習慣的形成，大腦前額葉控制該行為的能力會逐漸變弱。也就是說，隨著習慣的形成，它會變成一個打包好的自動過程，而大腦高級皮質會逐漸放棄對這個自動過程的控制權，習慣也因此變得容易調用而難以改變。

多巴胺獎賞神經迴路的這個習慣打包機制可以讓我們在強烈的好奇心、高度的專注狀態下快速學習生存技能，但錯誤地使用獎賞迴路也會導致我們形成錯誤的習慣，產生難以改變的上癮行為。

賺錢上癮就是上癮行為的一個典型例子。錢是人類社會發明出來的外部獎賞符號，因此它不像吃飯、喝水、做愛那樣有著天然的弱化機制。賺錢的慾望一旦得到強化，常常會因為難以停止而做過頭。在最初的基本生活需求得到滿足後，賺更多的錢並不會給你帶來同等程度的愉悅感，而你賺錢的慾望卻不會停止。無休止地追求不會帶來滿足的慾望，甚至會讓人產生噁心的感覺。

吸毒上癮

　　說到上癮，很多人首先想到的就是吸毒上癮。為什麼吸毒會讓人上癮呢？因為當毒品給大腦帶來巨大衝擊時，多巴胺的分泌量是我們吃到美食或者發生性行為時分泌量的十倍，甚至更多。大量的多巴胺並不會增加一個人主觀感受到的快感，但卻會讓人極度渴求毒品，並且會剝奪人感受快樂的能力。隨著吸毒次數增加，大腦會逐漸適應大量多巴胺的存在，變得越來越不敏感，需要越來越多的多巴胺刺激才會有反應。吸毒者的大腦獎賞系統和前額葉皮質之間的連接會變弱，讓吸毒者無法控制他尋求毒品的念頭和行動。戒毒期間，吸毒者會因為缺乏多巴胺而覺得非常難受、睡不著覺、不由自主地顫抖。

　　有些人天生比其他人更容易吸毒成癮。研究發現，前額葉皮質紋狀體迴路發育不成熟而導致的自控力低下，會讓一些人更容易吸毒，因為他們難以壓抑內心尋求毒品的慾望。有研究發現，吸毒者的兄弟姊妹即使沒有吸毒，他們的大腦結構缺陷往往也比一般人更大，致使他們的自控力較差。

遊戲上癮

在遊戲發布前的測試過程中，開發者會試圖增加遊戲的成癮性。比如在一個遊戲的測試階段，遊戲發布者透過即時的數據回饋發現，比起尋找物品，營救人質任務的參與者更多，於是他們便在遊戲中增加更多營救人質的任務。或者遊戲發布者發現某種特殊的顏色、箭頭的形狀會讓人產生特定的參與行為，便在後續的遊戲設計中增加這些元素。最終版本的遊戲由此成為所有這些讓你更加上癮的元素的集合，這就是遊戲讓人難以抗拒的原因。

收集類遊戲就是這樣一種容易讓人上癮的遊戲。一方面，人有延伸自我的需求，這種需求往往透過占有東西、參加社會團體等得到滿足。現在延伸自我的需求也投射到了數字世界，收集類遊戲恰恰就能滿足這種需求。另一方面，收集東西是一種挑戰，挑戰成功即可激發大腦的獎賞迴路，讓人越發想做這件事。而收集這種挑戰比起現實世界中的學習和工作挑戰要來得容易，也有更高的成功機率，也就更容易給人帶來獎賞感，導致遊戲玩家上癮。

賭博成癮

多巴胺的分泌會增強我們做事的動機，分泌量的峰值出現在我們做一件想做的事之前。科學家把多巴胺直接注射到小鼠的依核中，結果小鼠會付出比平時多二到三倍的努力來做某件事。多巴胺這種調控動機的作用，在演化過程中本來是對我們有益的，獎賞迴路會讓我們反覆主動去做對生存有益的事情，比如尋找食物、覓

偶、學習新技能等。但是同樣的獎賞迴路在賭博過程中也會被病態地活化，產生我們並不想要的結果。這是為什麼呢？

當我們做一件事獲得成功時，腦衍生神經迴路的多巴胺會快速釋放，給人獎賞感，我們下次就會更有動力去做這件事。但是，多巴胺的峰值也會出現在「接近成功」的失敗狀況下。多巴胺之所以會在這種「接近成功」的失敗情況下釋放，本來是為了鼓勵動物在接近成功的時候再努力一把，直至獲得成功。但在賭博中，每一次的成敗都是隨機事件，並不會隨著你的練習而更加接近成功。所以，賭博激勵的結果是：接近成功的失敗——比如，賭博時骰子點數差一點點就能贏的情況會引起多巴胺大量釋放——會讓人更想再賭一把。接近贏（實際上輸）的狀態就這樣反覆刺激多巴胺分泌，導致賭博成癮，最終造成不可挽回的經濟損失。容易賭博上癮的人因為大腦獎賞迴路對獎賞特別敏感，而對損失則不太敏感，所以他們更喜歡追求刺激和冒險，即使財產損失很大也不會收手，反而會越賭越大。

期望決定快樂：獎賞預期誤差理論

多巴胺的分泌不僅增加行為動機，也負責編碼預期和最終結果之間的差異。這是什麼意思呢？當你做了某件事之後，如果最終得到的獎賞超過了你之前的預期，大腦黑質和腹側被蓋區的多巴胺神經元活躍程度就會增加，讓你下次更想做這件事；而如果這件事情最後帶給你的獎賞少於你的預期，這些大腦區域的多巴胺分泌就會下降，你也沒有動力再去做這件事。這叫做「獎賞預期誤差理論」。

比如，中午你走在路上，飢腸轆轆，這時你剛好經過一家看上去普普通通的小飯館。你走進這家小店，點一碗酸辣麵，價格很便宜，你揣測食物味道大概也一般。過一陣子酸辣麵端上來，你嚐一口就吃驚地發現：味道不錯！這時你的多巴胺開始大量分泌，因為酸辣麵的味道帶給你的獎賞超過你的預期，你便從中得到獎勵。到了晚上，你覺得今天中午只吃了一碗麵，晚上應該吃頓大餐，便約女朋友去一家你嚮往已久的高級法式牛排餐廳，這家餐廳的平均消費為三千元左右，你之前一直不敢去。坐下後，你點一份肋眼牛排，你女朋友點一份菲力牛排，還點了一瓶紅酒。你們兩人滿心期待地坐等大餐上桌。紅酒很快上來了，你嘗了嘗覺得味道還不錯，但並沒有想像中那麼好。二十分鐘後兩份牛排也端上來了。你切開厚厚的肋眼牛排，發現牛排中間只有淡淡的粉紅色，而不是你期望的半熟多汁的樣子。你切一塊放到嘴裡——果然，有點太熟了。因為你對這家牛排餐廳的期望很高，所以當牛排的味道沒有你想像的那麼完美時，你的多巴胺分泌就不會大量增加，你也不想再來這家餐廳了。

　　就這樣，多巴胺神經元活化的程度隨著預期和現實獎賞之間的差異而改變，這種動態的調節可以讓人在頭腦中建立一個價值系統，幫助預期之後的獎賞。如果你對一件事的預期結果是好的，但做完之後卻發現結果不如自己預期的好，多巴胺分泌量就會減少，你下次也就不怎麼想再做這件事了；如果你對一件事沒有太大的預期，但結果卻超出了你的預期，多巴胺就會大量分泌，你也會願意再做這件事。根據多巴胺分泌量預期獎賞，有助於人們學習什麼時候該去追求獎賞，什麼時候則該規避令人失望的失敗。

　　前文中提到，在接近成功的時候，大腦獎賞迴路就已經開始大

量分泌多巴胺，甚至會達到峰值。獎賞預期誤差理論又告訴我們，只有在預期低於結果的時候，多巴胺才會大量分泌。結合這兩個規律我們發現，有一種獎賞方式特別容易讓人上癮，就是「高頻率出現的隨機獎賞」。獎賞隨機出現意味著你總是無法對結果抱有確定的期待，每一次獎賞的出現都是一次驚喜；獎賞的高頻率出現保證了特定獎賞迴路可以快速準確地搭建起來，不會因為一段時間缺乏刺激而廢棄退化。這個簡單的上癮規律是自然演化教給動物的制勝法寶，如今卻被濫用以致帶來病態成癮行為。

實際上，成癮規律的正確使用，可以幫助我們學習有益的知識和掌握適應技能。很多人不喜歡看書或者學習，可能的原因就是多巴胺的分泌量不足。因為學習知識不像吃飯、性愛或者收集行為那樣與原始生存直接有關，一旦滿足就會直接影響獎賞迴路；學習也不像遊戲那樣，只需要一點點努力就能看到成果。學習需要投入大量的時間和精力，透過長期努力才能看到進步。如果你對學習結果抱有不切實際的預期（比如希望考取某個成績，而不是從學習知識本身得到滿足），學習帶給你的獎賞結果便會低於你的預期，你的大腦分泌的多巴胺會不夠多，繼續學習的動力也就不足。不過，當你不把學習的結果看作獎賞，而是把接觸新知識本身看作獎賞時，比較容易對學習本身「上癮」。因為學習新的知識技能在生存演化上對個體是有益的，學習和了解新事物本身就會促進多巴胺分泌，有很大的上癮潛力。

如果你覺得學習某個知識技能對你來說毫無吸引力，甚至有些痛苦，這很可能是因為你嘗試學習的難度和你的實際能力或者你對知識的期望相距太遠了。比如學英文，當你開始學習英文的時候，每個單字和每種文法都是從無到有的過程，需要在你的大腦中建立

全新的迴路。新迴路的建立是一個艱難的過程，學了之後還會忘，所以如果三天打魚、兩天曬網，忘得比學得快，你就不太容易持續。但是，如果你的大腦已經建立了相對穩固的英文迴路，之後再往上添磚加瓦就會變得相對簡單。這時，你的學習速度和你的期望越來越接近，獎賞的預期偏差變小，多巴胺分泌量就會增加，讓你更有動力堅持下去，甚至會越學越想學、越學越上癮。

多巴胺獎賞迴路還有一個更微妙的效果，就是比較效應。二〇一六年一篇發表在美國國家科學院院刊上的研究分析了十七個巴金森氏症患者大腦紋狀體的多巴胺分泌情況。在這項研究中，這些患者在一個模擬市場裡玩遊戲，雖然遊戲的結果是獲利的，但當研究人員告訴參與者如果他們選擇玩另一個遊戲的獎勵更大時，這些人的多巴胺分泌量反而會變少；另一種相反的情況是，當遊戲的結果是懲罰性的，但參與者被告知如果他們選擇玩另一個遊戲結果會更糟糕時，他們的多巴胺分泌量反而變多了。

我們在生活中其實經常遇到這類反直覺的結果，這也是「本來可以更糟糕」或者「本來可以更好」的大腦原理。比如你買了一台打折的掃地機器人，但後來你發現自己忘記使用一張可以省更多錢的折扣券，大腦的獎賞程度就會下降，你可能會覺得懊惱不已；而當你的生活很糟糕時，讀一個生活在戰亂或者貧窮之中的人的故事，你可能會覺得自己的現狀還不錯，心情也就輕鬆不少。

多巴胺——大腦的「貨幣系統」

　　多巴胺還是一個價值系統，就像大腦中的貨幣一樣。多巴胺不代表體驗的愉快程度，而代表體驗的價值。喝水的快樂也好，吃飯的快樂也好，賺錢的快樂也好，對多巴胺迴路來說其實只是對這些行為的價值評估，就像給這些行為估個價。比如，當大腦接收到身體需要喝水的訊號時，喝水的價值就會增加。大腦覺得此時此刻喝水「更值錢」，你就會特別想喝水，大腦對喝水行為的這種臨時提高價格，可以讓你免於身體脫水。當你戀愛時，和你愛的人有關的任何事的價值都會大大增加，其他事情則變得沒有那麼重要和有價值了。同樣，如果毒品或者手機改變了大腦獎賞系統判斷價值的標準，這個成癮行為在你的頭腦中就會被賦予最高的價值和優先權，你的選擇和動機也會相應地改變，你便會沉迷毒品或玩手機，因為毒品或手機對你的大腦來說是最「值錢」的。

　　和大腦貨幣系統有關的一個現象叫做「延遲折扣現象」。給你兩個選擇：一個選擇是今天可以拿到一千元，另一個選擇是一個月後可以拿到一千五百元，你會選哪一個？相信很多人雖然知道一個月後可以拿到的錢更多，但還是寧願今天就拿到錢。這是因為在你的大腦中，一個月後拿到的錢的價值被打了折扣，這個現象就叫做延遲折扣現象。比起未來比較大的獎賞，人們更傾向馬上可以得到的不那麼大的獎賞。人們之所以會做出這種看似愚蠢的選擇，是因為在時間感知上遙遠的獎勵在大腦中激發的多巴胺分泌，遠不如馬上可以得到的獎勵激發的多巴胺分泌那樣多。

享樂適應症

　　我們第一次做某件事得到了很大的快樂，但隨著做這件事情的次數不斷增加，我們體驗到的快樂會越來越少；只有不斷增加體驗的強度，我們才能感受到同等程度的快樂，這個現象叫做享樂適應症。之所以會有享樂適應症，是因為每次得到滿足後，我們的大腦就會做出相應的調節，增加對下一次結果的期望值，這就導致只有更大強度的體驗才能讓我們得到和之前同等程度的快樂，而如果下一次的結果沒有變得更好，我們得到的獎賞感就會降低。這在經濟學上也有個專有名詞，叫做邊際效應遞減。比如你一年賺三十萬元比賺十萬元可以體驗到更多的快樂，但是從一年賺三十萬元到賺五十萬元，對你來說就沒有那麼大的快樂增量了。

　　享樂適應症存在於生活的各個方面。吸毒者的吸毒劑量會不斷增加。人會不斷追求財富的積累，但其實富豪本人未必能體驗到超乎常人的快樂。富豪雖然擁有別墅、私人飛機、私人遊艇甚至是私人島嶼，但這些奢侈的享受未必能給他們帶來更多的快樂，因為他們早已習慣這些東西的存在。當富豪想要感受到同等程度的快樂時，他們就需要得到比私人飛機、私人遊艇更大的獎賞刺激才行。

理智看待上癮

　　大部分人對上癮行為的理解都太狹隘了，以為上癮指的就是吸毒、酗酒和賭博。其實人會對各種各樣的東西上癮，比如手機、遊戲、社交平台等。上癮是指一個人不停地想做某件馬上可以得到獎

賞和快感的事。如果做這件事長期來看會產生糟糕的結果，比如吸毒會讓人傾家蕩產，性癮會傷害身體，那這就是病態的成癮障礙；如果想要做的這件事從長遠來看是有好處的或者無傷大雅，比如對游泳上癮，對看書學習上癮，這些就是良性的上癮行為，甚至可能是好習慣。

病態上癮和好習慣之間沒有清晰的界限和差別。舉個例子，你因為想減肥而迷上了手機應用裡的計步器，享受於每天看自己走了多少步，也會為了這個數字而多走幾步。如果你每天走路的時間和距離比較適當，就可以減肥和強身健體，這就是非常好的上癮行為；但如果你為了更多的步數而每天花大量的時間走路，導致膝蓋受損，這就是病態的上癮行為。所以上癮行為是好還是不好，一方面要看行為的長期性質，另一方面要看是否過度。

上癮的人在做選擇的時候會優先選擇那個讓他上癮的事物。比如，熱戀中的人滿腦子都是他的戀人，賭博上癮的人滿腦子都是籌碼。在上癮的狀態下，大腦會認為「就該這麼做！」，這種「該做什麼」的想法幫助我們根據歷史經驗採取下一步行動，從而優化我們的生存和繁衍成功率。多巴胺的釋放通常會促使我們去做一些在演化上有益於生存的行為，比如吃東西和性愛。但是，如果大腦中決定價值取向的迴路變得過於敏感，你就會很難改掉一些有害的上癮行為，比如賭博成癮和藥物成癮。

前面提到的因為服用治療巴金森氏症藥物而出現各種成癮症狀的小穆，在減少多巴胺促進藥物的服用劑量後，上癮慾望和行為很快就消失了。他不再想買彩券，也不再暴飲暴食。

上癮其實並不像人們想的那麼神祕和可怕。上癮雖然會導致不好的行為，但也可以被用於好的方面。如果你有不良的上癮行為，

解決方法就是給自己找一個有益的獎賞行為來替代它。你可以試著觀察自己平時生活、工作、學習中的上癮行為，看長期結果是好的還是不好的。如果你的上癮行為會導致糟糕的結果，就嘗試把病態上癮的對象替換成積極的上癮對象。比如把購物成癮替換成學習新技能或者運動上癮，這樣一來不好的上癮就變成了好的上癮。你要把握的原則是，這個替代行為的難度不要太大，你抱持的期望也不要太高，並且最好能比較快地獲得獎賞回饋。滿足了這三個要素，新的好上癮行為就很容易替代舊的壞上癮行為了。

第七章

「好了傷疤忘了疼」
是成功人士的必備修養

我們在生活和工作中，會面臨形形色色的壓力。在同樣的壓力面前，每個人的應對方式不同，但一些人比另一些人更擅長應對壓力，這是為什麼呢？

在重大壓力事件發生（比如自然災害、親人去世、失戀等）之後，大部分人會比較快地恢復到正常的心理水平，一些人甚至覺得內心比以前更強大了，而有大約 8% 的人則會出現創傷後壓力症候群。在面對壓力或遭受打擊後，有些人一蹶不振，有些人卻越挫越勇，最終獲得事業上的成功。造成人和人之間這種巨大差異的一個關鍵因素，就在於人的心理彈性。

心理彈性指的是一個人在面對壓力和困境時成功適應的能力。充滿壓力的生活事件、重大的精神創傷和長期的逆境，都會對大腦功能和結構帶來實質影響，可能導致創傷後壓力症候群、憂鬱症和其他精神疾病。不過很多人在經歷了中等程度的壓力事件後並不會患上精神疾病，甚至以後再碰到類似的事件時心理上變得更擅長應對，這就是心理彈性對我們的保護作用。

心理彈性可以幫助我們應對環境挑戰，增強抗壓力。心理彈性差的人，即使滿腹才華，也會因為經受不了一點打擊而變得自怨自艾、消極憂鬱，以至於最終一事無成；而心理彈性好的人，即使能力平平，也能在不斷的試誤和打擊中越挫越勇，掌握越來越多的生存技能，最終成為自己想變成的樣子。

創傷後壓力症候群 ——————————————

　　在生活中經歷極端壓力其實不是小機率事件，大約有一半的人在一生當中至少會經歷一次創傷性事件，包括失戀、親人去世、戰爭、襲擊、車禍或者自然災害。一方面，急性壓力會引起身體強烈的生理反應；另一方面，它也會使大腦迴路在壓力事件和恐懼情緒之間建立聯繫。如果壓力事件引起的恐懼情緒在你的大腦中激起的後續反應超過一個月，你可能就有了創傷後壓力症候群。創傷後壓力症候群患者的頭腦中會反覆出現可怕的記憶，當事人逃避可能引起相關回憶的場景，並在相似的場景下變得非常警覺。

　　當創傷性事件發生的時候，大腦的腦下垂體向腎上腺發出訊號，使得腎臟分泌出壓力激素，也就是腎上腺素和皮質醇。內分泌的變化會讓你心跳加快，血壓升高，皮膚出汗。你的感覺會變得敏銳，神經迴路會在短時間內形成高度情緒化的牢固記憶，這讓你在下次遇到類似場景的時候可以第一時間記起這種極度的恐懼感，然後以最快的速度逃走。

　　創傷後壓力症候群的症狀會在重大壓力事件發生後的一段時間逐漸顯現出來，一個得了創傷後壓力症候群的成人可能會表現得像個小孩子一樣，待在任何地方都需要有人陪伴；他會不由自主地發抖，非常容易受到驚嚇，內心充滿恐懼，再也不敢去會勾起他創傷性回憶的場合。創傷後壓力症候群如果能得到有效的社會支持和心理治療，是可以逐漸康復的。親友的陪伴、心理醫生的疏導和自主的心靈練習，都可以讓心理創傷在一段時間（幾個月或者幾年）內逐漸康復。你在經歷上述重大生活事件後，究竟會不會患上創傷後壓力症候群或是憂鬱症，這主要取決於你的心理彈性。

心理彈性的遺傳影響

遇到生活的打擊，有些人可以很快從壓力和創傷中恢復過來，而有些人則深陷痛苦之中難以自拔，這兩種面對壓力的不同反應，遺傳和環境因素都發揮了決定作用。

反覆出現的環境壓力會改變大腦的神經解剖學結構，不過這種改變在很大程度上是可逆的。大腦神經元的樹突長度、神經元的突觸分叉和樹突棘的密度，在經歷外界壓力後會減少，但經過一段時間往往又會恢復到原來的程度。

但是，大腦當中有一樣東西會被壓力長期改變，甚至是永久性改變，那就是大腦神經元的基因表達。我們知道，從受精卵形成開始，我們的體細胞基因在一生當中就不會改變了。但是基因表達則不同，它在我們的一生當中是可以發生改變的。面對壓力，大腦神經元的基因表達可能會顯著改變，並長時間影響神經元的發育和功能表達。

然而，不同的人在遭遇環境壓力時，他們的大腦發生的改變是不同的。

在二〇〇八年的一項研究中，科學家對一些低收入的城市居民中受到身體或性虐待的兒童做一項調查。發現 FKBP5 基因的特定變異會增加被虐待兒童患創傷後壓力症候群的機率，而這個基因的另外一些變異體則發揮保護作用。基因 FKBP5 參與了大腦壓力反應的激素回饋迴路。在這項研究中，同卵雙胞胎中的一個經歷重大壓力事件，另一個沒有經歷重大壓力事件，透過對他們進行比較研究，科學家發現創傷後壓力症候群的遺傳貢獻率是 32% ～ 38%。也就是說，一個人會被重大的創傷事件打垮還是越挫越勇，三分之

一由遺傳因素決定，三分之二由環境因素決定。這個研究告訴我們，你面對挫折的「抗挫力」可以透過後天的學習得到很大的提升。

　　心理彈性強的人，大腦的衰老速度也更慢。二〇一七年開展的一項關於九百七十九個器官捐贈者的大腦組織的研究發現，有兩個基因（UNC5C 和 ENC1）與大腦的認知彈性有關，它們特定的變異可以抵抗和年齡增長有關的大腦額葉和顳葉的衰老進程。

心理彈性的生理基礎

　　心理彈性涉及非常廣泛的神經生理基礎，包括大腦皮質的化學反應、大腦和身體的神經系統及內分泌系統。下面介紹三個方面是如何影響到我們應對壓力的心理彈性。

內分泌系統：壓力和記憶力是倒 U 形關係

　　我們身體的周邊神經系統叫做自主神經系統，分為交感神經系統和副交感神經系統。這兩個系統是互相牽制、互為補充的。交感神經系統負責讓身體感到興奮，比如四肢肌肉緊張、心跳加快、腸胃蠕動變慢等，準備好和外界對抗，而副交感神經系統的作用則相反。

　　當我們感受到壓力的時候，大腦的下視丘會分泌激素到腦垂體，腦垂體興奮起來後又會分泌激素到腎上腺，促使腎上腺分泌腎上腺素、正腎上腺素和腎上腺皮質醇，其中腎上腺皮質醇（可體松）可發揮長期慢性效果。這個下視丘—腦垂體—腎上腺系統負責對壓力和危險做出快速反應，在壓力緩解後會迅速關閉。

在面對環境威脅時，靈長類動物的身體會大量分泌可體松，其中一部分可體松穿過血腦屏障進入大腦。我們所有的大腦細胞都有這種激素受體，於是大腦的每一個地方或多或少都對壓力做出反應。

人類大腦中有兩類可體松受體，其中一類可體松的親和程度是另一類的六到十倍，前者只需要接收極少量的可體松就會被活化。大腦中負責記憶的海馬迴和情緒中心杏仁核有很多這種高親和度的受體，只要可體松含量略微上升，海馬迴和杏仁核就會被活化。也正因為如此，成年人的記憶形成和回憶都會受到可體松，也就是外界壓力的影響。而大腦的前額葉只分布著低親和度的可體松受體，可體松的濃度進一步上升，大腦中負責計劃和執行的前額葉就會活化。

因為可體松這兩類受體的分布特性，在大腦中，壓力激素和記憶的關係是倒 U 形的。一定程度的壓力對我們的大腦是有好處的，可以促進記憶力，但過度的壓力就會損害記憶力。

我們的大腦當中存在著兩種不同親和度的可體松受體，這意味著大腦對壓力的反應是非線性的。隨著壓力的上升，當可體松只活化那些高親和度的可體松受體時，壓力激素的分泌對記憶力是有好處的，大腦的記憶儲存和提取功能都會增強。但是，隨著壓力進一步加大，大腦前額葉當中的低親和度受體也被活化，壓力激素和記憶的關係就進入了倒 U 形的另一端，大腦記憶力會開始下降。

壓力持續時間的長短給大腦帶來的影響也是不同的。如果壓力只持續短暫一段時間，那麼它對大腦是有好處的，可以延長大腦神經幹細胞的壽命，並且促進新的神經元在隨後大約兩個星期內的增殖，這似乎是大腦為了防止環境威脅再次出現而做的儲備。但是，

如果壓力長期存在，就不是這麼回事了。慢性壓力會抑制新的神經元生成，並且會修剪已經存在的神經元突觸，抑制神經元之間產生新的連接，導致大腦記憶力下降，情緒變差。

在極端情況下，如果大腦中的高濃度壓力激素維持幾個月甚至幾年的時間，大腦就會發生生理性改變——海馬迴萎縮，杏仁核增大。最終，大腦中負責抑制可體松過度分泌的精密回饋系統會受損，這將導致你區分不同壓力程度的能力逐漸喪失。直接結果就是，你會逐漸把所有事情都看作威脅，進入慢性焦慮狀態，或者走向另一個極端，即不覺得任何事情有威脅，感覺自己被掏空。

活躍的多巴胺獎賞系統讓人不容易被壓力壓垮

富有心理彈性的人，他們的大腦似乎更不容易被壓力和逆境「壓垮」，這得益於他們大腦活躍的獎賞系統。

在前面我們介紹過，多巴胺可能是我們最耳熟能詳的神經傳導物質了。多巴胺在大腦中扮演著很多不同的角色，比如，它既是獎賞迴路的神經傳導物質，負責讓我們體驗到獎賞感，又是運動迴路的神經傳導物質，讓我們可以隨心所欲地運動。巴金森氏症患者就是因為大腦運動迴路中負責分泌多巴胺的黑質神經元大量死亡，導致他們無法做出想做的動作而變得行動僵硬。

大腦的獎賞系統是由位於大腦中央靠下的原始邊緣系統和大腦的高級前額葉皮質構成的迴路共同組成的。多巴胺是大腦獎賞迴路中負責傳遞訊號的神經傳導物質，這種獎賞訊號的傳遞可以讓一個人在壓力環境中保持積極的心態，不屈不撓地去追求必需的生存資源。

其中海馬迴是獎賞迴路中重要的一環，它位於大腦中央深層的

邊緣皮質。健全的海馬迴保證我們可以形成新的記憶，正確區分危險和安全的環境，並能調節我們的壓力反應，對心理彈性十分重要。高度發達的前額葉皮質是獎賞迴路的另一個重要節點，也會影響心理彈性，前額葉可以透過抑制杏仁核來調節我們面對壓力時的情緒和行為。

美國國家衛生研究院的神經科學家研究了美國特種部隊的士兵，發現他們的大腦獎賞系統和一般人不同。當這些士兵玩遊戲損失金錢時，他們大腦獎賞系統的活動依舊可以維持活躍的狀態，體現在主觀感受上，就是他們不會為此感到氣餒；而普通人的大腦則顯得脆弱，他們在經歷損失之後會立刻變得無精打采，他們的大腦獎賞系統的活動也會變得不太活躍。

為什麼特種部隊士兵和普通人面對挫折的反應這麼不一樣呢？科學家用大腦成像技術觀察這些特種部隊士兵的大腦內部結構，發現他們的海馬迴都比一般人大，他們之所以面對損失不為所動，可能是因為更大的海馬迴可以幫助他們遊刃有餘地應對大腦中的壓力激素。此外，這些士兵大腦的前額葉活躍程度也比一般人強。大腦額葉區域負責理性思考，更強大的前額葉可以幫助他們抑制杏仁核的活動，從而以更理性的方式應對威脅。

神經胜肽酶 Y：壓力下的閘控系統

神經胜肽酶 Y 是大腦在壓力下釋放的一種神經激素，作用類似於大腦中的剎車系統。當你感受到壓力時，大腦的杏仁核、前額葉、海馬迴和腦幹會產生強烈的反應，而神經胜肽酶 Y 的分泌則會像拉下電閘一樣，幫你關閉大腦中這些「響個不停」的警報聲。這個閘控系統的功能是否良好，也大大影響一個人的心理彈性。

對神經胜肽酶Y的研究最早開始於二〇〇〇年。當時美國軍隊的士兵參與了一次實戰演習，其中模擬被囚禁、缺少食物、缺少睡眠、被隔離和高強度審問等戰爭情境。科學家在這些士兵被審問了幾個小時後，檢測他們的血液樣本，發現他們神經胜肽酶Y的濃度在審問過程中迅速升高。有趣的是，特種部隊士兵的神經胜肽酶Y濃度比普通士兵還要高。這個研究說明，可能是更強大的閘控系統幫助特種部隊士兵關閉他們大腦中的壓力警報，讓這些士兵在面對高強度的環境考驗時可以專心致志地應對，而不會被情緒反應拖後腿。

科學家還做了大量的動物實驗來研究神經胜肽酶Y的作用。在一個實驗中，印第安納大學醫學院的神經科學家先把一隻小鼠放在狹窄的塑膠容器中，因為在容器裡動彈不得，小鼠感到十分恐慌和焦慮。半小時後，實驗人員把這隻小鼠放出來，然後把牠和另外一隻小鼠一起放在一個盒子裡。曾被困在塑料容器中的小鼠因為受到驚嚇而變得極為焦慮，以至於在長達一個半小時的時間裡拒絕和另一隻小鼠互動。在第二個實驗中，科學家採用大致同樣的實驗條件，唯一的不同是，把小鼠放進狹窄的塑料容器之前，先給牠注射神經胜肽酶Y。這隻注射過神經胜肽酶Y的小鼠被轉移到盒子裡跟另一隻小鼠待在一起後，牠馬上開始和後者互動，就好像什麼可怕的事都沒有發生過一樣。

類似的研究還有不少，而這些研究結果都一致表明，大腦中神經胜肽酶Y的分泌幫助我們在遭遇壓力後「原地滿血復活」。

童年經歷影響心理彈性

　　人們常常覺得，在面對逆境時，有些人天生就比其他人更堅韌不拔，是打不死的「小強」。然而，現在心理學家發現，心理彈性並不是固定不變的，而是動態的。這種應對壓力的必要能力在我們的一生當中不斷地發生變化。

　　壓力對大腦早期發育的影響是透過改變基因表達實現的，這叫做表觀遺傳學。表觀遺傳學指出，雖然我們一生當中絕大多數的細胞基因都是一樣的，但不同部位的細胞在不同時間的表達分化和功能是千差萬別的。基因表達的改變並不會影響基因本身，而只是透過在 DNA 不同位置的甲基化來決定不同基因的表達與否。

　　加拿大麥基爾大學的神經科學家在小鼠身上做了一個關於後天環境影響壓力基因表達的實驗。在小鼠剛出生時，小鼠媽媽會不斷地用舌頭舔小鼠身上的毛進行愛撫。這種用舌頭理毛的行為會影響小鼠日後的焦慮程度。那些得到愛撫比較多的小鼠焦慮程度比較低，而得到愛撫比較少的小鼠焦慮程度則比較高，牠們面對壓力時的恢復能力比較差，認知表現也比較差。

　　研究者進一步觀測這些表現差的小鼠的大腦迴路，結果發現牠們大腦中關閉壓力反應的迴路十分遲緩；更進一步觀測發現，這是因為這些小鼠的大腦海馬迴中和壓力關閉迴路相關的受體 DNA 的甲基化程度較高，導致這個部分和關閉壓力有關的基因表達較少。而那些經常被愛撫的小鼠則呈現出相反的趨勢，牠們大腦中負責關閉壓力反應的迴路十分靈敏，這使得牠們在遇到壓力時大腦不會一直「響起警報」，也因此有更好的心理彈性去應對壓力。

　　不過小鼠媽媽對小鼠的愛撫多少並不是判斷小鼠媽媽好壞的標

準，而只是反映不同的養育模式對環境的適應。在一個捕食者眾多的環境當中，小鼠媽媽因為需要時刻警惕來自周圍的威脅，對小鼠的愛撫次數就會相應減少。在這種環境下長大的小鼠焦慮程度更高，對環境威脅也更敏感，這種焦慮特質可以幫助牠們在獨立之後更機警地應對環境威脅。小鼠媽媽愛撫少的養育方式其實可以幫助小鼠在成年後更能適應環境。

小鼠壓力激素基因表達的改變在人類身上也有類似的表現。那些從小體驗到長時間的環境壓力，或是遭到情感或身體虐待的人，他們大腦中負責調控壓力激素受體的 DNA 甲基化情況也會有所不同。這使得他們在成年後面對生活壓力時會表現得容易焦慮和警覺，也更容易產生情緒問題。這種對環境壓力敏感的特質放在危機四伏的環境中就是適應環境的，但是放在安逸和平的環境中，就會讓一個人看起來缺乏安全感。

童年時期養育者的關愛和支持有助於保護孩子在心理上不容易被環境壓力壓垮。在一項關於受虐待兒童的研究中，科學家發現，積極的社會支持可以保護孩子不得憂鬱症，即使他的遺傳基礎讓他比普通人更容易得憂鬱症。

資源充裕的環境和母親持續的支持性關愛，可以讓動物面對挑戰時應對自如，不至於因為壓力太大驚慌失措。大量關於小鼠和靈長類動物的研究都表明，在出生後頭幾個星期遭受母親虐待的動物會獨立得比較晚，成年後的壓力管理能力也比較差。從小受到虐待的猴子，牠們的大腦壓力反應系統受損，導致牠們也更容易虐待自己的孩子，形成惡性循環。

此外，父親的照顧對孩子的影響同樣不容小覷。無論是積極的還是消極的，父親的照顧都會改變孩子的神經生物特徵和行為

特徵，並且這些特徵可能透過改變基因表達的方式一代代地傳遞下去。

社會支持可以增強心理彈性 ─────────────

　　在經歷重大心理創傷後，有些人會患上創傷後壓力症候群，有些人則不會，這其中的差異除了來自先天的遺傳因素之外，外界環境也有很大的影響。前面講到，環境對心理彈性的影響高達三分之二。幫助預防創傷後壓力症候群，提高心理彈性的最重要環境因素就是社會支持。什麼是社會支持呢？父母的理解和無條件的關愛、朋友的傾聽和支持、配偶的關愛和肯定，甚至是陌生人的鼓勵都屬於社會支持。很多與心理創傷相關的研究發現，社會支持是抵抗創傷後壓力症候群的重要緩衝物。

　　美國維吉尼亞大學心理學家詹姆斯・科恩（James Coan）做了一個實驗，證實社會支持對心理創傷有預防作用。在這個實驗中，一些女性躺在磁振造影掃描儀裡接受大腦掃描，她們的眼睛前方有一個螢幕，每當上面出現預警訊號時，四到十秒鐘後她們的踝關節就會受到輕微的電擊，這也會同時活化她們大腦中和恐懼焦慮有關的腦區——杏仁核。但是，如果這些女性在被電擊時緊緊地握著她們的朋友或者丈夫的手，她們大腦杏仁核的反應就會明顯減少。

　　社會支持為什麼可以提高一個人的抗壓能力呢？第一個原因可能是，和他人的身體接觸可以刺激大腦釋放天然鴉片類物質，也就是大腦當中的天然止痛藥，從而幫助我們減輕對壓力的反應。

　　另外一個原因可能是催產素的分泌。當我們在社交時，大腦會

釋放更多的催產素，增強我們對他人的信任感，減少焦慮。在一項大腦成像研究中，參與實驗的人被分成兩組，一組人在實驗前聞了含有催產素的噴霧，另一組人聞了不含特殊成分的安慰劑，接著他們在磁振造影掃描儀中邊觀看恐怖圖片邊被記錄大腦活動。研究結果發現，在看圖片前聞了催產素的人，他們大腦杏仁核的活躍程度下降，杏仁核和腦幹之間的連接也變弱了。這個研究結果意味著，大腦中釋放的催產素可幫助我們應對壓力，減少大腦對壓力的不良反應，而社交支持幫助我們提高抗壓能力可能也是透過促進催產素的分泌達成的。

總之，較低的社會支持會導致一個人更容易患憂鬱症、創傷後壓力症候群和各種心理疾病。相反，較高的社會支持可以讓人在處理問題時抱持著積極的態度，覺得事情在可以控制的範圍內，面對壓力時神經內分泌和心血管反應也會比較溫和，有更大的心理彈性，更不容易憂鬱。

因此，積極地去學習和提高社交技能，主動地建立和維持支持性的社交圈子，既可以提高你的心理彈性，也會大大降低你得憂鬱的可能性。

當你有良好的心理狀態和親朋好友的積極支持時，你就更容易應對各種突如其來的壓力；相反，當你缺乏足夠的心理能力或者沒有足夠的外界支持時，無處排解的壓力就可能會使你的大腦和身體受損。

心理彈性的大腦基礎

　　每一個經歷過重大創傷事件的人幾乎都會經歷某種程度的創傷後壓力症候群。很多被診斷為創傷後壓力症候群的人都有嚴重的憂鬱、藥物濫用的問題，或者產生過自殺的想法。但是，大約有三分之二的創傷後壓力症候群患者最終會康復。也就是說，大部分人是有能力應對重大的壓力和創傷性事件的。那麼，那些難以從創傷後壓力症候群中恢復過來的人，和那些經歷過創傷事件但能很快恢復過來的人，兩者的大腦分別有什麼特點呢？

　　為了搞清楚心理彈性的大腦基礎，科學家招募了三十個健康人，讓他們在磁振造影掃描儀中躺六分鐘。在這六分鐘的時間裡，一部分人看的是會造成心理緊張的圖片，另一部分人看中性圖片。會造成心理緊張的圖片包括被槍擊的人、肢體殘疾的人、被刺傷或者被追趕的人，中性圖片包括桌子、椅子、檯燈。在磁振造影掃描結束後，科學家詢問這些參與者，當他們平時遇到心理壓力時他們是如何應對的，比如是否會喝酒、暴飲暴食，或者和人吵架。

　　研究結果發現，大腦的腹外側前額葉皮質在心理彈性中扮演了重要角色。這個腦區位於大腦靠前的部分，負責調節情緒和感知自身需求，比如飢餓和渴望。當看到令人緊張的圖片時，這個區域的活躍度會迅速上升，緊接著又會快速下降，這種神經靈活性和可塑性似乎是大腦應對壓力的關鍵因素。研究發現，一個人的腹外側前額葉皮質的靈活性越高，他在遇到壓力時就越不容易酗酒或者暴飲暴食，也不容易以破壞性的方式去應對壓力。這說明大腦的腹外側前額葉皮質更強的可塑性對應著一個人更好的心理彈性。

　　大腦腹內側前額葉也和心理彈性有關，在一項研究中，科學家

把一群小鼠關在一個籠子裡，一扇門將這個籠子分成了兩個隔間，這扇門一開始是關著的。在實驗中，小鼠的腳時不時地會受到輕微電擊並產生疼痛感，而這對小鼠來說是無法控制也無法擺脫的。猝不及防的電擊持續了兩天，到了第三天，那扇門終於打開了，小鼠現在可以透過這扇門跑到另一個隔間裡去，不再遭受電擊之苦。這一天，當大部分小鼠被電擊了幾次之後，牠們學會待在門邊上，等門一打開就跑到另一個隔間去，成功躲避電擊。但有趣的是，大約有 22% 的小鼠選擇依舊默默承受電擊，即使那扇門打開了，牠們還是待在原本隔間的角落裡，看起來無助，又不做任何反抗。我們把這種行為叫做「習得性無助」。

這些被「命運的嘲弄」打垮的小鼠，牠們的大腦和其他積極對抗命運的小鼠有沒有什麼不同之處呢？科學家發現，無助小鼠大腦的內側前額葉神經元在被反覆電擊之後長時間保持高度興奮。而在那些心理彈性好、未被無法預料的電擊攻破心理防線的小鼠大腦中，內側前額葉神經元的活躍程度則減弱了。

為了進一步驗證大腦內側前額葉神經元會對小鼠的心理彈性產生直接影響，科學家利用先進的光刺激工程方法，提高了心理彈性好的小鼠大腦內側前額葉神經元的活躍程度，結果發現，這些原本打不垮的小鼠也變得無助，甚至表現出憂鬱症的一些典型特徵。

透過這個實驗科學家發現，內側前額葉神經元對於小鼠的心理彈性也是至關重要的。如果人類的大腦可以和小鼠類比，那麼在我們的額葉當中，可能也有一個特定的腦區，其活躍程度直接關乎我們心理彈性的好壞。

在過去的四十年中，科學家嘗試利用不同的大腦成像技術瞭解創傷事件受害者的大腦中究竟發生了什麼。很多這類研究都發現，

創傷後壓力症候群患者的大腦有兩個區域會因為壓力事件而縮小。一個區域是大腦中的海馬迴和杏仁核，另一個區域是大腦中負責邏輯和決策的前扣帶迴。功能性磁振造影透過研究大腦中的血流變化發現，當創傷後壓力症候群患者想到他們經歷過的創傷事件時，前額葉的活躍程度就會下降，而杏仁核的活躍程度則會上升。這說明當他們回想可怕的經歷時，大腦會不由自主地被情緒中樞控制，而理性的區域則暫時失去了管理強烈消極情緒的能力。美國埃默里大學的神經科學家凱利・雷斯勒（Kerry Ressler）和他的同事也發現，心理彈性好的人大腦的前扣帶迴和海馬迴之間的神經連接更牢固，大腦前額葉的活躍程度也更高。這說明心理彈性越好的人，他們的大腦高級皮層對情緒中樞的管控也越好。

增強心理彈性的方法

運動可以提高心理彈性

運動可以明顯提高我們的心理彈性，這一點在很多動物實驗中都得到證實。在一個實驗中，小鼠被分成兩組。其中一組小鼠可以隨心所欲地在籠子裡的轉輪上跑步，在這種條件下，小鼠一天可以跑差不多四千公尺。另外一組小鼠的籠子裡則沒有轉輪能讓牠們跑步。在籠子裡生活六個星期後，兩組小鼠面臨一個嚴峻的考驗：科學家要把牠們放到冷水中去，這對小鼠來說可是一件非常痛苦的事，科學家以此作為給小鼠施加的壓力源。

結果發現，之前沒有每天跑步的小鼠在遇到冷水後大腦神經元的一種快速反應基因的表達迅速上升，而每天做運動的小鼠的神經

元則沒有明顯變化。此外，保持運動的小鼠在面對壓力時，牠們大腦的海馬迴抑制神經元活動增強了，分泌出更多的 GABA 神經傳導物質來降低神經元的興奮性，使得小鼠可以更善於應對壓力。

大腦海馬迴神經元也和心理彈性關係密切，海馬迴如果受損，就會影響心理彈性，而長期壓力是導致海馬迴損傷的一個很大原因。一個人如果有長期無法釋放的壓力，可體松就會一直維持在較高濃度上，時間久了必定會損傷海馬迴神經元。海馬迴負責調節下視丘─腦垂體─腎上腺系統的活動，海馬迴神經元的損傷會降低海馬迴緩衝壓力反應的能力，這反過來也會進一步損傷海馬迴。積極參與體育運動的人在面對心理壓力時，身體的壓力可體松反應也會比較小。

有沒有什麼辦法可以逆轉海馬迴損傷，使海馬迴神經元得以再生呢？大腦中的大腦衍生神經滋養因子可以促進大腦細胞的生長，延長細胞的壽命，修復損傷的神經細胞。科學家在動物實驗中發現，有氧運動可以提高神經生長因子的水準，抵抗壓力的負面作用。有氧運動可以增大海馬迴的體積，提高大腦衍生神經滋養因子的水準和空間記憶能力。

正念練習可提高心理彈性

越來越多的科學研究表明，正念練習可以透過提高大腦前額葉的功能，讓你更好地控制負責情緒的原始邊緣皮質和腦幹，從而提高心理彈性。大腦左前額葉的活躍度以及大腦左前額葉和杏仁核之間的神經連接，跟心理彈性有很大的關係，大腦左前額葉活躍度更高的人，可以從生氣、恐懼和噁心等消極情緒中更快地走出來。左前額葉的活躍程度越高，越能抑制杏仁核的活躍程度，減少焦慮以

及和恐懼相關的情緒，從而讓人們更理性地思考和行動，而正念練習恰恰就可以增強這個大腦區域的功能。

認知重評可提高心理彈性

你對壓力的解釋會影響你應對壓力的能力。當你認為你面對的壓力超過了你的承受能力時，你就會把這種處境當作威脅，產生消極情緒和消極的行為反應，長此以往還會增加你患憂鬱症的可能性。相反，如果你相信自己有足夠的技能、經驗和資源去成功地應對逆境，你就更有可能把這種處境當作挑戰去積極應對，身體和大腦對壓力的反應也會比較小。

很多認知心理治療方法的核心理念就是，改變一個人對威脅和逆境的看法及評價，可以改善一個人的情緒和壓力反應。認知重塑療法教你觀察在經歷壓力時你的認知和行為方式，有意識地質疑你對事情和自我的扭曲所產生的消極評價，並且用現實、客觀的評價去替代扭曲的認知，以達到重塑認知的目的。這種在認知上重塑消極事件的能力，和心理彈性有著非常大的關係，正確的認知方式可以幫你在經歷了嚴酷的生活壓力後，依舊保持心理健康。

意義感和自我效能感可影響心理彈性

意義感和自我效能感也是影響心理彈性的重要因素。自我效能感指的是相信自己從逆境中尋找意義、目的和力量的積極思維方式，它可以幫助你抵抗消極情緒和生理壓力反應。很多研究發現，當一個人在壓力中獲得意義感，認為他承受壓力是為了一個值得追求的目標時，這種心態將會大大增加他的抗挫折能力。

嬰兒期的經歷對大腦發育和神經迴路的形成有非常大的影響，

決定了一個人成年後應對壓力和逆境的能力和他的自我效能感。如果一個人在嬰兒期反覆遭受無法控制的過度壓力，比如受到生理或情感方面的忽視、虐待，那麼他可能會在成年後對壓力源產生過激的情緒、行為和生理反應，甚至是習得性無助，面對壓力不加反抗。相反，如果一個人在童年時期經歷了輕微或者中等的壓力源，並且這些壓力是可控的，那麼它們給他帶來的就是積極的預防作用，可以使他在面對逆境時內心更加強大，逐漸發展出對壓力的良好適應力，未來面對壓力時也會有更好的心理彈性。

所以，為了防止孩子產生習得性無助和憂鬱，提高孩子的心理彈性，父母需要給孩子提供一個充滿愛的支持性環境，幫助孩子發展出健康的心理依戀，避免讓孩子重複體驗到不可控的壓力，並且給予孩子豐富的機會來克服困難、迎接挑戰，讓孩子由此獲得對自己命運的充分掌控感，對壓力產生健康的抵抗力，未來面對壓力時身體和心理的反應不至於太劇烈。

成年人也是一樣。如果我們做一件事反覆遭遇挫折，就會覺得這件事不在自己的掌控範圍內，無論怎麼做都是徒勞的。反覆受挫會導致你的自我效能感下降，難以從挫折中恢復過來，也難以繼續迎接挑戰。自我效能感缺失導致的心理彈性低該如何克服呢？

有很多方法可以提高一個人的自我效能感，其中一個就是掌控體驗。科學家在動物研究中發現，成功克服壓力事件的經歷可以讓動物的前額葉皮質擁有更好的神經可塑性，幫助動物在未來不可控的壓力中更好地應對消極情緒。讓一個人從零開始學習成功管理壓力的技巧，然後反覆練習這些技巧，並且在不斷升級的挑戰中得到回饋，直到能充分掌控挑戰，這樣做可以幫助一個人逐步建立起穩定的自我效能感。

隨著你建立起應對壓力的信心，你會習慣於把生活中的壓力事件看作挑戰，這種積極的視角有助於你直面問題，擁有持之以恆的動力和堅忍不拔的精神，也會改變你面對壓力時的情緒和生理反應，預防和壓力有關的身心疾病。這些提高自我效能感的認知訓練項目，已經被廣泛應用於軍隊、警察和消防員的培訓中。

一個人的心理彈性還和自尊程度有關。日本科學家對經歷了二〇一一年日本東部大地震的三十七個人做了大腦跟蹤掃描：一次是在地震發生之前，一次是在地震發生後不久，還有一次是在地震發生的一年後。他們發現，大腦在經歷重大創傷之後的變化是動態的，受到周圍環境和性格的影響。在這項研究中，科學家對比分析大地震前和大地震剛發生不久的大腦變化。他們發現大地震導致這些人大腦中兩個區域的體積減小了，一個是海馬迴，另一個是前額葉皮質層。

讓人感到意外的是，在大地震發生的一年後，大腦的變化仍在繼續。研究者在大地震發生一年後對同一批人又做了一次大腦掃描，結果發現，這些人大腦的海馬迴體積進一步縮小了，不過他們的憂鬱和焦慮程度卻沒有增加。這些人大腦中其他區域的改變趨勢則發生了逆轉：之前縮小的前額葉皮質層，在一年之後體積逐漸增大，這個變化趨勢和倖存者的自尊程度有關。

這一系列的大腦追蹤掃描結果說明，大腦在經歷壓力事件之後的活動模式和結構並不是靜態的，而是不斷變化的。而且，大腦這種隨著環境而改變的特質貫穿人的一生。自尊程度較高的人在面對壓力事件時能更好地應對情緒壓力，這種心理彈性也反映在他們大腦額葉的可塑性上。

現在我們知道，人們應對環境變化的心理彈性在一生當中都會

不斷改變，並且受到遺傳和環境因素的共同影響。除了上述幾個方面之外，有助於提高心理彈性的因素還包括積極的情緒和樂觀主義、喜愛你的照顧者、有個性格剛毅的榜樣、有過成功克服挑戰的經歷、強大的社會支持、自律地專注於自身的技能發展、利他主義、使命感、從逆境中尋求意義的能力、身體健康等。這些因素大都是我們可以積極主動控制的，也正因如此，我們可以透過改變生活方式和心態，主動地讓自己的大腦更富有彈性，不容易被壓力擊垮，甚至越挫越勇。

第八章

大腦神經終身可發育，
要活到老學到老

━━十世紀，人們認為大腦的神經發育只發生在人剛出生的時候和童年時期，之後大腦結構就固定不變了。然而今天我們知道，大腦在我們一生之中一直都在被重塑。

　　大腦神經元之間的連接可以隨著環境的塑造而不斷的變化，這叫做神經可塑性。大腦的可塑性最初產生於你還是胎兒的時候，童年時期和青少年時期是大腦可塑性的兩個高峰期，但是，大腦的可塑性在成年期甚至老年期依然存在。大腦可塑性反映了大腦的學習能力，這種能力使得大腦神經元和神經網絡可以適應不斷變化的外部環境，讓我們和環境和諧共處，存活下來並不斷演化。

　　你在出生時就擁有了你一生中能夠擁有的幾乎所有神經元。神經元在發育過程中會長出很多「小手」，和別的神經元「牽」在一起，這些小手名叫「神經突觸」。在你生命的頭十五個月左右的時間裡，大腦神經元之間的神經突觸數量就已經達到最大了。在這個過程中，有大量的神經元因為無事可做「鬱鬱而終」，約有一半的胚胎神經元因為未能和其他神經元建立有效的連接而凋亡。

　　而那些因為找到了用武之地而倖存下來的神經元，它們的軸突（比較長的神經突觸）外面會包裹上膠質細胞，這個過程叫做髓鞘化。神經纖維的髓鞘化就像在電線周圍包裹一層橡膠絕緣層，可以大大提高神經訊號在大腦中的傳輸速度和質量。為什麼神經元軸突外面要包裹髓鞘呢？這是因為大腦的神經元需要遠距離傳輸訊息，神經纖維上的訊號需要在長距離的傳輸中做到高傳真。比如，負責調控注意力的神經訊號從位於額頭附近的前額葉傳到位於大腦正中間的內側顳葉，或者視覺訊號從位於後腦勺的枕葉傳遞到耳朵邊的顳葉，都要求神經電訊號的傳輸速度快，而且雜訊小。

　　在大腦發育過程的初期，神經系統會大幅修剪發育得錯綜複雜

的神經連接，就像修建新長出的小樹枝一樣，把用得很少的神經連接修剪掉，只留下重要的、反覆使用的神經連接。其效果也和修建小樹枝一樣，可以讓大腦的能量和物質高效地用到真正需要的地方。對神經纖維「分叉」的大幅修剪過程會一直持續到青春期結束。

距離遙遠的神經元是如何彼此連接在一起的呢？這看起來是一個非常不可思議的現象，科學家直到現在也不知道它是怎麼回事。一個被科學界普遍接受的理論認為，距離遙遠的神經元透過產生同步的放電活動來感知對方的存在，向對方伸出友誼的「小手」——神經突觸，最終連接在一起，這叫做「赫布定律」。

大腦的神經元細胞體構成了大腦的灰質。大腦灰質的體積在人的整個童年時期會逐漸增加，並在青少年時期達到頂峰，之後逐漸縮小，在成年期趨於穩定。在你六歲的時候，大腦體積已經達到了你一生最大值的 95%，女孩平均在十一歲半、男孩平均在十四歲半達到大腦體積的最大值。

從青少年時期到成年期，大腦的體積反而變小了，這似乎很奇怪。實際上，大腦之所以在發育過程中縮小，是因為大腦在不斷修剪沒用的神經突觸和加強有用的突觸，這是大腦適應環境的重要過程。修剪過程要持續到多少歲呢？法國科學家研究了從新生兒到九十一歲老人的大腦切片，發現人類大腦額葉（位於大腦前部額頭後方的位置，負責抑制、注意、計劃和執行等高級功能）的突觸密度直到三十歲左右才會趨於穩定。也就是說，我們的大腦可能要到我們三十歲時才能穩定下來，這時我們才算成熟的成年人。

海馬迴是人類大腦中空間記憶形成的中心，當你在新環境中學習認路時，海馬迴就會受激產生新的神經元和神經突觸。新的海馬迴神經元和突觸一旦被整合到大腦原有的神經網絡中去，就可以提

高大腦的空間記憶能力，並促進海馬迴的進一步成長。一個典型的例子是，因為倫敦的交通狀況複雜，計程車司機必須記住大量的路線，所以他們的海馬迴平均而言要比普通人大。

當你長期練習某一種大腦功能時，負責這個功能的腦區就會得到成長。如果你不停地練習彈鋼琴，你的大腦中負責手指活動的腦區就會長出更多的神經纖維，並連接成新的神經網絡，手指在大腦中的「地盤」也會隨之變大。總之，我們的大腦終身都可以改變，而且對環境有著積極的適應性，這就是「神經可塑性」。

人類能言善辯，這究竟是天生的語言基因賦予的，還是由有人說話的後天環境造就的？事實上，把大腦的某個特徵非此即彼地歸因於基因或環境都是片面的做法。大腦發育在任何情況下都是基因和環境共同作用的結果。這是因為雖然你出生的時候帶了一整套的基因組密碼，但基因組本身無法包含大腦發育需要的所有訊息。在長期的演化過程中，基因學會了從環境中收集訊息，環境訊息幫助大腦隨時調用不同的基因表達，從而精細地調節大腦神經網絡的發育。

在大腦的不同發育階段，有哪些因素會影響你的大腦呢？

胚胎期的大腦發育 ──────────────────

孕婦在懷孕期間壓力過大，可能會影響孩子的情緒和性格。俄亥俄州立大學對小鼠的實驗研究發現，母鼠懷孕的時候如果承受的外界壓力過大，牠的消化道和胎盤的細菌環境就會發生改變，進而改變牠生下的雌性小鼠的腸道微生物環境。不僅如此，在壓力環境

下出生的雌性小鼠在認知任務中會表現得更焦慮，身體的發炎反應更強，而有益蛋白「大腦衍生神經滋養因子」的含量也更低。所以，女性在懷孕的時候需要保持好心情，這對於孩子出生後的情緒穩定性非常重要。如果母親懷孕的時候心情舒暢，孩子的情緒也會更溫和。

男性雖然幾乎終身都可以產生精子，但其實隨著男性年齡的增長，精子的質量也會逐年下降。精子由精囊中的精原細胞不斷分裂產生，年長的男性由於精原細胞分裂次數多，產生的精子相比年長女性體內的卵子更容易出現基因改變、刪除或擴展等問題，導致後代出現變異。二〇一七年九月發表在《自然》期刊上的一項研究發現，母親每年長一歲，會給孩子帶來 0.37 個新的基因突變；而父親每年長一歲，會給新生兒帶來 1.51 個基因突變──父親年齡增長導致的變異數量是母親的四倍多。精神醫學領域的研究發現，男性年紀過大時生小孩，孩子更容易患精神疾病，包括自閉症、精神分裂、雙相精神障礙和癲癇等。

不光男性的生育年齡會影響精子質量，男性的生活或工作壓力大，兒子出生後的性格也會受到影響。前文中說到孕婦壓力大對孩子不好，其實男性壓力大也會對後代造成明顯的不良影響。男性壓力大會影響精子的基因表達，也就是精子基因甲基化，這會對嬰兒大腦發育產生不良影響。醫學界的很多研究因為不能在人身上直接做實驗，所以會用動物實驗做類比。關於小鼠的一項研究發現，壓力大的鼠爸爸在交配之後生下的雄性小鼠後代大腦中負責性別分化的 RNA 含量接近雌性，焦慮程度也接近雌性。所以，要生個陽剛的兒子，爸爸先要夠沉穩才行。

兒童時期的大腦發育

　　每一個孩子的大腦都是獨特的，不同人的大腦千差萬別。有的孩子敏感內向，有的孩子活潑外向；有的孩子積極進取，有的孩子害羞膽怯。一些比較敏感警覺的嬰兒，在童年時期可能會比較怕生，在青春期則會表現得比較內向，長大後可能比較容易患焦慮症。這些孩子會對新鮮的刺激（比如陌生人）很敏感，也比其他孩子更在乎外界的獎賞或懲罰。這些孩子的大腦有什麼特點呢？大腦研究發現，內向害羞的孩子大腦負責獎賞和懲罰的迴路比普通人更敏感。

　　雖然每個人的大腦天生設定不同，但後天養育環境對大腦的影響也不容小覷。孩子發育過程中的飲食、學習和生活經歷，父母和孩子的互動方式，這些環境因素都無時無刻不在影響著大腦的發育進程。

　　養育者的撫摸和肢體接觸可以改變孩子的基因表達，多撫摸能讓孩子感覺到更多的安全感，孩子長大之後的性格也會比較穩定。動物實驗發現，出生後第一個星期得到充分撫摸的寶寶，牠們應對壓力的基因表達可以使牠們在面對壓力時表現得更平靜。童年基因表達的塑造可以一直持續到成年，出生後得到充分撫摸的孩子在撫養自己的下一代時也會更盡心盡力，把得到的愛傳承下去。因此，在孩子的成長過程中，父母可以多撫摸孩子。

　　一些新手媽媽因害怕胸部走形而拒絕母乳餵養，但其實母乳餵養對寶寶在智力方面的發育有明顯的益處。一項研究發現，母乳餵養時間越長（不超過一年），寶寶三歲時的語言能力越強，七歲時的言語和非言語智力也越高。母乳餵養每增加一個月，孩子七歲時

的智商評分就會高出〇‧三分左右；母乳餵養一整年，孩子的平均智商可以提高四分之多。媽媽在哺乳期吃魚越多，孩子的智商得分似乎也越高。在出生後頭二十八天吃母乳最多的寶寶，他們大腦的特定區域發育得更好，智商、工作記憶能力和運動能力也比吃母乳少的孩子高。

　　針對幼兒的早期教育在近幾年來變得越來越流行。有英文、樂器、樂高、編程、機器人等等早期教育班，五花八門，種類繁多。家長迫於同伴壓力，總覺得如果不給孩子報足夠多的早期教育班，就是對不起孩子，會影響孩子的大腦發育和未來的前途。我身邊對給孩子報名早期教育班這件事最淡定且最不焦慮的人，可能只有專業學過心理學和腦科學的人。實際上，並非任何類型的早期教育班都適合大腦處於高度可塑性階段的兒童。

　　孩子從小究竟應不應該接受早期教育，這取決於它的類型。兒童時期是人的一生中大腦可塑性最強的時期，在這個階段，大腦神經元之間快速建立起新的連接，沒有用的神經連接也會被快速地修剪掉。在這個大腦神經十分敏感的階段，兒童的情緒會影響大腦的發育。如果參加的早期教育班是灌輸式、競爭式的，就可能引起孩子焦慮緊張的情緒，這些負面情緒會影響大腦神經元的基因表達和大腦神經網絡的搭建，並影響孩子的開放性心態和學習能力，得不償失。

　　發展心理學家推薦的早期教育形式是沒有成人指導的開放性的自由玩耍，它可以鍛鍊兒童的思維能力和創造力。講故事、唱歌和說笑話，可以讓孩子在實踐中最有效率地學習語言。給孩子玩具，不要教他們固定的玩法，而是讓他們自己摸索怎麼玩，這可以培養孩子解決複雜問題的能力和創造力。相反，競爭性的高壓環境和會

帶來一定壓力的指導性記憶練習，不僅會在一定程度上削弱孩子的創造力，還可能導致長期的負面情緒問題。

自閉症

自閉症又叫做泛自閉症障礙。近年來，在醫院被診斷為自閉症的孩子越來越多。然而醫學界至今還未找到有效的自閉症治療方案，這讓自閉症兒童的家長感到十分無助。

我的一個女性朋友原本是一家世界五百強諮詢公司的高階主管，工作前景非常好，家庭也幸福。但她的孩子長到兩歲時，朋友發現他有些不太對勁，孩子不喜歡看人，和他說話也很少回應，總是自顧自地玩耍。這位朋友帶孩子去看醫生，醫生說孩子很可能患上了自閉症。這個診斷有如晴天霹靂一般，朋友很快便辭去工作，開始「專職」上網蒐集世界各地的自閉症治療方案和相關文章資料。然而，她檢索到的最多答案卻是，「自閉症暫時沒有非常有效的治療方案」。很遺憾，這的確是自閉症治療的現實狀態。

有泛自閉症障礙的孩子會有限制性的行為和重複的動作模式，興趣狹窄，還有一定程度的社交障礙和語言障礙。大約每六十八個新生兒當中就有一個會被診斷為自閉症。自閉症兒童的大腦發育遲緩，症狀在出生後的六個月左右就會有所顯現，但家長往往在孩子長到十二到十八個月大的時候才會覺察到自閉症的一些初步症狀，不少家長更是到孩子兩歲後才意識到他們有問題。比如，孩子和人沒有眼神互動，或者爸爸媽媽走進房間時他沒有反應。這時再帶孩子去看醫生，就已經錯過最佳干預期了。

二〇一七年二月發表在《自然》期刊上的一項大腦成像研究指出，自閉症兒童在出生後的十二個月裡，大腦就已經出現自閉症的

初步特徵，比他們日後的自閉症行為特徵出現得更早，這些大腦異常特徵是由磁振造影掃描儀發現的。雖然自閉症兒童的大腦整體發育遲緩，但在幼兒期自閉症兒童大腦皮質的增長速度卻極快。基於這一點，機器可以預測一個孩子是否會發生自閉症，正確率達到80%。也就是說，在早期發育過程中，大腦異乎尋常的快速增大可能是孩子患上自閉症的一個有效檢測指標。80%的預測正確率雖然沒有實際的臨床價值，但還是帶給了我們一些希望。隨著大腦數據的大量積累，或許我們未來可以找到更好的大腦生理指標來及早發現和干預自閉症的發展。

什麼時候學習第二語言最合適

我們大腦負責語言功能的區域主要有兩個，一個叫做布洛卡氏區，一個叫做維尼克氏區。位於大腦額頭後方、額葉下部的布洛卡氏區，負責加工句法、文法和句子結構。這一區域有生理損傷的患者會患上「表達性失語症」（也叫做布洛卡失語症），主要表現是無法說出流利的、符合文法的句子。與負責語言輸出的布洛卡氏區不同，位於上顳葉的維尼克氏區負責的是對輸入語言的理解工作。這一區域受損會導致人們無法理解書面語言和口語，出現「感覺性失語症」（也叫做維尼克失語症）。大腦的這些語言區域透過叫做弓狀束的神經纖維直接相連，組成了大腦的語言中心。大腦負責語言的區域主要分布在大腦的左半球，這叫做腦功能側化。

一個人生命中的頭幾年對於學習第一語言至關重要，「狼孩」的例子就可以說明這一點。狼孩指的是在出生後的最初幾年出於某些不為人知的原因由野獸照料長大的孩子。狼孩因為在出生後的頭幾年沒有暴露在語言環境中，錯過了大腦語言發育的重要時期，之

後即使回歸人類社會，也難以發展出正常的語言能力。也就是從這極少數的狼孩案例中，科學家發現，出生後的頭幾年是人學習語言的關鍵時期。

如果在語言關鍵期學習第二語言，大腦就會同時使用布洛卡氏區和維尼克氏區進行語言加工，在這個階段學習的第二語言和第一語言將會同樣熟練。而如果在青春期之後再學習第二語言，大腦就只會用布洛卡氏區對新語言進行加工，熟練程度就會遜於第一語言。現在學術界對於學習第二語言的關鍵時期究竟能持續到幾歲還存在爭論，一種比較保守的估計是，在第一語言掌握得比較熟練之後，在青春期結束之前學習第二語言是比較合適的。

青少年時期的大腦發育

父母和家長在養育孩子的過程中可能會不知不覺地走入兩個誤區，讓孩子產生「習得性無助」和「定型心態」。本來聰明又有才華的孩子，如果形成了這兩種心態，就會忽視「努力」在成長過程中的重要性，很快遇到瓶頸，甚至因此自暴自棄。

習得性無助和定型心態分別指的是什麼呢？

大多數動物在嘗試解決一個問題的時候，如果反覆遇到挫折，感到毫無希望，就會放棄努力。之後即使情況出現轉機，問題變得更容易解決，牠們仍然會保持消極被動的心態，不願意試圖做最小的努力。心理學中有個專有名詞描述這種狀態，叫做習得性無助。但並非所有的人在反覆經歷挫折後，都會產生習得性無助。一個人是定型心態還是成長心態，決定了他是否容易產生習得性無助。

我高中所在班級是一個對大陸全省招生的初中競賽班，同班同學都是在全省初中數理競賽中選拔出來的，高中的目標也是透過全國的競賽保送進入頂尖大學。入學時大家都躊躇滿志，但經過第一年的學習和競爭，有幾位同學的成績一落千丈，不僅在班級墊底，在全年級的排名也很後面。在之後的兩年裡，這幾個同學的意志越發消沉，高等教育入學考成績也很不理想。他們入學時都成績優異，從日常交往中我們也很容易發現他們是有靈氣的人。為什麼這些頭腦靈活、天資聰穎的學生在遇到挫折後會一蹶不振、放棄努力呢？這是因為不同的人在分析失敗原因時，會採取截然不同的歸因策略。有些人把他們的失敗歸因於能力不足，有些人則把他們一時的失敗歸因於努力不夠。

　　當你把自己的糟糕表現歸因於能力不足時，就會比歸因於努力不夠的人遭受更大的打擊，認為事情的結果是自己控制不了的，這是典型的定型心態，會導致一個人主動放棄努力。而有些資質並不那麼出色的人卻能堅持不懈地努力奮鬥，最終也能取得不錯的成績，這些人往往擁有成長心態。

　　擁有定型心態的人相信智力是固定的，無法改變。而擁有成長心態的人認為智力可以透過教育和努力塑造，所以他們學習和努力的動機很強。

　　家長和老師在教育孩子的過程中對待孩子的態度會潛移默化地培養孩子的定型心態或成長心態。在傳統的學校教育中，每一次考試都會有及格或不及格，有班級排名甚至年級排名。這些評判標準都有可能讓孩子產生定型心態。家長和老師在評價孩子的時候，往往會不經意地誇獎孩子「真聰明」「小天才」，認為這樣可以增加孩子的自信心，讓孩子更上進。可惜這只是大人的一廂情願，實際

效果恰恰相反。給孩子貼上「聰明」「天才」的標籤，會導致孩子相信他們的能力是固定不變的，如果某次表現不好，就說明他們不是「天才」，這種沉重的包袱會讓孩子盡量避免嘗試有挑戰性的事，以免證明他們「不聰明」。

有定型心態的孩子，他們的自信心很容易被失敗摧毀，因為他們會把失敗歸因於能力不足，而且他們相信能力是無法改變的。這樣的歸因方式導致孩子傾向迴避挑戰，因為挑戰意味著有可能遭遇更多的失敗。這樣的孩子也會避免努力，因為他們認為努力意味著他們很笨。而對擁有成長心態的孩子來說，失敗不是因為能力差，而是由於自己努力得還不夠。他們相信鍥而不捨的努力總會得到回報。挑戰對這類孩子來說是令人興奮的，而不是證明他們不出色的麻煩事。

美國有一位明星教師，他給孩子的評分不是優、良、中、差，而是「合格」和「尚未合格」。這樣的評分方式不會讓沒有考好的孩子覺得他們是劣等生或笨孩子，而是讓他們知道學習不是一個結果，而是一個動態的過程。這次「尚未合格」，意味著只要下次努力就有可能合格，人的能力不會因為一兩次考試結果就蓋棺論定。

在遇到挫折的時候專注於不斷努力，而不是專注於評價個人能力，這種思維評價方式的轉換可以解決習得性無助的問題。家長和老師在讚美孩子的時候，可以說「你真努力」，這比說「你真聰明」要好，對孩子長遠的發展也更有利。因為「努力」可以調節，而「聰明」卻無法掌控。畢竟成功不常有，挫折卻常見，而且挫折帶來的打擊總會令人無所適從。

實驗研究發現，有成長心態的人在完成任務的過程中會關注任務本身，根據他們犯的錯誤積極調整下一次的表現；而有定型心態

的人則關注任務的結果，他們調整表現的適應性也比較差。這就是為什麼擁有成長心態的人會取得更高的學業成就，也比同齡人更出色。

第九章

如何優雅地老去

我阿太是我媽媽的外婆，她一共生了九個孩子，我外婆排行第八。我出生的時候阿太九十歲，負責外婆家的每頓晚飯，也負責翻製我蓋的每床被子——當時的被子是用棉花填充的，兩個人站在對角線上，把棉花拉成薄片，然後一層層疊在一起，疊到一定厚度，就可以製成一床鬆軟的棉被。每次寒暑假我和表姊回老家住，阿太都會拿出存在鐵罐裡的花生酥和芝麻酥給我們吃，順便拉著我們聊家常。調皮的我們有時會在阿太身後，突然衝著阿太聽力微弱的耳朵大喊一聲「阿太」，她就會笑逐顏開，或者假裝生氣地拍我們一下。我上初一的時候，一百零三歲的阿太去世了。她沒有生什麼病，就是十幾天不吃不喝，器官逐漸衰竭，然後就故去了。阿太直到九十七歲還能做飯，後來因為偶然摔一跤，臥床休息三個月，外婆就再也不讓她做家務了。阿太直到去世之前，頭腦都很清醒。

幾乎沒有人可以在衰老的同時，還擁有一個完全健康的大腦。把每一個衰老的大腦放到顯微鏡下仔細觀察，都可以看到摺疊的病態蛋白形成的斑。但是，有這種病態摺疊蛋白並不意味著大腦的功能衰退了。科學家發現，一些人大腦中雖然有這類蛋白沉積的病理特徵，卻沒有出現明顯的認知功能退化。這種個體差異可能源於不同人的大腦對抗衰老的能力不一樣，這種能力一方面取決於遺傳因素，另一方面取決於你選擇的生活模式。

人與人之間的衰老速度差異很大。在一項研究中，科學家觀察了九百五十四人在三個不同年齡的衰老速度，這三個年齡分別是二十六歲、三十二歲和三十八歲。研究以十二個身體特徵作為指標，包括體重、腎功能、牙床堅固度等。結果發現，在三十八歲時這些人的生理年齡差異變得非常大。一些三十八歲的人身體年輕得

彷彿不到三十歲；而那些衰老速度快的人，身體卻表現出六十歲的生物特徵，看起來飽經風霜，缺乏活力。在這近一千人當中，有些人從二十六歲到三十八歲幾乎沒有變化，而有些人每過一年身體就衰老三歲。身體衰老速度快的人，大腦功能的衰退速度也比較快。

在各行各業中，我們都以物理年齡為標準來看待和規劃事業、家庭和退休的進程。但從生物學角度說，不同的人在成年之後，生理年齡和身體、大腦健康素質的差異會越來越大，以至於我們的實際年齡可能完全不能用物理年齡來衡量。

儘早選擇正確的生活方式，可以大大提高你的大腦對抗衰老的能力，使你在面對大腦衰老時擁有更多的「戰略儲備」。生活方式越健康，越能抵禦阿茲海默症的「進犯」，甚至把這種病推遲到死亡之後。在本章的後面，我會詳細介紹你可以選擇的正確生活模式。

大腦的認知能力通常在二十到三十歲達到高峰。在青壯年時期，我們的認知能力基本上是穩定的，步入中老年時期後記憶力則會逐年下降。隨著年齡的增長，特別是步入中年後，大腦的部分區域會緩慢萎縮，大腦皮質也會變薄，尤其是內側顳葉（包括負責記憶的海馬迴）和負責執行功能的大腦額葉區域。主要負責語言功能的顳葉也會隨著年齡的增長而逐漸萎縮，顳葉既負責詞語的提取和產生，也負責涉及大量工作記憶的理解能力。因此，上了年紀之後，一個人的表意和理解能力可能會下降。

大腦可塑性也會隨年齡的增長而下降，不過直到老年，大腦仍然保有部分可塑性。最近有研究發現，大腦海馬迴神經元在老年期依舊保有再生能力。隨著年齡增大，雖然我們學習新知識、適應新環境的能力有所下降，但因為大腦可塑性一直存在，所以我們擁有終身學習的能力，可以活到老、學到老。

動物為什麼會衰老？

　　關於衰老的生物假說非常多，比如 DNA 損傷、端粒損失、基因不穩定、生物廢料沉積等。一個人的衰老速度可能受到基因的影響，比如有一個長壽基因叫做 FOXO3a，這個基因的變異和壽命長度正相關，有不少百歲老人都擁有這個變異基因。還有研究發現，有 CETP（膽固醇酯轉移蛋白）純合子基因的人的認知衰退速度是有 CETP 雜合子基因的人的一半。

　　我們在環境中遇到的重大壓力事件會影響基因甲基化，進而影響我們的生命進程和壽命。什麼是 DNA 甲基化呢？我們知道，在出生時，我們幾乎所有的細胞都攜帶著一整套一樣的遺傳密碼。但你可能不知道的是，在不同的時間、不同的身體組織裡，哪些遺傳編碼表達成蛋白，哪些保持沉默，都是由基因甲基化決定的。甲基化類似於給某個基因蓋上蓋子不讓它發揮作用。一個人晚年的細胞 DNA 甲基化程度可以被用來有效地預測壽命。關於小鼠的研究發現，透過降低 30% 的基因甲基化，可以成功地讓早衰的小鼠恢復青春。

　　大腦衰老也和多巴胺系統有關。多巴胺是大腦中的常見神經傳導物質，和學習能力、動機、獎賞、運動等很多功能密切相關。隨著年齡的增長，大腦各個迴路的多巴胺分泌都會減少，導致大腦可塑性下降，人們會因此顯現出動作僵硬、手臂擺動幅度減小、動機減弱、學習能力下降等老年特徵。

阿茲海默症

　　我的二爺爺就是患阿茲海默症去世的，終年七十五歲。我從小就特別喜歡二爺爺，因為他脾氣好，很愛笑，還經常騎著自行車帶我到處玩。他六十五歲那年，有一陣子和二奶奶在我家小住。一天我放學回家，看到二爺爺躺在床上面朝牆壁，我說「二爺爺我回來了」，他也不理睬我。二奶奶從裡屋走出來，半嗔半笑地說：「你二爺爺正在生氣呢！你去哄哄他。」我爬上床，拍拍二爺爺，問：「二爺爺你為什麼生氣呀？」二爺爺見我來哄他，轉過身笑著說：「我才沒生氣呢。」

　　幾個星期後二爺爺和二奶奶就回老家了。不到一年，我聽我爸說二爺爺老是忘記事情，有一次連回家的路也忘了，二奶奶出去找了好久才找到他。後來二爺爺去醫院檢查，醫生診斷他罹患了阿茲海默症。

　　阿茲海默症俗稱老年痴呆，主要在中老年人群中發生，年紀越大，得阿茲海默症的可能性就越大。在六十五歲以上的人群中，有九分之一的人會得阿茲海默症；在七十五歲以上的人群中，有五分之一的人會得阿茲海默症；如果你有幸活到八十五歲，那麼差不多有一半的可能性會得阿茲海默症。女性和有慢性高血壓的人得阿茲海默症的可能性更大。

　　在二爺爺被確診後，他的記性越來越差，剛剛發生的事情轉頭就忘，倒是經常和二奶奶聊起他們年輕時候的事。一段時間後，二爺爺也不怎麼愛說話了，每天吃完早飯就拿個小折疊椅下樓，坐在馬路邊看汽車。又過了一兩年，二奶奶說二爺爺已經不認識他的朋

友了，老戰友來看他，他也不理人家。再後來，二爺爺連二奶奶也不認識了，也不再下樓看汽車，每天就待在房間裡發呆，有時還大小便失禁。有一天，爸爸告訴我二爺爺去世了。從二爺爺確診阿茲海默症到他去世，前後大概十年時間。

二爺爺的患病經歷是典型的阿茲海默症的發病進程。阿茲海默症患者在發病初期，注意力、計劃能力和學習能力通常會變差，記不住剛發生的事情；之後，漸漸變得感情淡漠，說話常用錯詞，容易認錯人、摔倒或無緣無故地生氣；最後，大小便失禁，喪失行動能力。阿茲海默症患者通常在得病後的八到十年離世。

為什麼阿茲海默症患者會忘記最近發生的事，反而記得年代久遠的事呢？

這是由阿茲海默症獨特的大腦病變路徑決定的。阿茲海默症的發病並不是突然的，而是有著漫長的疾病前期發展過程。通常當家裡的老人出現記憶問題去看醫生的時候，他們大腦的退化進程早在十年前甚至是二十年前就已經開始了，我們把這個階段叫做輕度認知損傷。在這個階段，一個人的大腦退行性損傷症狀還不太明顯。主要的認知損傷症狀分為記憶方面和非記憶方面的症狀：記憶方面的症狀包括忘記一些本來很容易記住的事，比如一些日程安排、談話或者最近發生的事；非記憶方面的症狀包括決策能力下降，時間規劃變得不合理，對時間的預估能力變差等。但因為這個階段的症狀十分隱蔽，看起來就像疲勞或者情緒導致的一些常見問題，所以往往會被忽視。等到一個人的大腦退化症狀明顯到需要去看醫生的程度，大腦退化已經進入中期了。

在輕度認知損傷階段，大腦中受損的是中間邊緣皮質的海馬迴及其附近區域。我們知道，海馬迴是大腦中負責記憶的核心區域，

當我們學習新知識、經歷新事件時，這些新訊息都會第一時間進入海馬迴進行臨時儲存和整合處理。所以，當老年人的海馬迴區域受損時，新的經歷和知識就沒有辦法儲存在大腦中，從而出現「健忘」的症狀——剛發生的事轉頭就忘了。

大腦退行性病變的下一個階段叫做輕微阿茲海默症。在這個階段，大腦皮質也受到了侵蝕，各種認知退化症狀初步顯現出來。大腦兩側的顳葉和上方的頂葉受到病變侵蝕——顳葉主要負責語言功能，頂葉則負責運動和空間感知。這兩個區域大面積受損的結果是，初期阿茲海默症患者容易喪失方向感和迷路，出現閱讀困難，見過的東西和人再次見到時根本認不出來。

阿茲海默症發展到中期階段，大腦損傷會進一步深入到前方大面積的額葉區域，這個區域是大腦中最晚發育成熟的部分，負責我們最高級的認知功能，比如專注力、想像力、決策力、自控力等功能。這個區域也非常脆弱，在大腦衰老過程中是最早開始退化的區域之一。當阿茲海默症患者的大腦額葉也被疾病侵蝕後，患者就會變得無法做決策，容易衝動行事，比如衝動購物或者發脾氣，專注力也會明顯下降。這一點在和阿茲海默症患者聊天，或者觀察他們的行動時就可以看出來——他們做大部分事情都很容易失去耐心，聊天也很容易走神。

當病情發展到晚期，患者大腦中更原始且「堅強」的區域也會遭到疾病的入侵，包括負責視覺的枕葉和大腦深處負責基本生理功能的區域。在這個階段，患者會出現視覺問題，還有可能出現大小便失禁等基本生活能力受損的症狀。

除了以上這些阿茲海默症的典型症狀之外，不同患者因為大腦病變區域的具體位置不同，影響的神經網絡不同，還有可能出現一

些精神類的症狀，比如幻覺（聽到不存在的聲音、看到不存在的東西）、妄想（覺得家人要加害他）、衝動成癮（性慾和購物慾發生變化）等。

什麼樣的人會得阿茲海默症

基因會影響一個人患阿茲海默症的機率：有些人遺傳了阿茲海默症的高危險基因，他們會比其他人更容易得阿茲海默症。一級直系親屬中有患阿茲海默症的人比普通人的患病風險要高出四到十倍。一個人如果母親患有阿茲海默症，那麼比起那些父親患有阿茲海默症的人，前者中年之後每年的大腦萎縮速度是後者的一‧五倍。之所以母親比父親的影響更大，可能的原因是，我們雖然從父母那裡各繼承了一半的基因，但我們細胞中的所有粒線體都來自母親。粒線體又是給細胞提供能量的關鍵器官，因此粒線體的損傷和大腦退化疾病密切相關。

少部分人患阿茲海默症是因為家族遺傳，這些人通常在五十歲之前就會發病，這叫做家族性阿茲海默症。家族性阿茲海默症只占所有阿茲海默症病例的 5%，Apo E（載脂蛋白）基因的變異和這種原發性阿茲海默症的發病有關。Apo E 基因有三個等位基因，Apo E2 對血管的完整性有保護作用，Apo E3 影響中等，而 Apo E4 則會使血管中的發炎因子 CypA 增加五倍之多，大大增加阿茲海默症的患病風險。不過，有 Apo E4 基因變異的人並不一定會得阿茲海默症；反之，沒有這個基因變異的人同樣有可能患阿茲海默症。所以，除了遺傳因素之外，科學家猜測環境因素也影響到阿茲海默症的發病。

選擇正確的生活方式對保持老年時期的大腦健康來說十分重

要。二〇一二年發表在《自然》期刊上的一項研究中，英國愛丁堡大學的心理學家對兩千多人進行多年的跟蹤研究，結果發現人們在十一歲時的智商 50% 取決於基因。但到了七十歲，基因只能決定四分之一的智商和智力退化速度。所以，即使小時候聰明絕頂的人，如果在成長過程中沒有遵循對大腦有益的生活模式，也可能變得資質平庸，甚至是伴隨著衰老的智力退化。

阿茲海默症的病因

迄今為止，對阿茲海默症發病機制最流行的假說是，大腦神經元中本來有一種以正常形式存在的蛋白——乙型類澱粉蛋白，但出於某些未知的原因這種蛋白發生了錯誤摺疊，在大腦中聚集成蛋白斑，導致神經元中的蛋白互相纏結，並引發一系列免疫發炎反應，最終導致神經纖維損傷和神經細胞凋亡。伴隨著神經元的減少和神經網絡的萎縮，一個人的認知能力會大幅度衰退。在很長一段時間裡，乙型類澱粉蛋白一直被視為引發阿茲海默症的罪魁禍首。醫藥公司在數十年間針對乙型類澱粉蛋白開發了大量藥物，卻在臨床實驗中一再宣告無效。

近兩年出現了一些「反轉」性研究，認為乙型類澱粉蛋白可能並非阿茲海默症的致病原因，反而可能是幫助抵抗阿茲海默症的「幕後英雄」。

乙型類澱粉蛋白早在四億年前就出現了，在數億年的演化歷程中，一直延續到現代人類和 60% 的脊椎動物身上，包括魚類、爬行動物和鳥類。乙型類澱粉蛋白在細胞內通常以可溶性寡聚合物的形式存在，履行特定的生理功能。只有當乙型類澱粉蛋白以特殊形式摺疊，形成不可溶內核時，才會導致大量乙型類澱粉蛋白像被推

倒的多米諾骨牌一樣堆積在一起，成為顯微鏡下可見的蛋白斑。

哈佛大學的研究者發現，大腦神經元當中的乙型類澱粉蛋白和我們的先天免疫系統中的關鍵抗感染蛋白——抗菌胜肽 LL–37 在結構和功能上都十分相似。更神奇的是，乙型類澱粉蛋白的殺菌效果有時甚至強於青黴素。經過後來大量的研究檢驗科學家發現，乙型類澱粉蛋白確實是一種抗菌胜肽，它可以有效防止真菌和細菌感染神經元組織。當小鼠的大腦被沙門氏菌感染後，乙型類澱粉蛋白會在細菌外部層層堆積，以隔絕病原體入侵，最終形成一個明顯的蛋白斑。這就好像細小的水珠吸附在灰塵顆粒上形成雨滴，或者河蚌裡的碳酸鈣依附沙粒形成珍珠一樣。

於是科學家猜測，阿茲海默症很有可能是微生物感染和基因易感性共同造成的結果。當大腦被不明微生物感染時，乙型類澱粉蛋白會聚集在微生物周圍形成斑塊。但是，乙型類澱粉蛋白斑塊的中心不一定是入侵的微生物，可能是某些擁有易感性基因的人中特定基因變異形成的過長乙型類澱粉蛋白鏈（正常的乙型類澱粉蛋白是由四十個胺基酸構成的可溶性蛋白，而變異的乙型類澱粉蛋白則是由四十二個胺基酸構成的不可溶性蛋白，會導致蛋白沉積）。總之，乙型類澱粉蛋白在對抗病毒、細菌和真菌或者基因變異導致的蛋白沉積的過程中會聚集成斑塊，引發連鎖的大腦免疫反應。這種情況下，病態摺疊的乙型類澱粉蛋白其實是抵抗疾病進程的副產品，而不是導致疾病的罪魁禍首。

大腦抗衰老的生理機制 _____

　　阿茲海默症攻擊大腦時，大腦不會坐以待斃，而是會積極地反擊。大腦可以說是人類的所有器官中最具可塑性和適應性的，這構成了我們抗擊大腦衰退的認知儲備。

　　什麼樣的大腦最擅長抵抗阿茲海默症的攻擊呢？科學家深入研究了那些看起來功能完好無損的老年人的大腦，發現儘管這些大腦和其他的老年人大腦一樣不可避免地有病態蛋白沉積、中風或其他腦損傷的表現，然而衰老最緩慢的大腦是那些在腦幹藍斑核部位保留了最多神經元的大腦。藍斑核部位是阿茲海默症患者大腦當中的神經細胞丟失最嚴重的部位，在阿茲海默症病程後期，藍斑核神經元的損失高達 70%。有什麼辦法可以保護藍斑核神經元，讓它們凋亡得慢一些呢？一些研究發現，在生活中經常做富有挑戰性的事和嘗試新鮮事物，有助於保護大腦藍斑核神經元。

　　大腦衰退速度慢的人還可能擁有更多特定種類的蛋白，例如VAMP（突觸囊泡膜蛋白）、複合素 1（complexin-I）和複合素 2（complexin-II），這些蛋白的功能是幫助大腦神經元的突觸傳遞訊號。還有一種 REST（RE1 沉默轉錄因子）蛋白，可以保護神經細胞免受氧化壓力或乙型類澱粉蛋白沉積帶來的死亡威脅，幫助維持大腦功能，這種蛋白在活到九十歲甚至一百歲的人的大腦中含量最高。在大腦皮質和負責記憶的海馬迴中，REST 蛋白的含量和大腦認知功能有關。一些研究發現，REST 蛋白的含量越高，大腦認知功能就越好。但是，大腦中的慢性發炎反應和胰島素訊號通路異常，都有可能直接或間接增加阿茲海默症的發病風險，後一個因素也是糖尿病患者更容易得阿茲海默症的原因。

加速大腦衰老的一些危險因素

　　空氣汙染會增加阿茲海默症的發病率。一個時間跨度為十一年的人口統計學研究發現，暴露在超過美國環境保護署標準的細顆粒物的空氣汙染環境中，老年女性的阿茲海默症發病率增加了兩倍，總人口的阿茲海默症發病率增加了20%。另一項發表在醫學期刊《刺胳針》上的研究發現，住在離主幹道五十公尺遠的人比住在離主幹道兩百公尺遠的住戶（前者空氣中的微小汙染物是後者的十倍多）患阿茲海默症的機率增加了12%。空氣汙染之所以會增加阿茲海默症的發病率，原因可能是空氣中的這些細顆粒物可以透過鼻腔內膜進入小腦神經元，引發大腦免疫發炎反應和蛋白斑沉積，也有可能導致大腦體積減小和神經纖維髓鞘化而變差。

　　慢性糖尿病會加速大腦萎縮。全世界有6.4%的人患有糖尿病，糖尿病和前期糖尿病（血糖略微升高）患者的大腦額葉和海馬迴的萎縮速度是正常人的兩倍。為什麼慢性糖尿病和阿茲海默症有關呢？一個猜測是，糖尿病和阿茲海默症有共病基因，糖尿病會伴隨著血管壁變薄，大腦更容易發生不易察覺的血管壁破裂和小規模出血，從而增加阿茲海默症的發病率，所以一些科學家把阿茲海默症叫做第三型糖尿病。

　　阿茲海默症和心臟病致病基因也有關係。影響心臟動脈粥樣硬化的 Apo E4 基因也是導致阿茲海默症的罪魁禍首。前文提到，Apo E 基因有三個等位基因，Apo E2 對血管完整性有保護作用，Apo E3 影響中等，而 Apo E4 則會導致血管中的發炎因子 CypA 增加五倍之多，這就會導致有毒蛋白更容易進入神經細胞，進而增加了阿茲海默症的發病風險。

延緩衰老的方法 ————————————————

任何形式的學習和教育

抗擊大腦衰老最重要的一點就是學習。這裡說的學習不僅指上學，還包括任何其他形式的學習。

學習第二語言可以明顯延緩大腦的認知衰退速度。同時掌握兩門語言的人叫做雙語者（bilingual），他們患阿茲海默症的年齡比起只會一門語言的人平均可以推遲四年。

一個人的受教育程度越高，大腦的衰退速度就越慢。不過受教育程度和認知衰退的速度之間的關係有點複雜。大腦認知的衰退速度並不固定：當你年老的時候，大腦一開始會以比較緩慢的速度衰退，然後到了某一個時間點，大腦會突然加速衰退。在這個加速衰退的時間點上，你所受的教育就會對大腦產生保護作用：你年輕時受教育程度越高，這個衰退點就會越晚到來。衰退點之所以可被教育推遲，可能是因為教育讓大腦擁有更多的認知資源儲備來對抗衰老。而受教育程度較低的人大腦認知資源儲備較少，所以快速衰退的時間點會更早到來。

在認知衰退的時間點到來之前，受教育程度高的人和受教育程度低的人差不多以同樣的速度在失去智力。不過神奇的是，一旦到達時間點，前者的智力衰退速度就會比後者快得多。史丹福大學教授詹姆斯・弗里斯（James Fries）把這一現象稱作「疾病壓縮」理論：受教育程度越高，受阿茲海默症折磨的時間越短。

不過，如果你年輕的時候沒有機會受到很多教育，也不用太過擔心，因為早期學習並不是唯一積攢大腦認知資源的機會，成年後的積極生活模式也可以為你多贏得幾年聰明的時光。

對生活保有目的感和意義感

從生活經驗中體會到意義，有明確的目標和動機，可以幫助你的大腦對抗衰退。科學家花了七年時間跟蹤研究了九百個七十到九十歲的老年人，結果發現，相比缺乏生活目的感的人，生活目的感強的人更不容易得阿茲海默症，他們的認知衰退速度也比較慢。另一項類似的研究也發現，盡責型人格（負責、自制、可信賴以及想要達成某個目標）的人患阿茲海默症的風險比其他人低 89%。

積極的社交活動

積極的社交活動也能延緩認知衰退。這裡的社交活動不是指線上社交、臉書朋友圈點贊，而是實實在在的面對面交往，因為對大腦產生保護作用的是一個人在現實世界中全面的人際交往活動。社交技能越好，社交活動越活躍，就越不容易得阿茲海默症。

我外公平時唯一的愛好就是打麻將，我會主動支持外公多出去打麻將，和人聊聊天。因為積極社交的老人認知衰退的速度比不經常社交的老人要慢 70%。有趣的是，只有積極正面的社交才有這種保護作用，那些雖然經常和子女互動，卻對互動關係不滿意的老人反而更容易得阿茲海默症。

保持開放心態和年輕心態

開放心態可以幫助你的大腦保持年輕的狀態。研究發現，創造型人格特徵有助於降低身體的代謝性風險，使人身心更健康，在面對壓力時可以做出恰當的反應，從而降低一個人的死亡風險。

心態開放的人大腦神經纖維比普通人豐富，這對他們的大腦發揮了保護作用。擁有開放性思維的人在面對壓力時會把壓力看作挑

戰，而不是威脅和障礙，這使他們在面對壓力時心態更好。所以，嘗試用開放的心態看待人和事，不要做太多的主觀評價和限制，可以讓人的心態和大腦都保持年輕狀態。

改變內心的社會角色定位也能產生抗衰老的效果。在蜂群中，年輕的蜜蜂先是負責照料幼蟲，等牠們長到一定年齡之後就開始負責外出採蜜，隨後這些蜜蜂的身體和大腦會迅速衰老。科學家在實驗室中讓這些年老的蜜蜂重新負責照顧幼蟲，結果牠們大腦中抗衰老蛋白的分泌量增加了，學習能力大幅提高，大腦竟然年輕了不少。或許我們可以從蜜蜂身上借鑑經驗：老年人嘗試做一些年輕人做的事或者他們年輕時做過的事。刻意改變自身的角色定位，可以讓老年人的大腦和身體在生理上變得更年輕。比如，老年人多出去旅遊，或者承擔帶孩子的責任，都可以使老年人的大腦功能被積極地調動起來，從而變得更年輕。

運動有助於延緩大腦衰老

積極運動可以明顯延緩大腦衰老。運動時肌肉細胞會釋放鳶尾素，鳶尾素不僅可以促進脂肪分解達到減肥的效果，還可以進入大腦，促進大腦中的神經營養因子表達，提高大腦的認知能力，降低患阿茲海默症的風險。

不僅有氧運動可以延緩大腦的衰老速度，生活中的隨意走動也可以達到提升大腦認知能力的效果。神經科學家阿倫‧布克曼（Aron Buchman）在一項研究中讓一千個參與者在手腕上佩戴運動感測器，跟蹤記錄他們每天的身體活躍程度。感測器不僅可以捕捉到常規運動，例如跑步、走路，還可以捕捉到身體的其他日常活動，比如做菜、打麻將等。研究發現，活動強度最低的 10% 的參與者

和活動最頻繁的 10% 的參與者相比，前者患阿茲海默症的風險要高出兩倍。所以只要動起來，不要整天坐著不動划手機或者在電腦前長時間工作，就可以降低患上阿茲海默症的風險。

要提升老年人的大腦認知能力，並不需要高強度的運動。短時間的中等強度鍛鍊就可以即時增強中老年人的記憶力，這對健康的老年人和有輕微認知損傷的老年人也有效果。美國加州大學歐文分校學習記憶中心的科學家西格爾（Segal）招募一群五十到八十五歲的老年人參與實驗。這群老年人先看一些圖片，接著其中一部分人在健身房騎六分鐘的單車，其他人則不做額外的運動。一小時後再對他們進行突擊測試，結果發現，騎六分鐘單車的老年人在記憶任務中的表現明顯優於其他人。

為什麼運動可以增強記憶力呢？西格爾博士又做了一個實驗來探索其中的原因。他發現，運動可以使大腦中正腎上腺素上升，產生強化記憶的作用。

和運動相反，「宅」則會增加老年人大腦認知能力衰退的可能性。人口統計學家布賴恩・詹姆斯（Bryan James）記錄了一千三百個健康人的日常生活規律，包括是否離開過臥室、是否去串門，以及是否離開過他們居住的小鎮。四年後，相比經常出門的人，那些常宅在家裡的人得阿茲海默症的機率高出了兩倍。究竟是因為大腦功能好所以經常出門，還是因為活動量大而對大腦產生了保護作用呢？兩者可能互為因果。

健康飲食

限制熱量的攝入，也就是節食，可以明顯延長壽命。節食也是醫學界目前為止發現的最切實有效的抗衰老方法。科學家發現，限

制熱量的攝入可以延長很多動物的壽命，包括蠕蟲、果蠅、老鼠和靈長類動物。

節食可以將小鼠的壽命延長 50%。長期限制熱量攝入還可以預防和推遲多種與衰老相關的疾病，包括阿茲海默症。為什麼節食可以延緩衰老呢？科學家在實驗中發現，當動物只吃到七分飽時，體內的 mTOR（雷帕黴素作用目標）會受到抑制，從而增強機體內部的細胞自噬作用和生物垃圾清理過程。在這個過程中，動物機體會回收和清理舊的、破損的細胞元件，體內的活性氧也會減少，進而減少 DNA 和其他器官被活性氧攻擊而受損的可能性，幫助器官和機體延長壽命。最近一項對人體的研究也發現了同樣的結果：兩年多的適量節食（減少 15% 的日常熱量攝入）可以讓人體內和衰老相關的生物標記得到明顯改善，參與者的精神狀況和生活品質在兩年後都明顯提高了。

要想延長壽命，不僅要減少熱量攝入，也需要適當調整飲食結構。大量研究發現地中海飲食有助於預防血管性失智症和阿茲海默症。

什麼是地中海飲食法？地中海飲食結構包括少吃飽和脂肪（豬肉脂肪和牛肉脂肪），多吃魚類、酪梨等不飽和脂肪和植物油（比如橄欖油），多吃非澱粉類植物和低糖水果，多喝牛奶，減少食物中糖的攝入。二〇一三年發表在《新英格蘭醫學期刊》上的一項研究發現，地中海飲食可以明顯降低心血管疾病的發病率。此外，人口統計學家馬薩‧克萊爾‧莫里斯（Martha Clare Morris）還發明了一種麥德飲食（MIND DIET），這種方法富含莓類、蔬菜、全麥和堅果，可以明顯降低阿茲海默症的發病率。

白藜蘆醇可能有助於預防和減輕阿茲海默症，其安全效應在美

國已經通過二期臨床檢驗。白藜蘆醇天然存在於紅葡萄酒、紅葡萄、覆盆子和黑巧克力中。白藜蘆醇可以修復阿茲海默症患者的血腦屏障，阻止血液中的有害免疫分子進入大腦，從而降低大腦發炎反應造成的神經細胞死亡，減緩認知衰退速度。

白藜蘆醇的生理效果和節食類似，都可以活化一種叫做長壽酶（sirtuins）的蛋白。二〇一五年神經學家斯科特‧特納（R. Scott Turner）對一百一十九名患者進行二期臨床檢驗，發現長期大劑量服用白藜蘆醇活化的長壽酶，可以幫助患者修復血腦屏障，阻止血液中的免疫分子通過，從而降低大腦中的免疫反應，使得大腦神經細胞得以保存完好。不過要注意的是，白藜蘆醇並不能單獨用於治療阿茲海默症，目前為止研究發現的作用只能產生輔助治療效果，真正的臨床效果需要透過三期臨床檢驗才行。

為何老年人覺得更快樂

大腦對衰老會做出一種補償，即老年人會選擇性地遺忘不好的記憶，變得更「快樂」。加州大學爾灣分校的研究者發現，記憶力較差的老年人記憶積極訊息的量超過中性訊息，而記憶力較好的老年人則更容易記住中性訊息。這一「積極傾向」可能是對老年記憶衰退的一種補償。研究者猜測，隨著年齡的增大，大腦中與記憶、情緒和獎賞相關的神經網絡發生變化，使得人們選擇性地記住積極的訊息，越來越關注積極的事物和快樂的感覺。

大腦成像研究顯示，當老年人專注於開心的體驗時，大腦負責情緒的杏仁核和負責決策的前額葉皮質連接的迴路活動比年輕人更

強，這說明老年人更加關注開心的體驗。在另外一項看圖片的研究中，老年人更容易被積極的圖片吸引，而把視線從消極的圖片上移開。在回憶十年前經歷的事時，老年人傾向於美化記憶，這一現象叫做「老年積極效應」。這一效應不僅體現在老年人群體中，也體現在身患絕症的年輕人群體中。總的來說，當人們覺得生命脆弱時，會傾向於關注生活中的積極事件和回憶，而選擇性地忘記消極的訊息。

年紀大的人會覺得時間過得更快。如果你現在四十多歲，你可能會覺得童年的時間流逝得很慢，而青春期到成年的時間卻流逝得越來越快。同樣的時間流逝，為什麼主觀感覺會有這麼大的差別呢？

我們的大腦會從兩個不同的視角感受時間，一個是正在經歷的展望視角，另一個是事情結束後的回顧視角。

我們對時間的回顧性記憶，取決於這段時間中有多少新記憶被編碼進入大腦的記憶中心。換句話說，一個充滿了新鮮經歷的週末短途旅行在回憶中的時間長度，一定比一個無聊的週末感覺長得多。這個現象叫做假期悖論（holiday paradox），它解釋了為什麼人年紀越大覺得時間過得越快。因為從童年到成年早期我們會有非常多的新鮮經歷，需要學習數不清的新技能；而成年之後，生活漸漸變得一成不變，也越來越少有機會體驗不熟悉的事物。所以，充滿新鮮體驗的童年在我們的自傳體記憶中總是感覺過得很長、很慢，而一成不變的成年期則感覺轉瞬即逝。

因此要想延長生命的主觀時間，你可以嘗試打破常規，建立新體驗。在工作中，嘗試學習新技能，大量閱讀，從新的角度看問題，提出新想法，甚至可以嘗試尋找新的就餐地點。在節假日裡，嘗試

結交新朋友，體驗新的價值觀、世界觀，跟重要的人去新的地方旅行。讓大腦變得活躍的新鮮經歷，可以讓成年的你感覺時間延長了很多，生命也因此被延長了。

第十章

如何擁有強大的記憶力

二十世紀五〇年代，一個名叫亨利·莫萊森（Henry Molaison）的年輕人患有嚴重癲癇。醫生認為症狀主要源自他大腦的內側顳葉，所以決定切除該部分。切除手術雖然成功治癒他的癲癇，卻也讓他付出巨大的代價。雖然他的短期記憶（在幾秒或幾分鐘內保留訊息的能力）沒有受損，他卻從此再也無法形成新的長期記憶。這意味著，他的記憶從一九五三年之後就再也沒有更新了。無論此後他多麼頻繁地看到一個人或去一個地方，這些事對他來說永遠是新鮮的。在他被切除的腦區中，就包括完整的海馬迴。

海馬迴是我們大腦中一個長得很像海馬這種動物的小區域，在演化上非常古老，距離我們的鼻子末端比較近。海馬迴負責快速學習和儲存瞬間訊息，其功能類似於電腦的快取。你現在正在學習的知識會快速地臨時存儲在海馬迴中，然後在接下來的幾個小時到幾天內，透過大腦的電活動，這些知識會被分門別類地逐漸「寫入」大腦的新皮質，成為存儲時間較長的長期記憶。這就是記憶鞏固的過程，從短期記憶到長期記憶的轉換，主要是在我們睡覺的時候進行的。

影響記憶力的因素

嚴重的憂鬱和焦慮都會影響一個人的記憶力。以前我們認為在出生之後大腦神經元只會減少，不會增多。但現在我們知道，哺乳動物大腦中負責記憶的海馬迴和嗅球終身都會產生新的神經元。二〇一四年《細胞》期刊上發表的一項研究指出，海馬迴附近的紋狀

體在人類成年後也會繼續分化產生新的神經元，而憂鬱和焦慮都會影響海馬迴神經元的數量和再生能力。

嚴重的憂鬱症患者大腦中的海馬迴神經元會有 20% 凋亡。因為海馬迴是負責記憶的關鍵腦區，所以憂鬱症患者的認知能力會變差，這裡的認知能力包括記憶力、注意力、判斷力等。而且，很大一部分患者在憂鬱症狀緩解後，認知能力仍無法恢復。

焦慮也會影響記憶力和記憶效果。長期焦慮會影響神經元的生長，導致一個人的認知能力和記憶力下降。在放鬆的狀態下學習時，我們主要使用大腦中負責記憶的海馬迴處理訊息，這種記憶方式簡單而且效果長久。而在焦慮的狀態下學習時，我們主要使用大腦紋狀體來學習，這種學習策略複雜並且處於潛意識層面，雖然可在短時間內憑直覺把知識結合起來並進行分析，但記憶效果不能長久保持。所以，你如果每天在課堂上或者從書本中認真學習，學到的內容就可以在大腦中保存很長一段時間，甚至讓你終身受益。但如果你只是在考試前臨時抱佛腳，那些記住的東西可能在考試後很快就被忘得一乾二淨，白白浪費時間和精力。

經常跨時區出差或者三班制的工作也會明顯損傷記憶力。跨時區飛行引起的時差反應會導致血液中和壓力有關的腎上腺素皮質醇濃度升高，損害海馬迴。關於長期跨七個以上時區飛行的空服人員的研究發現，他們的海馬迴及周圍組織的體積明顯變小，記憶力也有所損傷。

有些人有臉盲症，他們沒有辦法區分出不同的人臉，甚至連親戚熟人的臉也認不出來，經常遭遇尷尬的情況。在普通人群裡，有臉盲症的人占比高達 2.5%。不過，臉盲症並不是因為記憶力不好，而是因為這些人大腦中負責面部識別的梭狀迴和鄰近的區域有發育

缺陷，使得他們沒辦法把人臉當作一個整體來識別。在有臉盲症的人看來，人的面部雖然有五官，但它們都是互相獨立的，而不是一個整體。因為無法根據臉的區別來分辨人，臉盲症患者常藉助他人身體、面部或者動作上的一些特徵來分辨不同的人，比如下巴的形狀、髮型、衣服、走路姿勢等。

記憶的生理基礎

我們的記憶可以分為兩種，一種叫做外顯記憶，又叫做陳述記憶，指對知識、事件、地點、物體等的記憶；另一種叫做內隱記憶，又叫做非陳述記憶，指對知覺和運動技能的記憶。陳述記憶的存儲主要依賴海馬迴及其周邊的新皮質，需要意識的參與；而非陳述記憶通常不需要意識的參與，更加自動化，主要依賴大腦的其他部分，比如小腦、紋狀體、杏仁核等。在這一章，我們主要介紹陳述記憶。

記憶在大腦中究竟是如何形成的，又以怎樣的形式儲存呢？

關於記憶儲存的具體機制，科學家到現在還在探索中，並且可能還有很長的路要走。我們迄今為止知道的是，記憶的每個細節訊息都會儲存在不同的神經元中，一段整體記憶涉及大量神經元，這些神經元彼此用長長的神經纖維連接成大型記憶網絡。

記憶是如何形成的 _____

　　我們的大腦做任何一件事，都不是單一神經元可以勝任的，而需要神經元群落的週期性活動來完成，其效果類似於足球場觀眾席上的人潮。記憶的形成過程在微觀上表現為不同區域的神經元群落的週期性同步活化，也就是赫布定律的「共同放電的神經元連接在一起」。具體來說，大腦裡距離遙遠的神經元被同步活化，這種同步性基於一些科學家還沒弄懂的原因使兩個區域的神經元向著對方長出新的神經突觸，最終神奇地連接在一起，完成記憶的編碼和鞏固。記憶鞏固過程通常需要反覆的練習和活化才能達成，比如背英文單字，我們通常都做不到過目不忘，而是需要反覆地記憶。

　　不過，並非所有記憶都需要反覆練習才能形成，一些涉及重大情緒的事件可能只經歷一次就會給人留下終身記憶。為什麼和強烈情緒有關的記憶更容易被記住呢？這是因為和情緒有關的記憶會活化大腦負責情緒的古老邊緣皮質，比如恐懼情緒會活化杏仁核，而杏仁核就長在海馬迴邊上，和海馬迴的連接非常緊密。所以，與重大情緒有關的記憶很容易被編碼進入大腦記憶中心，給人留下深刻的印象。

　　外界訊息進入大腦並變成記憶的過程很有趣。記憶在大腦中的編碼是以波的形式實現的，不同時間地點發生的事情，透過不同的頻率、振幅、相位來編碼，然後儲存在不同的神經元中，彼此之間以複雜的網絡相連。記憶「波」的微觀儲存是以特定蛋白不同的三維摺疊形式，同種摺疊形式的蛋白像疊羅漢一樣，疊加得越多，記憶的強度就越大。

　　科學家在對果蠅大腦的研究中發現，有種蛋白似乎和果蠅的記

憶密切相關，叫做 Orb2 蛋白。這種蛋白表現出類似普恩蛋白的特質，它們可以隨著不同的情境改變形狀並聚集在一起。如果抑制 Orb2 蛋白，就會使果蠅暫時「失憶」，Orb2 蛋白聚集得越快，記憶形成的速度就越快，這種蛋白的聚集還可以增強長期記憶。人腦中也有類似的蛋白，叫做 CPEB 蛋白。CPEB 蛋白和 Orb2 蛋白的作用類似，可能是人類大腦中與記憶相關的蛋白。

睡眠是鞏固記憶的關鍵

我們學到的訊息在剛剛進入大腦時，先會以短期記憶的形式儲存在海馬迴中，然後在接下來的幾個小時到幾天內被分門別類地編碼進入大腦皮質的長期記憶區。記憶從不穩定的短期記憶轉變為穩定的長期記憶的過程，主要在睡眠階段完成。

睡眠可以粗略地被劃分為由淺入深的非快速眼動睡眠階段和快速眼動睡眠階段，其中快速眼動睡眠階段是做夢的主要階段。非快速眼動睡眠階段和快速眼動睡眠階段都和記憶鞏固過程有關。

我們大腦的海馬迴除了儲存快取記憶之外，還是空間記憶和情景記憶的主要儲存區。海馬迴神經元主要有三種頻率的節律波，包括西塔節律（4 ～ 12 赫茲）、尖波漣漪和伽馬節律（25 ～ 100 赫茲）。西塔波通常出現在新知識的學習過程中，這種節律的波也會出現在我們睡覺的快速眼動睡眠階段。在這個時候，暫時儲存在海馬迴中的白天的經歷在快速眼動睡眠階段會被重新活化，在大腦中重演，並被逐漸「寫入」大腦新皮質，鞏固成為長期記憶。

缺乏睡眠會導致記憶力下降。在一項研究中，科學家讓實驗參

與者白天背單字，到了晚上，一些實驗參與者正常睡覺七到九個小時，另一些人被強制一晚上不能睡覺。第二天測試他們的單字記憶情況後發現，和正常睡覺的人相比，睡眠被剝奪的人表現出 40% 的記憶衰退。具體來看，他們對積極字彙和中性字彙的記憶能力衰退了 50%，而對消極字彙的記憶能力衰退了 20%。這個研究結果說明，在缺乏睡眠的情況下記憶會產生偏差，缺乏睡眠的你更有可能覺得自己的生活令人沮喪，因為你的記憶中殘存了更多前一天的消極回憶。

如何提取記憶

現在我們知道了記憶如何從不穩定的短期記憶轉變成穩定的長期記憶。在記憶儲存到大腦中以後，每當我們需要提取記憶的時候，大腦又是怎麼做的呢？

腦科學家發現，海馬迴中的一些重要神經元可能有「檢索標籤」的作用。當你需要提取某些記憶時，活化「檢索標籤」就可以「牽一髮而動全身」，從大腦皮質儲存的長期記憶中翻找出你需要的部分。一般來說，對於時間跨度比較小（比如六小時）的兩件事，負責儲存這兩段記憶的神經元通常有重疊；而如果兩件事的發生時間間隔超過二十四小時，這兩件事就會被儲存在完全不同的兩簇神經元裡。

每當我們回憶一件事時，就會修改這段記憶。我們提取記憶的過程和從電腦裡提取儲存訊息是不一樣的。當你回憶某件事時，大腦神經元中負責儲存記憶的摺疊蛋白會重新變成不穩定的形式，這

時環境中的新訊息和情緒狀態都會被編碼到這些記憶蛋白中去。當記憶蛋白再次恢復穩定時，原有的記憶可能已經被修改了。所以，對一件事的回憶次數越多，這件事在你大腦中的樣子可能離最初的狀態越遠。在刑事案件中證人的證詞就是一個例子。當偵查人員反覆詢問證人，讓他們回憶看到的人或事時，使用的一些暗示會影響證人的回憶，而證人反覆提取記憶的過程也有可能扭曲其最初的記憶，導致證詞和真實情況有所出入。

越擅長遺忘的人，可能越擅長記憶

現在我們知道，要記住一個新訊息不容易，記得準確就更難了，所以不少人都很羨慕過目不忘的能力。很多人甚至覺得，對於記憶的極致追求就是過目不忘。但事實恰恰相反：如果我們真能記住每天經歷或學到的大量訊息，關於大量細節的清晰記憶就會在我們的大腦中互相干擾，影響大腦的整合能力，我們也會因此變得無法概括知識、總結訊息。所以，遺忘和記憶一樣，都是非常重要的能力。遺忘也是記憶的一部分，適當地遺忘才能幫助大腦有效率地記住重要訊息。從某種程度上說，越擅長遺忘的人，記憶力和學習能力越出色。相比之下，注意力不足過動症和憂鬱症患者常因為無法忘記大量的干擾訊息或負面訊息而被淹沒在記憶的沼澤中，無法提取大腦中真正重要的訊息。

兒童就非常擅長遺忘。海馬迴神經元表面有種受體，叫做NMDA 受體，是由 NR2A 和 NR2B 基因調控的。因為兒童的 NR2B基因表達比例比成年人高，所以兒童在學習新知識的時候，更擅長

從神經纖維中修剪掉沒用的舊訊息，而只記住重要的新知識。成年人不像兒童那麼擅長遺忘，學習能力反而降低了。

兒童的學習能力比成年人更強，這是因為兒童的大腦可塑性更強。但是，兒童學得快忘得也快，這同樣源自大腦可塑性。在前面我們介紹過，大腦可塑性越強，大腦神經元之間的網絡連接就越容易被新學到的訊息改變。如果成年人的大腦可塑性比較強，就會比其他成年人更容易遺忘舊的知識和經驗，更快地學到新的知識和技能。之所以學得快、忘得快，是因為在快速學習的時候形成的新神經迴路需要隨時整合到舊的神經網絡中去，這就導致那些舊的、長時間不用的神經迴路更容易被改寫和替代，舊記憶也就更容易被遺忘了。

理解和專注影響記憶效果

理解一個單一的知識有助於增強記憶效果和記憶持久度，如果大腦對新知識的理解程度比較高，我們就可以更快地學習和整合新訊息。興趣和理解對記憶效果都非常重要，兩者相輔相成。記憶儲存在大腦中由不同腦區、不同神經元之間的神經纖維連接而成的大片複雜的神經網絡中，這就像不同城市之間的公路網。

當你接觸一種新知識時，如果你的大腦中完全沒有基礎知識架構，比如從零開始學英文，在這種情況下大腦就需要從零開始生長出大量新的神經纖維並互相連接在一起，搭建一個全新的「英文」神經網絡。如果你對一種知識已經有了比較多的瞭解，比如達到英文六級程度，這時候再背英文專業八級的詞彙，記憶難度就不像初

學時那麼大了，因為你的大腦需要做的只是往已有的神經網絡裡添磚加瓦，對神經纖維、蛋白做增添和修剪。在這個階段，你會覺得越學越有樂趣，因為學習新知識越是難度適中，我們越容易得到獎賞感和快樂感，也就更願意學習這種知識。這就是為什麼我說興趣和理解是相輔相成的——某種知識越是熟悉，就越容易學；越有興趣，記憶效果就越好。

專注力也是高效記憶的關鍵。專注力是由大腦前額葉控制的，大腦前額葉是位於我們額頭後方的一大片腦區，在演化史上是最新發展出來的，也是人類大腦和其他動物大腦的一個主要區別——人類大腦額葉遠比其他動物（包括靈長類）發達。額葉在人類個體發育過程中也是最晚發育成熟的腦區，差不多要到二十到二十五歲才能完全發育成熟。這也是為什麼兒童和青少年在課堂上很難長時間集中注意力，每隔四十分鐘就要下課休息一次，讓大腦重新恢復專注狀態。雖然成年人的神經元可塑性下降了，記憶新知識的速度沒有兒童和青少年那麼快，但成年人較強的專注力和理解力彌補了記憶速度的不足，所以三十歲的人的記憶力、學習能力未必比兒童和青少年差。

但現在的一個趨勢——多任務模式，嚴重地影響了人們的專注力。人類擁有一定的可同時處理多項任務的能力，但遠不像電腦那樣擅長多任務。在多任務的現代工作模式下，很多人習慣於短時間內關注多項事物，不停地切換注意對象。這種大腦運作模式導致人們在任何一件事情上都無法保持長期專注，也就無法深入思考和理解任何一件事。

海馬迴中的短期記憶空間有限，新訊息一旦進入，就會擠占短期記憶空間裡的舊訊息。所以如果你一邊打電話，一邊把車鑰匙放

在褲袋裡，一邊走向辦公室，那麼你很有可能會忘記把車停在哪裡了。這不是因為你記性差，而是因為你的大腦同時運行了多件事。

反過來，**短期工作記憶也是維持注意力的核心**。因為當大腦決定專注於一件事的時候，需要先在短期記憶中儲存一部分關鍵訊息，然後在繼續接收新訊息的時候，大腦才能理解新訊息，並有效地對其進行歸類、加工和儲存。比如，在你讀到這個段落的時候，需要先在大腦中短期儲存「短期工作記憶是維持注意力的核心」的標題，你在往下閱讀的過程中才能理解和吸收新知識。但如果你的短期記憶力不佳，剛看了這一段的頭幾句，就把「短期工作記憶是維持注意力的核心」這句話給忘了，那麼你讀到這裡就會很難繼續集中注意力閱讀下去，而不得不回過頭去重新閱讀。所以，記憶力和專注力是相輔相成的，短期記憶力的好壞會影響一個人的專注力。

提高記憶力和記憶效果的方法

玩可以增強記憶力——坐雲霄飛車、打球、玩遊戲都有增強記憶力的作用。《自然》期刊於二〇一六年發表的一項研究發現，當我們專注於一個特別吸引人的活動或者身處一個新環境時，大腦腦幹附近的藍斑核會分泌更多的多巴胺。多巴胺除了和獎賞感有關，還會作用於海馬迴，幫助海馬迴建立更加牢固持久的記憶神經迴路。這種記憶增強作用發生在大腦釋放多巴胺的前後，也就是說，如果我們能在複習備考的短暫休息時間玩玩遊戲，或者在開會之後打打網球，或者在出去玩的間隙背背單字，都能明顯增加學習的效

率和記憶的持久度。這也是為什麼當你遇到人生的重大事件或者去一個新地方生活時，記憶會特別強烈和深刻。

長期堅持規律的有氧運動也可以明顯提高記憶力。建議的運動頻率是一週三次以上，累積時間要超過兩個半小時。

一個研究發現，學習之後四個小時鍛鍊身體可以明顯提高記憶的效果。在二〇一六年開展的一項研究中，科學家讓七十二個參與者學習圖片和地點的配對關係，學習過程共計四十分鐘。接著這些人被隨機分成三組：第一組在學習之後馬上開始運動，第二組在四個小時後開始運動，而第三組完全不運動。兩天後科學家測試這些人能記住多少學習內容，結果發現，第二組比另外兩組記住的配對訊息更多。這說明，適當的延遲鍛鍊有助於提高長期記憶力。

喝咖啡對記憶力有好處。美國人和歐洲人喜歡喝咖啡，所以做了很多咖啡對大腦影響的研究。結果發現，咖啡因不僅可以提神醒腦，也能輔助治療一些精神疾病。每天三杯咖啡，可以提高記憶力和反應能力，長期飲用還能預防阿茲海默症。咖啡因透過作用於大腦神經元的腺苷酸受體 A2aR，減緩記憶的衰退速度。對東亞人來說，喝茶也有類似的作用。

飲食的選擇對記憶力也很重要。有越來越多的證據表明，橄欖油富含的單元不飽和脂肪酸不僅可以改善心血管功能，還能提高記憶力。對大量中年女性的飲食研究發現，長期攝取單元不飽和脂肪酸的中年女性記性更好，而長期食用飽和脂肪酸（豬肉脂肪和牛肉脂肪等）則會導致記性變差。富含不飽和脂肪酸的食物包括橄欖油、酪梨、鮭魚等。

一些專門針對記憶力設計的小遊戲或許可以幫助我們提高記憶力。劍橋大學針對早期認知衰退患者設計了一個有趣的小遊戲，讓

玩遊戲的人在平板電腦上把不同的地理模式和不同的位置相匹配，如果匹配對了，就會得到虛擬金幣的獎勵。這個遊戲還會根據你的表現而改變難度，所以不容易玩膩。這些患者在四個星期中總共玩了八次遊戲，每次玩一個小時，結果他們的情境式記憶測驗分數提高了 40%，錯誤率下降了三分之一。

情景記憶能力對於一個人的日常生活非常重要，我們需要記住把鑰匙放在哪裡，或者把車停在哪裡。在玩這個遊戲幾次之後，參與者的自信程度和主觀記憶力也提高了，也就是說遊戲讓他們的自我感覺更好。不過，認知遊戲對提高記憶力是否真的有效，提高程度有多大，是否可以遷移到更廣泛的場景中，關於這些問題科學家還存在爭論，相關應用也在探索之中。

雖然認知訓練遊戲對增強記憶力的效果還沒有確鑿的證據，但是邊遊戲邊用微電流刺激大腦，對於提升記憶力的效果似乎挺明顯。桑迪亞國家實驗室發表在《神經心理學》上的一項新研究就表明，工作記憶訓練與一種無創的大腦微電流刺激相結合，可以在某些條件下改善一個人的認知能力，包括工作記憶和認知策略。

為什麼認知遊戲訓練效果不太好，但與刺激大腦配合就有用得多呢？這是因為對大腦的微電流刺激會直接影響大腦的可塑性，從而增加不同腦區間神經連接的數量和強度。

當大腦中負責工作記憶的腦區之間神經纖維連接增加了，增強的神經網絡就會使你在完成另一個需要同樣的大腦神經網絡的任務時也能表現得比較好。而如果透過認知遊戲來訓練一些特定的記憶內容，那麼結果可能只是和這個特定遊戲有關的一個很小的腦區功能增強了，而整體的工作記憶能力並不會提高。

在這個實驗中，科學家使用的是經顱直流電刺激。通電後，大

腦表層就會有電流流過。想要影響哪部分大腦，就把電極放在可以讓電流流經那個區域的特定位置上。微弱的電流使得大腦表層的神經元比平時的放電程度略有增加，神經元連接的速度更快，學習的效率也變得更高。經顱直流電刺激技術已經存在了半個世紀，透過它來增強大腦神經迴路可塑性的效果，在很多研究中也都得到證實。

在這個實驗中，研究人員讓參與者先玩半個小時語言記憶訓練遊戲或者空間記憶訓練遊戲，在此期間，他們大腦左邊或右邊的背外側前額葉會受到微電流刺激，其中大腦的右半球主要負責空間功能，左半球主要負責語言功能。

結果發現，那些玩語言記憶訓練遊戲且大腦左側前額葉受到電流刺激的人，他們的語言工作記憶能力明顯提高了，而空間記憶能力沒有明顯變化；那些玩空間記憶訓練遊戲且右側前額葉受到電流刺激的人，他們的空間記憶能力提高了，而語言工作記憶能力沒有明顯變化。相反，那些玩空間記憶訓練遊戲且左側大腦受到電流刺激的人，他們的語言工作記憶能力和推理能力都沒有變化。不過有趣的是，那些玩語言記憶訓練遊戲且右側大腦受到電流刺激的人，他們的語言工作記憶能力和空間記憶能力都提高了，他們的推理能力也提高了。研究者推測原因可能是，大腦右背外側前額葉負責策略功能，對這個區域的微電流刺激可能有助於提高人的策略能力，從而使各方面的表現都得以提升。

提高記憶效果的短期策略

　　我們有什麼方法可以在短時間之內記住大量訊息呢？下面我給大家提供了一些記憶策略。

　　第一個方法是聯想記憶法。用這個方法，你可以在短時間之內記住看似毫無關係的多個對象，比如彼此間沒有聯繫的十個單字。我們的短期記憶空間是有限的，最新的記憶理論提出，一個人在學習新知識的時候能儲存在短期記憶空間中的訊息是四個單位，超過這個數量的訊息很難進入大腦的短期記憶空間。那麼，這是不是意味著我們就沒有辦法在短時間內同時記住十個單字呢？不是的。

　　比如，你要迅速記住以下十個詞語：蘋果，飛機，鴕鳥，石頭，帥哥，物理，空氣，大炮，袋鼠，快樂。單獨記憶這些不相關的詞語超出了一般人的短期記憶空間容量，但如果我們把蘋果和飛機聯繫在一起變成「蘋果打中飛機」，把鴕鳥和石頭聯繫在一起變成「石頭打中鴕鳥」，把帥哥、物理和空氣聯繫在一起變成一個「物理成績很好的帥哥在計算空氣體積」，把大炮、袋鼠、快樂聯繫在一起變成「一隻袋鼠從大炮中快樂地飛了出去」，就可以透過聯想把十個詞語壓縮成四個畫面，需要的短期記憶存儲空間剛好變成了四個，你就可以馬上記住這些詞了。這種壓縮訊息的聯想越天馬行空，給你留下的記憶就越深刻。

　　接下來，如何讓我們臨時突擊學到的知識變得更牢固、更持久呢？技巧有兩個：一個是記憶可視化，一個是記憶可聯想化。我們剛才介紹的詞語聯想法，其實就包含了這兩個技巧。

　　記憶可視化是指，如果你需要記憶一個語義訊息，比如一個歷史事件，那麼你可以嘗試把這個事件的來龍去脈在大腦中以放電影

的形式想像出來。這種可視化的記憶方法可以讓你在長時間之後還記得這個歷史事件，這是為什麼呢？

我們大腦的視覺皮質叫做枕葉，就是晚上睡覺時靠著枕頭的腦袋後部。枕葉皮質的面積較大，在演化史上也很古老，因為動物最早分化產生的感官之一就是視覺，這個區域在胎兒大腦發育過程中也是最早成熟的。大腦中負責語言的區域叫顳葉，顳葉在耳朵邊上，左右各一塊；這個區域在演化史上非常晚才出現，並且只在人類和極少數動物中才比較發達。豐富的語言是人類獨特的功能，而顳葉在大腦發育中也是最晚成熟和最早衰老的區域，相對脆弱。如果我們把學到的抽象語言知識可視化，使古老而強大的視覺皮質也參與到記憶活動中去，效果就會更好。

記憶可聯想化則多用於記憶沒什麼邏輯和規律的知識，例如記憶英文單字。某出國留學機構在英文教學中就教學生把一個長單字拆成頭尾兩個「小單字」，然後把這兩個小單字的意思和這個長單字的意思用聯想法聯繫在一起，之後就可以透過小單字聯想起長單字的意思。

提高記憶力和大腦可塑性的新科技

經顱直流電刺激可以增強大腦可塑性，也就是學習能力和記憶力，這種神奇的效果在近年的多項研究中都得到了證實。

在二〇一六年的一項研究中，羅馬科學家用經顱直流電刺激小鼠大腦二十分鐘後，發現小鼠海馬迴神經元的可塑性和記憶力明顯提高了，並且效果持續了一週之久。透過觀察小鼠大腦的生理變

化，科學家還發現，電刺激可以激發大腦細胞釋放腦衍生性神經生長因子，前面我們講到，這種因子對於大腦神經元的生長和分化至關重要。

不僅小鼠如此，在人類身上科學家也發現了類似的效應。二〇一七年發表在《電子生命》上的一項研究發現，透過同步電刺激增強特定的腦電波，可以提高人的短期工作記憶能力。大腦不同區域的神經元電活動會在不同頻率上振盪，有著各自的穩定節拍。倫敦帝國學院的研究者發現，透過經顱直流電刺激的手段來同步不同腦區的神經電活動，可以增強工作記憶能力，這個應用在現實生活中幫助我們在聚會中記住新認識的人的名字、電話號碼，或者記住超市購物清單。在這項研究中，當用西塔頻段的電流同步兩個不同腦區的活動後，實驗參與者記憶任務的反應速度明顯變快了，這說明他們的短期記憶能力增強了。

大腦電刺激還可以提升精神疾病患者的大腦認知功能。二〇一七年發表在國際頂級期刊《腦》上的一項研究中，倫敦大學國王學院的研究者發現，用微電流刺激大腦可以提高思覺失調症患者的認知能力。思覺失調症患者的核心症狀包括認知能力損傷、記憶力和專注力變差、決策困難。這些認知能力的缺陷導致他們沒有足夠的注意力來記住訊息，這嚴重影響了他們的日常生活。

科學家使用經顱直流電刺激來反覆刺激這些思覺失調症患者大腦的特定區域，結果發現這些患者的大腦認知功能有所改善。這可能是因為電刺激可以增強大腦細胞的可塑性，使大腦的神經元連接更容易被新的訊息輸入或者訓練修改。換句話說，電刺激使得大腦的學習能力增強了。在接受經顱直流電刺激二十四小時之後，這些思覺失調症患者的工作記憶能力和執行功能都有所提高，相關大腦

區域的活動模式也改變了。

經顱直流電刺激還有助於運動記憶的鞏固。而且，在二〇一六年發表在《當代生物學》的一項研究中，科學家第一次發現，睡覺時用經顱交流電刺激持續作用於特定的大腦區域，可以增強與運動相關的記憶力。在睡眠那一章我們介紹過，睡眠中大腦特定區域產生的紡錘波對記憶的形成至關重要。在這個研究中，科學家用交流電刺激作用於這些紡錘波，明顯提高了參與者的運動記憶表現。

在二〇一七年二月的一項研究中，美國西北大學醫學中心的科學家還發現，經顱磁刺激可以提高一個人情景記憶的精確度。這些情景訊息包括一個事件發生的背景和空間訊息，比如特別的顏色、形狀或者一些建築的具體位置。在這項研究中，實驗參與者在接受了幾天的經顱磁刺激後，他們精確記憶訊息的能力增強了，效果可以維持長達二十四小時。

經顱磁刺激還可以增強聽覺記憶力。大腦中有一個神經網絡叫做背側流，它和我們的聽覺記憶能力有關。背側流會產生有節律的電脈衝，頻率叫做西塔波。麥基爾大學的科學家發現，透過對這個區域實施經顱磁刺激，可以增強一個人的聽覺記憶能力。在這個實驗中，科學家先用腦電波和腦磁波結合的方法，記錄一個人在做聽覺任務時大腦背側流的電活動。然後根據記錄下的即時電活動，科學家在同樣的區域施加經顱磁刺激，刺激的頻率和該區域的西塔波頻率保持一致，從而增強了西塔波。

結果發現，當西塔波增強之後，一個人的聽覺記憶表現也提高了。但如果只是對這個區域施加隨意的磁刺激，而不和西塔波保持同步，就沒有這種增強的效果。這個研究結果意味著，透過人為增加特定腦電波活動的強度，可以提高一個人在聽覺學習中的表現。

同樣的原理也可以應用於視覺、知覺和一般學習過程中。

　　這裡提到的都是發表在腦科學和精神醫學的世界頂級期刊上的研究，效果也在不同的實驗程序下多次重複出現。這給予了研究大腦可塑性和經顱電刺激技術的科學家很大的信心，相信類似的物理刺激方法在調節大腦功能、治療精神疾病方面可以發揮重要的作用。

第十一章

如何應對現代人的注意力危機

我的朋友小濤一天中午獨自走在天橋上，邊走邊思考最近棘手的工作。走到一半，突然眼前出現了他父親的臉——就像從天而降一般來到他的面前。父親問他：我在天橋上老遠就看到你了，還和你招手，你怎麼沒看見我呢？父親的臉其實從他走上天橋就在他的眼前了，但他卻視而不見，直到父親走到他跟前。朋友覺得這件事情很奇怪：父親明明早就出現在他的視野裡了，為什麼他一直沒發現呢？

這位朋友對他的父親視而不見並沒什麼特別的，類似的事情我們可能每天都在經歷。

有一次我和一個朋友在美國舊金山的日本料理店吃完飯後，兩人慢悠悠地走去櫃檯結賬。朋友問收銀員能不能用蘋果支付，收銀員說可以。朋友一摸口袋，咦，手機沒了。她不好意思地說手機可能落在飯桌上了，說完便一路小跑回到我們剛吃飯的桌子那裡。收銀員看著她慌張的樣子笑而不語。過了一會兒朋友跑回來，我問她手機找到了嗎，她尷尬地笑笑說原來手機一直攥在她手裡呢！

手機明明拿在手裡，卻四處尋找；父親明明在眼前，卻視而不見……為什麼生活中經常發生這樣的事情呢？這是由我們大腦的功能特性決定的。因為我們全身的感覺器官——眼睛、耳朵、鼻子、皮膚和其他感官通道——無時無刻不被各種外界訊息轟炸著，而我們大腦的神經元數量是有限的，大腦可以獲得和消耗的能量也是有限的，要讓這容量有限的大腦在無限的訊息世界中成功運行下去，既要接收外界訊息以保證機體的存活，又要避免因為訊息過載而被

「燒壞」。這使得大腦必須有一個「篩子」來選擇性地接收訊息，這個篩子就是大腦的注意機制。

注意機制可以幫助大腦有選擇地加工那些對於生存至關重要的訊息，忽略不重要的訊息。大腦對視野中的每一樣東西都不是同等看待、同等加工的。注意機制會放大那些對生存而言重要訊息的神經訊號強度，篩選出需要優先加工的訊息，並忽略其他不重要的訊息。注意機制的存在使大腦可以有選擇、有重點地消耗能量，而不會一直被無關緊要的訊息干擾。

為什麼我們容易被突發事件干擾 —————————

你有沒有發現，當你專心致志做一件事時，很容易被環境中的突發事件干擾？當你專心寫報告的時候，有一位同事從你身邊走過，你可能會不由自主把頭轉過去看看他是誰；當你專心寫程式的時候，放在桌子上的手機突然震動了一下，你的眼睛可能會不由自主地看向手機。為什麼我們這麼容易被干擾呢？這和我們大腦加工訊息的優先程度有關。

你在專心做事的時候之所以很容易受到環境突發事件的干擾，是因為大腦的注意機制容易對新的、變化的刺激做出反應，而對舊的、習慣性的刺激訊號進行抑制。一直在寫的報告或程式對大腦來說是舊的、不變的刺激，會被大腦逐漸抑制和忽略，而身邊偶然經過的同事、突然震動的手機則是環境中新的、變化的刺激，容易激發大腦的優先反應。

大腦偏愛環境中的新鮮刺激是有道理的。在演化過程中，關注

環境中的突發事件比關注一成不變的事物更重要，這種反應可以讓我們隨時知道周圍環境中有什麼突發狀況，從而避免意外的發生。當我們的祖先在野外專注狩獵麋鹿時，耳邊突然響起一陣低吼聲，狩獵者的第一反應就是查看吼聲的來源，如果發現是來自遠處的獅子，就要馬上逃跑而不是繼續狩獵。對環境的變化做出優先反應有助於提高動物的存活率，這一大腦機制在演化過程中自然也被保留下來。但是，就像很多對現代人越來越不適用的原始本能一樣，大腦對新奇刺激的偏愛在現代社會也變得不再適用，導致我們很容易受到外界刺激的干擾，影響學習和工作時的專注狀態。

我們大腦處理外界訊息有兩個加工方向：一個是自上而下的加工，另一個是自下而上的加工。這裡的「上」指的是大腦，「下」指的是外界環境刺激。什麼是自上而下的加工呢？它指的是我們透過大腦中儲存的經驗、預期來匹配和處理我們接收到的訊息。比如，當你躺在草地上看天上的雲時，你覺得有的雲像小狗，有的雲像大象，這是因為你的大腦中儲存著小狗和大象的形象，這些形象自上而下地投射到你看到的雲上，於是雲在你眼中就有了鮮活的形象。自下而上的加工則相反，是外界的物理、化學刺激直接作用於大腦產生的感知，比如，你看到的花是紅色的，這種體驗就是外界刺激給你的大腦的直接回饋。

當你專心做一件事的時候，大腦會自上而下地調配注意力，使我們專注於某一件事。比如當你專心學習英文的時候，大腦會把注意力放在英文單字和句子的視覺加工上。但是，當環境中突然出現了新奇的刺激，比如你的手機突然來了 Line，或者你身邊突然有人開始聊天，自下而上的環境刺激就會快速地占據你的注意力資源，促使你去注意新發生的事。

前文中提到的在天橋上對父親視而不見的朋友，就是因為大腦對視覺的自上而下和自下而上的加工都出了問題。那一天父子倆相遇的地點是在離家很遠的地方，他的大腦沒有預期會遇到家人，因此大腦自上而下的加工無法發揮作用。當時他的注意力集中在工作上，視覺得到的注意力資源少得可憐，所以他對視野裡出現的人和事物視而不見，自然也看不見自己的父親。

壓力越大，越難集中注意力

無論你是學生還是社會人，你總能感受到來自四面八方的壓力，學業的、感情的和工作的。或許你是大城市的白領階級，每天努力工作，想要儘快專注高效地完成手頭的工作，以獲得老闆的賞識和提拔。但是當你寫著文案，突然想到自己漂泊在這個大城市，不知何時才能擁有自己的房子時，巨大的壓力襲來，你的寫作思路變得模糊起來。如果這樣的壓力長期存在，就可能導致慢性焦慮，影響你的專注力，並讓你的工作效率變得低下。我們在第一章裡講到，壓力和大腦認知表現呈倒 U 形關係。在壓力適度的情況下，我們可以專注地解決問題，但如果壓力過大，就會影響專注力。

在現代生活中，當問題遲遲得不到解決，壓力事件長期存在時，壓力機制就會被活化得太久或者太頻繁，最終損害大腦和身體的各個部位。在長期焦慮的狀態下，身體會長時間釋放腎上腺皮質醇，抑制免疫系統，導致免疫失調和免疫力低下，這也是為什麼長期的工作壓力會讓你容易生病。此外，腎上腺皮質激素有使中樞神經興奮的作用，讓人感到躁動不安，睡眠也會因此受到影響。

專心工作學習的時候為什麼會走神 _____

回憶一下你的熱戀期有沒有經歷過類似的場景：明明考試迫在眉睫，很想專心學習，大腦中卻不由自主地浮現出昨天和對方約會的情景，對方說過的話、臉上的笑容讓你浮想聯翩。當你猛然意識到這些時，你已經走神好一陣子，嘴角還掛著痴痴的微笑。

開會期間聽同事做報告，剛聽了十幾分鐘，你就開始想晚上去哪兒吃飯；看書的時候突然想起一件有趣的事情，便拿起手機和好朋友分享一下……類似的走神現象在我們的生活中十分普遍，每個人一天中可能走神十幾次或者上百次。你的身體活在當下，你的思維卻未必，它可能時常神遊到過去或者未來，結果就是你對身邊正在發生的事一無所知。為什麼當我們專心做事的時候，明明沒有外界因素的打擾，卻還是不由自主地走神呢？

首先，你需要知道，走神並不一定是壞事，恰恰相反，天馬行空地做白日夢其實是大腦的預設狀態。你可能覺得，當沒有特別任務要執行的時候，大腦會處於休息狀態，不需要消耗多少能量。但是近二十年來的腦科學研究發現，當你在清醒的時候，即使沒有特定的事情要做，沒有特定的問題要思考，大腦也是有基礎活動的，而且消耗的能量絲毫不比你專心思考一道棘手的數學題時少。

大腦擁有超過一千億個神經元，這些神經元彼此間高頻且精細地交流著訊息。在二十一世紀的前幾年，神經科學家賴希勒（Marcus Raichl）和他的同事發現了一個從未有人注意到的現象：即便人在休息的時候，大腦的不同區域也存在著大範圍的神經活動，就像海面下的暗流湧動一樣。我們現在把這種活動叫做大腦的靜息態活動。這個發現讓科學家知道，大腦不執行特定任務的時候

也是高度活躍的。當你在發呆、做白日夢或者休息時，你的大腦並沒有閒著，此時大腦消耗的能量和你背誦一首古詩時消耗的能量差不多。休息期間大腦會進行獨特的預設活動，這個預設活動涉及幾個距離遙遠、看似無關的腦區。

在這裡，你需要先了解一個比較新鮮的概念，就是大腦網絡。大腦科學家在二十世紀中葉之前主要是透過腦損傷患者的症狀來研究大腦功能的。從對大量腦疾病的觀察中科學家發現，大腦的不同區域似乎負責不同的功能。比如大腦的枕葉主要負責視覺，顳葉主要負責聽覺和語言等；大腦的左、右半球也有著各自不同的分工，大腦左半球偏重語言和抽象思考，大腦右半球偏重圖像和想像力。

隨著近幾十年來腦電圖技術和大腦成像技術的發展及應用，腦科學家才進一步發現，原來大腦功能按照生理位置劃分只是一種粗糙的分法，一個更合適的功能劃分方法是按照神經網絡來分。比如視覺有視覺網絡，聽覺有聽覺網絡，專注力有注意力網絡等。負責某個特定功能的大腦網絡可能分布在相對集中的某一片大腦區域中，也可能分布在距離遙遠的不同大腦區域中。比如，負責做白日夢的預設模式網絡是由分布在大腦前側的內側額葉、左右側的內側顳葉和上部的頂葉這幾個距離遙遠的大腦區域共同組成的。

當人們安靜地休息時，這些距離遙遠的大腦區域會一起變得活躍；而當我們專注於某些任務時，注意力網絡則會抑制預設模式網絡的活動，使大腦把有限的認知資源集中於特定任務。

因為大腦天生對變化的刺激十分敏感，而對固定不變的刺激會逐漸抑制，所以大腦保持專注的時間是非常有限的。在完成一項任務的過程中，短暫的休息可以大幅提升你繼續完成任務的專注力，並延長你保持專注的時間。

當我們長時間做同一件事時，我們會慢慢開始走神，在這項任務上的表現也會逐漸下降。這個現象和我們對世界的感知變化過程是一樣的：當我們看到固定不變的東西，或者聽到固定不變的聲音時，大腦就會逐漸適應它們，不再感知到它們。比如，當你看一樣東西時，它在視網膜上的位置並不是固定不變的，眼球其實會不斷地小幅度掃動，如果科學家刻意把投射到視網膜上的影像固定住，眼睛就沒有辦法再看到這個東西了。同樣，當我們聽到固定不變的聲音時，這個聲音很快就會變成背景音，我們也不會再注意到它。觸覺亦如此，我們每天穿著衣服做各種動作，卻從來感覺不到衣服的存在，這是因為衣服一直接觸著我們的身體，我們早已適應了它們的存在。當我們的身體對這些固定不變的視覺、聽覺、觸覺習慣之後，這些感覺對大腦來說就不再有注意的必要了。總而言之，大腦會把固定不變的刺激看成是不重要的訊息，並將它們從我們的意識中抹去。基於同樣的原理，當我們試圖長時間專注於同一個任務時，這個任務對大腦來說就會逐漸變得不重要，我們也會不知不覺地走神。

怎樣才能不走神

短暫改變一下任務的內容，就可以大大提升後續的專注力，美國伊利諾大學的科學家透過實驗證明了這一點。

在這項研究中，實驗參與者需要完成一個重複的電腦任務，這個任務時長五十分鐘。這些實驗參與者最開始被分成四組。第一組需要不間斷地完成五十分鐘的電腦任務；第二組和第三組在實驗開

始前需要記住四個數字，並且被告知當他們在實驗中看到這幾個數字時，需要做出特定的反應。第二組和第三組的不同之處在於，第二組在做電腦任務的過程中確實看到了這些數字，並且做出了反應；第三組在做任務的過程中並沒有看到任何數字，所以他們也是五十分鐘不間斷地完成了電腦任務。第四組在完成電腦任務的過程中看到了數字，但他們卻在任務開始前被告知可以忽略這些數字。

結果發現，大部分實驗參與者在完成電腦任務的五十分鐘內表現逐漸下降，唯獨第二組的專注力從頭到尾沒有明顯變化，這一組就是在完成任務的過程中看到了數字，並且對數字做出特定反應的人。

這個實驗結果證實了，我們的大腦是被大自然設計出來對變化做出反應的。長時間做同一個任務會降低一個人的任務表現，但只要中間短暫地穿插一點其他任務，就可以讓你的後續專注力重新回到高水準。

所以，平時在學習或工作的時候，不要持續做同一件事太長時間。每隔二十到三十分鐘就短暫地休息一下，刻意讓自己「換換腦子」，比如解一道簡單的數學題，再回到工作或學習中去，就可以讓你的專注力恢復。

當你的大腦功能正常，你又不太疲勞或飢餓時，大腦負責專注力的網絡通常可以成功地抑制大腦預設模式網絡自發的胡思亂想，讓你維持專注狀態幾十分鐘。但如果大腦負責注意的功能比較弱，或者大腦處於低能量狀態，比如，你從早上開始就不停歇地工作到下午兩三點，連飯都沒來得及吃，你感到又餓又累，在這種情況下你就很難保持專注狀態了。

專注力也和人的覺醒程度有關，人越清醒越能長時間保持專注

狀態。晚上犯睏的時候學習或工作，就會難以集中專注力。所以，在工作或學習的時候讓自己不餓、不渴、不疲勞，並且保持坐姿正確，時不時地活動一下身體，維持大腦的供血充足，就可以明顯減少你走神的次數。

被手機分散的專注力

最近十年隨著智能手機的普及，人們的生活和工作越來越多地受到手機的影響，許多人甚至到了手機不離手的程度，無論是走路、搭捷運，還是開車、工作，都會拿著手機或者把手機放在身邊。

我們用手機發 Line、發動態消息、看新聞、刷臉書、看抖音、玩遊戲、購物、搜地圖、導航、發郵件，一天幾個甚至十幾個小時都花在手機上。智能手機如此重要，以至於你會覺得身邊如果少了手機，生活和工作的便利程度都會大大下降。不少人是重度手機用戶，如果手機不隨時隨地帶在身邊，就會產生「分離焦慮」，坐立難安。

研究發現，習慣性使用智能手機會顯著地影響專注力。如果你把手機放在觸手可及的地方，即使它處於關機狀態，也會影響你的專注力。這是二〇一七年一項針對八百個智能手機用戶的研究得出的結論。

在這項研究中，實驗人員要求參與者在電腦上完成一個需要高度集中注意力的任務。但實驗參與者不知道的是，這項研究真正關心的是手機對他們專注力的影響程度。在做任務之前，實驗人員隨機把實驗參與者分成三組。第一組需要把手機正面朝下放在桌子

上，第二組需要把手機調成靜音後放在衣服或褲子口袋裡，第三組需要把手機調至靜音後交給實驗人員放到另外一個房間。接著，他們開始集中注意力做電腦任務。

做完任務後，研究人員統計了所有參與者的任務表現。結果發現，雖然所有人都覺得他們在做任務時十分專注，但事實上不同組的任務準確度是不一樣的。其中表現最好的是第三組把手機放在另外一個房間裡的人，他們的任務準確度明顯比第一組和第二組好，而第一組的任務表現最差。

我們在工作或學習時常常把手機朝下放在桌子上，或者放在身邊的提袋裡，以為這樣就可以避免手機的干擾。但這個實驗告訴我們，把手機放在觸手可及的地方會在潛意識裡影響你的專注力。為什麼把手機放在旁邊，會對專注力產生這麼大的影響呢？

這是因為大腦的注意力資源是有限的。當你把手機放在觸手可及的地方時，雖然你主觀上認為自己沒有去想手機，但因為你在生活中已經習慣了隨時隨地拿起手機，所以你在工作時也會情不自禁地想要去拿手機，這就需要你刻意壓抑自己的衝動。這看似一氣呵成，但壓抑自己的衝動會占據你的注意力資源，從而降低你完成任務的專注力。把手機調成靜音或者關機也沒有太大作用。這項研究表明，不管手機是開機還是關機，是正面朝上還是正面朝下放在桌子上，把手機帶在身邊這件事本身就會影響你的專注力。

在這項研究中，科學家還詢問了實驗參與者對手機的依賴程度，並分析了手機依賴程度和專注力兩者間的關係。結果發現，對手機依賴程度最高的人，在專注任務中的表現也最差。不過，即使你是重度手機用戶也無須絕望，因為這個規律僅適用於手機放在桌面上或者放在口袋裡的情況。當把手機放在另一個房間裡時，即使

一個人的手機依賴程度很高，其完成專注力任務的表現也不比手機依賴程度低的人差。

與此類似的一個現象是，多任務模式也會影響專注力。現在的工作模式漸漸讓人習慣於同時處理好幾項任務，有人認為這是一種過人的能力，但實際上，多任務工作模式會影響專注力。經常主動或被動地置身於多任務模式中，比如一邊在電腦上工作，一邊用Line聊天，一邊吃東西，這樣的工作習慣會導致你很難專注於一件事。雖然人具有一定程度的多任務能力，但其實人腦遠不像電腦那樣擅長多任務，你能同時做的事情是很有限的，它會導致你在任何一件事情上都無法深入思考。

如何透過訓練提升專注力

缺乏專注力可能有兩個方面的原因。第一，大腦額葉的功能發育不全或者能量不足，導致負責專注力的注意力網絡無法把注意力資源分配給特定目標，你就很容易受到干擾或者走神。比如，注意力不足過動症患者很難在一件事情上長時間保持專注。大腦負責注意力的網絡是由分布在大腦頭頂附近的頂葉、額頭附近的額葉和前扣帶迴等區域組成的，因此注意功能十分依賴這些腦區的成熟狀態。因為注意力不足過動症患者的額葉發育相對遲緩，所以大腦額葉對預設模式網絡的抑制功能較弱。當注意力不足過動症患者專注做一件事的時候，一旦他們的大腦中冒出一些新想法，或者環境中有新刺激，他們就無法抑制大腦自動切換頻道，所以注意力不足過動症患者很容易被外界訊息干擾或者不由自主地分神。

第二，雖然大腦額葉沒有天生的發育缺陷，能量補給也十分充足，但依舊無法在一件事情上長時間保持專注，這是因為你在長期的生活、學習、工作中養成了不好的注意力習慣。比如，當你越來越頻繁地使用智能手機時，你的專注力就會大幅下降；你在工作或學習中經常採取多任務模式，每五分鐘就切換一次你正在做的事，以至於不知不覺養成了切斷自己專注狀態的壞習慣，越來越難以回到長時間高度專注於一件事情的狀態。這種因為經年累月的生活模式所導致的專注力下降，和先天大腦額葉的專注力不足的體驗是差不多的。

因為不良生活習慣造成的專注力低下，可以透過一段時間有意識的訓練加以改善。

如果你長期使用智能手機，養成了每隔幾分鐘就掏出手機查看訊息的壞習慣，那麼改變的方法是在需要專心工作或學習的時候遠離手機。

你以前可能認為手機只要調至靜音放在身邊，對你的學習和工作就不會有太大的影響。但現在你知道了，手機即使調至靜音放在身邊，也會在潛意識中占據大腦的注意力資源，讓你在學習和工作任務中的專注表現變差。智能手機具備太多功能，以至於我們做任何一件事都會想到用手機，而且欲罷不能。要克服這種誘惑，唯一的方法就是把手機放在距離你較遠的地方，而不是觸手可及之處。所以，當你早上來到辦公室準備全身心投入工作時，你要做的第一件事就是把手機關機，放在提袋裡，然後把提袋放在距離遙遠的另一個房間或者儲物櫃裡。總之，讓手機離你越遠越好，像這樣的物理隔絕可以最大限度降低你對手機的依賴性。

人的專注力是一種稀缺資源，當你嘗試把有限的專注力分配到

幾個任務上時，就容易犯更多的錯誤，或者單個任務的完成速度會變慢。在工作或學習的同時，你可能還會在社交網絡上聊天，以及聽音樂、查收郵件。大腦習慣性地在不同的任務之間切換，分配在每一件事上的專注力就減少了。我們知道，進入專注狀態是需要一個過程的。當你採取多任務模式時，你花在每一件事上的時間就會變少，還沒來得及進入專注狀態，就又切換到了另一件事上，這導致你做任何一件事情的狀態都不是專注的。損害專注力的多任務模式一旦變成習慣，我們在生活、工作和學習的方方面面就會變得難以保持專注的狀態。

不過我們的大腦終身具有可塑性。我們可以養成一個習慣，也可以改變一個習慣，所以，大腦可以習慣多任務模式，也可以透過訓練恢復專注的思維模式。我們之所以會走神，是因為思維渙散是一個漸變的過程。在走神過程中，一開始你的注意力略微下降，然後漸漸地進入考慮另一件事的狀態，當這個思維渙散過程從無意識到被你意識到時，你才會發現自己走神了。改變走神的方法是及時打斷走神的過程，一旦你意識到有走神的念頭或者舉動，就要馬上把注意力拉回來。每天反覆訓練自己「把注意力拉回來」的能力，當你逐漸適應了十分鐘專注於一件事時，就逐漸延長到十五分鐘、二十分鐘、三十分鐘。我們的大腦單次保持專注的時間可能不會太長，只有十到二十分鐘，但經過反覆練習，我們可以逐漸做到每當走神就迅速地再度進入專注狀態，中間無縫銜接，這樣一來就可以保持很長時間的專注狀態了。

研究發現，掌握兩種語言的人可能擁有更好的專注力。美國西北大學的研究者發表在《美國國家科學院院刊》上的一項研究發現，雙語者在專注力、抑制能力和對聲音的編碼能力方面都更出

色。在這項研究中，研究者記錄了二十三個會英文和西班牙文的青少年，以及二十五個只會英文的青少年在聽複雜聲音時腦幹的活動。在安靜狀態下，兩組青少年的大腦反應差不多。但在背景非常嘈雜的實驗條件下，雙語青少年的大腦對語言聲音基本頻率的編碼能力更好，這種能力是音調識別和聽覺對象分類的基礎，可以幫助他們在嘈雜的環境中專注於和他人的互動。

因為會說兩種語言的人有著豐富的語言經歷，所以他們的聽覺系統在自動加工聲音這件事上變得非常高效。熟練掌握兩門外語的人更擅長一心兩用，他們可以自如地在兩種語言間切換，主動選擇想要聽的聲音，同時忽略無關的干擾聲。

運動可以提高專注力

我們平時參加的運動主要有兩種：一種是可以提高心肺功能和耐力的有氧運動，包括長跑、游泳、快步走、騎自行車等；另一種是可以增加力量和肌肉的訓練，比如舉重、伏地挺身、平板支撐等。雖然這兩種運動對身體都有明顯的好處，但科學家發現，對大腦專注力有明顯提升作用的主要是有氧運動。

適量的運動可以幫助各個年齡段的人提高專注力，改善大腦的其他認知能力和情緒。無氧的力量訓練對身體也有明顯的好處，世界衛生組織指出，長期的力量訓練可以降低 23% 的死亡率和 31% 的癌症死亡率。

在所有有關運動改善大腦功能的研究中，最引人關注的就是運動對大腦額葉功能的提升。大腦額葉的功能就包括大腦的專注力和

執行功能。無論是大腦快速發育的兒童、大腦發育成熟的成年人還是大腦認知功能開始衰退的中老年人，運動都可以明顯增強他們大腦額葉的功能。

有氧運動可以提升青少年的專注力，有很多研究結果都支持這個論斷。一項關於低收入家庭的青少年的研究發現，在短短十二分鐘的有氧鍛鍊後，參與者的注意能力和閱讀理解能力明顯提高。因此，每天二十分鐘的有氧運動可以幫助你保持專注力。如果學校或公司離你家不遠，那麼你可以考慮走路或者騎自行車去上學或上班，或者爬樓梯去教室或者辦公室，而不是坐電梯。

短短幾分鐘的有氧訓練就可以提升注意力不足過動症兒童的學業表現和專注力。美國密西根州立大學的研究者做了一項研究，研究對象是四十個八到十歲的兒童，其中一半患有注意力不足過動症。研究人員讓其中的一半兒童在跑步機上走二十分鐘，另一半人則安靜地坐著。接著，這些孩子做了簡短的閱讀理解測試、數學測試和一個需要排除干擾保持專注的電腦遊戲。

在這個遊戲中，孩子們需要刻意忽略螢幕上出現的一些視覺干擾，快速判斷一條卡通魚會往哪個方向遊。結果顯示，無論是有注意力不足過動症的兒童還是健康兒童，他們在進行了短暫的有氧運動後測試表現都變得更好。

注意力不足過動症兒童在做了一件錯事之後，很難抑制他們接下來快速做出同樣的錯誤選擇的衝動，所以他們比一般人容易犯下更多錯誤。在進行有氧訓練後，注意力不足過動症兒童在電腦遊戲中犯錯後放緩了他們的操作速度，避免再次犯錯。換句話說，注意力不足過動症兒童在進行有氧運動後，大腦的抑制功能增強了。

美國密西根州立大學的後續研究也發現，有注意力不足過動症

兒童在上學之前做一些有氧運動可以明顯減少他們的症狀。在這項研究中，兩百個從幼兒園到小學二年級的兒童參加了為期十二個星期的實驗，其中一半人在上課前參加中等強度以上的體育運動，另一半人在上課前則參加相對安靜的室內活動。結果發現，參加體育運動的兒童的專注力提升了，注意力不集中的現象也減少了。

有氧運動對中老年人大腦的認知衰退也有明顯的改善作用，堅持有氧運動可以提升中老年人的大腦專注力。

美國堪薩斯大學醫學中心研究了運動給老年人大腦帶來的積極效果。這項研究將六十五歲以上的參與者分成三組：第一組每週做一百五十分鐘（兩個半小時）的有氧運動，第二組每週做七十五分鐘的有氧運動，第三組每週做二百二十五分鐘的有氧運動。結果發現，每週的有氧運動時間越長，給大腦帶來的好處就越多，這種好處主要體現在視覺空間加工能力的提升上。視覺空間加工能力指的是，你在空間中用眼睛分辨一樣東西在哪兒以及它是怎樣運動的能力。研究顯示，有氧運動量沒有最優標準，可以說運動得越多，帶給大腦的好處也越多；每週參與的有氧運動時間越長，大腦的整體專注力也越強。不過如果是有心血管疾病的患者，就可能需要相應地調整運動時間。

在另外一項研究中科學家也發現，相比運動很少的老年人和只做拉伸運動的老年人，長期堅持有氧運動的老年人在有關專注力的認知測驗中表現更好。有氧運動之所以可以改善專注力，是因為長期堅持有氧運動可以改變和專注力有關的大腦功能網絡。他們更好的專注力對應著大腦中與注意控制有關的額葉和頂葉區域活躍程度的增加，以及負責抑制功能的前扣帶迴活動的減少。此外，有氧運動還可以增加大腦預設模式網絡和前額葉執行網絡的功能連接，讓

大腦對你正在做的事情響應得更快更精準。

那麼是不是只有經年累月的運動才能提升專注力呢？事實上很多研究發現，即使只是單次運動，也可以改善大腦的一系列認知能力，增強涉及前額葉功能的專注力和決策能力。單次運動可以提升由大腦海馬迴負責的記憶力和學習能力，與紋狀體相關的運動能力，以及與杏仁核相關的情緒記憶力。在單次運動之後，大腦的專注力、工作記憶能力、問題解決能力、認知靈活性、語言流暢度和決策能力都得到了明顯提升，並且效果可以維持長達兩個小時。無論是低強度的運動、中等強度的運動還是高強度的運動，似乎都可以增強大腦的認知功能，只是影響的方面不同。比如一項研究發現，中等強度的運動對大腦的執行功能有好處，高強度的運動則對大腦的訊息加工有好處。

冥想可以提升專注力 ────────────────

冥想訓練可以讓一個人做到盡量覺醒，心無雜念。長期練習冥想的人前額葉皮質會變大，這一區域負責最高級的認知加工功能，也負責專注力。冥想大師的這些大腦活動和結構的改變並非在冥想的當下才會有，而是已經成為他們大腦中的永久性知覺。長期練習冥想的人，大腦的基線活動程度和普通人不同。一項對練習冥想超過四萬小時的人的研究發現，即使不在冥想狀態下，他們大腦的活動模式也和一個正常人在冥想狀態下的大腦活動模式是一樣的。經年累月的冥想練習使冥想大師的前額葉皮質不再增厚，而是再度變薄。這可能意味著他們內觀自我的思維方式已經變成預設的思維方

式，而不再需要調用額葉皮質給予特別關注了。

透過練習冥想，你的前額葉皮質可以變得更高效，你完成一項指定任務就只需要調用較少的大腦活動和能量消耗。你並不需要花幾年的時間接受密集的冥想訓練才能提高自己的專注力，有研究發現，短短的五節冥想課就可以提高一個人在與解決衝突相關的專注力任務中的表現。堅持練習冥想三到六個月，可以明顯提高一個人的專注力。

我們的學習能力來源於大腦的神經可塑性，也就是大腦隨著我們學習新知識、接觸新環境而不斷發生變化的能力。我們一生當中都保有這種神經可塑性。比如，計程車司機對道路狀況非常熟悉，他們大腦海馬迴中負責空間位置的區域就比普通人大。如果我們長期練習冥想，大腦也會發生變化。冥想者僅透過調整他們的精神狀態，就能達到內心充實的境界。冥想可以改善大腦功能，長期練習還可以改善大腦的生理結構。這種變化不僅會給你的心智和大腦帶來有利影響，還會改善你身體的免疫系統和內分泌。

如何練習簡單的冥想 ———————————————————

初學者通常從專注冥想開始練習。在練習專注冥想期間，練習者需要把注意力放在特定對象上，比如呼吸或者燭光。為了維持專注狀態，練習者需要一直監控自己的專注目標，以免走神和胡思亂想。當冥想練習者逐漸熟悉了專注技巧，可以比較容易地保持專注之後，就可以升級練習正念冥想了。在這個階段，冥想的目的變成監視自己的意識狀態，對周圍出現的任何體驗都保持專注，而不去

刻意地選擇、評判或者專注於任何特定的物體。在剛開始練習正念冥想時，練習者也需要像練習專注冥想一樣，把注意力放在特定對象上。然後隨著冥想的進行，逐漸減少對特定對象的關注，更多地專注於自己的意識本身。

練習專注冥想非常簡單，你可以先從每次練習五分鐘開始，當你越來越習慣冥想練習之後，每次的練習時間可以逐漸增加到十分鐘、二十分鐘、三十分鐘。找一個安靜的地方練習，以免有人打擾你；穿上舒服的衣服，以免不舒服的衣服分散你的注意力。

首先，選擇一個你想關注的目標，這個目標可以是你的呼吸、節拍器的聲音、焚香的氣味，或者一幅賞心悅目的畫。找個舒服的坐姿，放鬆你的身體。把注意力放在你選擇的目標上，感受這個目標的聲音、氣味或者視覺形象。冥想要做的不是「思考」你關注的目標，而是單純地去感受，完全沉浸於當下。

讓你內心的聲音平靜下來。如果你內心的聲音開始分析你的注意目標，或者頭腦裡開始重播一天裡發生的大小事件，羅列待會去超市的購物清單，以及任何其他想法，就溫和地把你的注意力拉回到你關注的目標上，然後繼續感受它。讓你的想法保持安靜和清澈。

在練習冥想的過程中，不要擔心「失敗」。如果你發現自己走神了，不要讓你內心的完美主義者批評你「做錯了」。你要做的只是恭喜自己成功發現你走神了，然後讓注意力重新回到你的關注目標上，回到當下。

專注冥想就是這麼簡單！

在練習專注冥想的過程中有以下這幾點需要引起你的注意。

第一，要給自己足夠的時間練習和提高。冥想練習效果的顯現

是循序漸進的，你可能在開始練習前以為自己至少可以做到十分鐘不走神，但實際練習時卻發現自己很容易走神。如果你剛一開始練習就想做到「完美」，就會給自己造成過大的壓力，致使你無法堅持下去。實際上，每個人剛開始練習冥想的時候都會走神，有的人可能才練習一分鐘甚至幾十秒就走神了，這很正常。當你意識到自己走神的時候，不要批評自己，溫和地把注意力拉回到呼吸上即可。

剛開始練習冥想時，可以嘗試從較短的時間開始，比如五分鐘。五分鐘的長度對初學者來說是比較合適的。隨著練習的深入，保持冥想狀態對你來說變得越來越容易、越來越高效，你就可以把時間從五分鐘逐漸增加到十分鐘、二十分鐘，最後增加到每次三十分鐘。

第二，選擇一天中對你來說最合適的時間段進行練習。有人喜歡早上練習冥想，起床後的練習可以讓他們以平靜的心態開始新的一天，並且提醒他們一整天都保持正念，關注當下，降低焦慮感，學習或工作更專注。有人選擇在工作結束後練習冥想，這可以讓他們恢復到平靜狀態，擁有更好的家庭生活和睡眠。

提高專注力的生活習慣

你在一件事情上可以保持專注的時間，會受到多種因素的影響。比如，當你在做一件你特別感興趣和有強大內在驅動力的事情時，你就可以保持更長時間的專注狀態。當一件事情進展順利時，你也更容易長時間保持專注。相反，如果一件事做得不太順利，中

途遇到了困難，你能夠保持高效專注的時間就會變短。當大腦能量充沛的時候，你可以較長時間保持專注；相反，當大腦疲勞的時候，你保持專注的時間就會比較短。下面介紹一些影響你專注力發揮的重要因素。

興趣

　　人們對一件事越是感興趣，他們在這件事情上保持專注的時間就越長。我們眼睛的瞳孔大小不僅隨光線明暗變化，也會隨著注意力變化。當你看到特別感興趣的人或者東西時，你的大腦藍斑核會分泌正腎上腺素來喚醒你的注意力，同時控制眼睛虹膜收縮，讓瞳孔放大，增加眼睛的進光量。伴隨著這一系列的生理反應，感興趣的事物得到了我們的關注，被送到大腦的注意力聚光燈下。此外，和做一件事情不順利相比，做一件事比較順利時你會更容易保持專注狀態。

減少干擾

　　大腦的注意力資源是有限的，當你專注於工作的時候，如果突然聽到 Line 提示音或者周圍人的聊天聲，這些環境中的突發事件和噪音就會干擾你的專注狀態。這是因為每當出現一個新的環境刺激時，你都需要做出決策：是查看 Line，還是繼續手頭的工作？這些決策會大大降低你的專注程度和工作效率。二〇一五年發表在《實驗心理學期刊》上的一項研究發現，環境干擾的持續時間即使只有三秒，也會導致工作的出錯率加倍。所以，想要提高專注力，就要減少環境干擾，包括關掉 Line 提醒、手機鈴聲，在沒有他人干擾的地方學習或工作等。

提前制訂好一天的計劃

計劃下一步做什麼會占用我們大腦當中的工作記憶空間，這個空間是在短時間內用來儲存新訊息的。每個人的短期工作記憶空間都是有限的，空間越小，注意力資源就越少。如果你沒有提前制訂好計劃，你的大腦在做事的時候就可能會時不時想到之後的安排，這些事會占據你的工作記憶空間，導致你的短期記憶和注意力都受到影響。所以，提早制訂好一天的計劃，可以改善你的專注力：在前一天把要做的事分時段安排好並且寫下來，當天你就可以專注做手頭上的事了。

注意休息和保證睡眠

在一件事情上保持專注的時間越長，繼續維持專注狀態就會越難。在臨近最後期限的時候，很多人都會盡量減少休息時間，加班完成任務。但如果在工作中定時、短暫地休息，其實可以讓你在更短的時間內以更高的效率完成工作，這就是所謂的「磨刀不誤砍柴工」。

大腦是被設計來探測環境變化並做出反應的，如果大腦長時間專注於不變的感官刺激或者思考內容上，活躍程度就會下降。美國伊利諾伊大學在二〇一一年做的一項研究發現，短暫的休息可以讓人在一件事上保持更長時間的專注力。因此，當你在加班或者複習的時候，每四十到五十分鐘就站起來放鬆十分鐘，可以讓你的大腦在後續的工作或學習中保持高速運轉的狀態。

每天擁有足夠的睡眠也是保持專注力的必要條件。缺乏睡眠會讓你的大腦像喝醉了一樣，難以保持專注，注意力下降，記憶力也會受到顯著影響。

喝茶和喝咖啡

大家知道喝咖啡可以提神，提高專注力。不過喝茶的效果可能更好，茶葉中含有一種胺基酸，叫做茶胺酸。茶胺酸可以使人放鬆和平靜下來，還會和茶中的咖啡因互相作用，使和注意加工相關的大腦活動得到同步增強，因此喝茶有助於提高專注力。與喝咖啡相比，喝含有等量咖啡因的茶的提神效果可以維持一整天。

用科技手段提高專注力

當人們想解決一些問題時，總希望能找到以逸待勞的方法。當你覺得自己無法保持專注的時候，是不是也很想用一些省心省力的科技手段來解決你的問題呢？

近年來隨著腦電圖裝置、大腦成像和非侵入性經顱磁刺激技術的發展，的確出現了一些未來或許可以幫助人們增強專注力的科技手段。

有一個科技方法叫做大腦神經回饋技術。神經回饋技術典型的應用場景是：在你的腦袋周圍貼上一些可以採集到大腦表層電訊號的電極貼片，當你完成特定任務時，這些導電貼片會採集到你的大腦表層電訊號的變化，並把它們傳輸到腦電圖儀器中加以解讀，於是你會得到關於大腦電訊號一些特徵的回饋，比如特定頻率的電訊號波動幅度。透過這些回饋，你就會知道自己大腦當下的狀態。經過不斷的練習，你將逐漸學會如何主動調整大腦的特定活動狀態，來讓自己長時間保持專注。神經回饋方法的效果在一部分研究中得到了證實，不過也有不少研究發現這種方法對提升專注力沒有太大

效果。對於神經回饋有改善大腦認知功能的效果，世界各地的科學家還在積極的研究之中。

經顱刺激是一種更具應用前景的科技方法。這類方法是透過跨越顱骨的微電流刺激或者磁刺激來改變大腦皮質表面的神經元電活動，從而發揮改善大腦認知和情緒功能的作用。

經顱直流電刺激的操作方法是：透過在大腦的特定部位放置正負電極貼片，接通電壓，非常低的電流會透過大腦皮質的特定區域，改變這些腦區的活動，達到增強專注力的效果。近年來很多發表在國際頂級期刊上的研究成果都應用了類似的經顱電刺激方法。二〇一七年發表在《美國醫學會精神病學期刊》上的一項研究發現，經顱交流電刺激可以明顯降低參與實驗的女性的焦慮程度，提高她們在專注任務中的表現，並且幅度達到 12%。不過，經顱電刺激方法究竟能產生多少電流，怎樣的操作才能切實有效，全世界範圍的神經調節實驗室還在積極地研究當中。人和人之間的巨大差異也是影響效果的不容忽視的因素。

吃興奮類藥物來改善專注力就更常見了。「聰明藥」在美國的大學生和高中生中很流行，但長期服用興奮類藥物會產生一系列的副作用。青少年正處於大腦神經網絡的高速發育期，是大腦可塑性和學習能力最強的時期，長期使用興奮類藥物會導致大腦的可塑性降低，而且這個不良後果是不可逆的。

派醋甲酯（利他能）是學生中最流行的聰明藥之一，它透過增強大腦前額葉皮質的活躍程度來提高專注力，因為見效快，所以被很多美國青少年濫用於考試前的衝刺。但是，派醋甲酯會導致一個人在不同任務之間切換的能力下降，長期使用會降低記憶力。

莫待芬寧是另一種流行的聰明藥，在臨床上通常用於治療睡眠

障礙。莫待芬寧可增加多巴胺的訊號傳遞，加快神經連接的形成，從而增強記憶力和其他認知能力。對於睡眠良好的人，它可以增強注意力，對於睡眠不足的人，它可以增加白天的清醒程度，增強執行功能和記憶功能，減少疲勞，主要用於治療嗜睡症、睡眠呼吸暫停症候群和輪班工作導致的睡眠紊亂。但是長期濫用莫待芬寧也會產生副作用。三分之一的臨床案例有頭痛症狀，十分之一的人有噁心症狀，它的其他副作用還包括神經質、腹瀉、失眠、焦慮、頭暈和胃腸道問題，屬於嚴格管控類藥物。

還有一種少有人知道的興奮類藥物叫做安帕金（Ampakines），美國軍方正在研究這種藥的效能，想用它來提高士兵的覺醒程度。這種藥會作用於大腦神經元的 AMPA 受體，提高神經元的反應，使神經元之間的連接更緊密。它可以提高老鼠和健康人的記憶力及認知能力，也是比較安全的聰明藥，但在年輕人群體中濫用的話，可能會過度活化神經系統，損傷或者殺死神經元。

總而言之，有一些提升專注力的科技方法，也有一些用藥物提升專注力的方法，但我不建議大家使用有明顯副作用的興奮類藥物，而是建議大家多嘗試透過改變生活方式來提高專注力。比如運動，建立良好的生活或工作習慣等。大家也可以期待更完善的科技手段，希望它們可以在恰當的時候更輕鬆地提高我們的專注力。

第十二章

你在聽我說話嗎？

我小時候是個腦洞有點大的孩子，和別人聊天時對方通常的反應是，咦，你怎麼突然又跳到了那個話題？而我覺得這真是再正常不過了。我會說，哦，我突然想到這個了，因為這個話題和剛才那個話題之間有這樣或那樣的聯繫。我一直以為自己的自由聯想技能和創造力很特別，直到近幾年我認識了兩個在思維跳躍方面完勝我的朋友。

我和小 C 認識的契機是，她當時正在幫一位創業的朋友尋找合作伙伴，因此找到了同校的我。結識之後我發現她是活潑開朗的人，她的聊天風格也很有意思。她常常切換話題，新話題和舊話題的相關度也很低，以至於我一度懷疑是不是自己的邏輯出了問題。熟識之後我才發現，她可能會在滔滔不絕地談論新話題二十分鐘後又回到老話題上，雖然大部分時候都不會再回去了。

小 C 和我邊吃飯邊聊天的時候不會長時間地和我對視，她的注意力似乎總是集中在菜色上。每當我懷疑她是不是過於專注美食而忽略了我們正在談論的話題時，她卻總能成功證明她完全理解我說的話，並且能夠提出獨到的見解。

小 C 回微信的風格也很特別。我發給她的訊息，她常常會在凌晨兩點、四點或者清晨六點回覆我，

看起來好像整晚沒有睡覺。我問她是不是晚上睡覺經常醒，她說她沒有固定的睡眠時間——白天覺得睏就睡覺，睡醒了就繼續工作，一整天的睡眠時間加起來也不到六個小時，並且常年如此。我在關於睡眠的一章裡介紹過，絕大多數成年人一天所需的睡眠時間是七到九個小時，並且需要完整地在夜間完成。小 C 的睡眠時間顯然不在正常範圍內。不過至少看起來她所有的執行功能都挺正常的，她或許屬於那極少數人。

小 C 的性格對我來說非常特別，而直到認識了另外一位朋友小 H 我才意識到，我的這兩位朋友屬於同一類性格。

我和小 H 說得最多的一句話就是：「你在聽我說話嗎？」每當我問完這句話，他都會迫不及待地解釋：「我當然在聽啊！」然後把我剛才說的話重複一遍。可是，下一次看到他心不在焉、東張西望的樣子，我還是會忍不住問：「你在聽我說話嗎？」

小 H 性格活潑外向，樂於交朋友，我們經常一起吃飯。一開始我會讓他推薦餐廳，但我很快發現他選擇餐廳的過程非常漫長，總要在比較幾十家餐廳後才能將選擇範圍縮小到幾家，這幾家又要花上他十幾分鐘的時間來做出最後的決定，而這個最終決定還常常被他否決。吃飯的次數多了，我還發現他經常遲到，遲到的時長從十五分鐘到一個小時不等。

小 H 對食物的興趣和小 C 相當，只要菜一上桌，他的大部分注意力就會被食物占據。吃飯期間如果有機會離開桌子，比如去拿醬料或者充電器，他都會迅速起身去做這件事，就好像為了能活動一下已經忍耐了許久。有時飯後他會載我一程，當交通狀況不好的時候他會變得明顯焦躁不安。他經常會抱怨的一件事是：最近每天睡得都很少，前天只睡了六小時，昨天只睡了四小時。和小 C 一樣，他似乎也總有做不完的工作和用不完的精力。

我的這兩位朋友小 C 和小 H 的獨特表現其實並不獨特，他們的病症有個共同的名字，叫做成人注意力不足過動症（adult ADHD），他們都是該症狀的典型代表。

注意力不足過動症（ADHD）俗稱過動症，顧名思義，它主要有兩方面的症狀：一方面是注意力缺陷——難以集中注意力；另一

方面就是多動和易衝動。有 ADHD 的人不一定都得滿足這兩個方面的症狀，實際上，有的 ADHD 患者只表現出缺乏專注力，而另一些人只表現出多動，有些人則是兩方面的症狀都有。ADHD 是一種可以持續多年甚至一生的神經發育疾病，在兒童當中的占比約為 5%，在成年人當中的占比約為 2.5%。有 ADHD 的兒童，三分之二在成年之後依舊會殘留部分 ADHD 症狀，雖然他們會發展出一些補償技巧，讓成年後的 ADHD 的症狀看起來不像小時候那麼明顯，但他們的注意力缺陷或多動問題依舊或多或少地存在。

對 ADHD 這種疾病的診斷歷史其實只有兩百多年，最早是在一七七五年由一位德國醫生將它描述出來的。人們之所以在這個時候發現了 ADHD，是因為直到兩百多年前西方才開始大規模推廣現代教育系統。從那時起大部分人都需要走進學校接受現代教育，需要長時間保持專注狀態去學習知識，社會的能力取向、階級流動也越來越依賴教育背景，於是，專注力這項能力就引起了大眾和醫學界的廣泛關注。

一九三七年，因為一次偶然的機會，人們發現安非他命可以減輕 ADHD 的症狀。一九八〇年《精神障礙診斷與統計手冊（第三版）》才第一次把 ADHD 定義為精神疾病。

在兒童和青少年當中，ADHD 主要影響男孩，臨床研究發現的患者的男女比例是 4：1，一般人群中的男女患病比例是 2.4：1。而成年之後，這種性別上的差異幾乎消失不見。這可能是因為女性比男性更願意求醫，或者在病程的發展過程中男性和女性症狀的發展軌跡不同，男性大腦比較晚熟，所以在青少年和成年早期漸漸追趕上來，變得和女性比例差不多了。

瑞典開展的一項超過八十一萬人參加的調查研究中發現，家庭

收入低的人群也對應著更高的 ADHD 發病率。這個研究結果並不是說社會經濟地位較低會增加 ADHD 的患病風險，而是說 ADHD 是高度遺傳的，常常以家族形式存在，ADHD 的各種核心症狀又會影響一個人受教育的年限和工作表現，這才和社會經濟地位較低產生了關聯。

影響注意力不足過動症的遺傳因素

ADHD 是一種高度遺傳的精神障礙，常常以家族形式存在。如果你的父母或者父母的兄弟姊妹有 ADHD，那麼你比一般人的患病風險要高出五到十倍。ADHD 的遺傳貢獻率大約是 70% ～ 80%，在一些研究當中甚至高達 90%，也就是說，一個人患 ADHD，90% 要歸因於遺傳因素。

雖然遺傳因素在病因中貢獻頗大，但環境因素對於症狀的發生也有不小的影響。環境因素並不是單獨對 ADHD 的發病起作用的，而是和遺傳因素共同作用。什麼意思呢？一個天生有多動傾向的兒童在出生之後會表現出各種各樣的 ADHD 症狀。比如，容易哭鬧，不聽管教，自說自話，無法集中注意力，動作很多，等等。他們就是我們常說的「熊孩子」，熊孩子的這些特徵會讓父母產生排斥心理，不自覺地採取抵抗、打壓或者強制的敵意管教方式，這些管教方式反過來又會讓這些孩子更加焦躁不安，無所適從，表現出更多的注意力缺陷過動症狀，這就是遺傳影響環境因素，反過來又影響 ADHD 發病的機制。

注意力不足過動症只是正常多動特質的極端化表現

雖然我們常把 ADHD 視為一種精神疾病，但實際上科學家從對雙胞胎的研究中發現，它只是一個或者多個多動遺傳特質的極端表現。

在一項研究中，科學家先分析了有 ADHD 的人的遺傳物質裡與多動特質相關的基因，接著他們測試了這些基因在普通人中的對應表現。結果發現，和 ADHD 有關的基因在普通人中廣泛存在，並且也對應著注意力缺陷或多動的表現，只是這些表現沒有嚴重到符合 ADHD 的診斷標準而已。

ADHD 的症狀有兩個：一個是缺乏專注力，另一個是多動和容易衝動。除了這兩個主要的症狀外，患者還會表現出情緒調節方面的問題，情緒問題在基因上也和注意力缺陷、多動有一定的相關性。最新的大規模基因研究還發現，ADHD 和泛自閉症障礙、憂鬱症、雙相情感障礙（躁鬱症）以及思覺失調症都有共享的基因基礎。

什麼樣的環境易誘發注意力不足過動症 _____

有 ADHD 的孩子會激發父母敵意的管教方式。有人說，既然此症是高度遺傳的疾病，那麼父母本身的多動問題就已經很嚴重了，所以他們才無法好好管教孩子。這個說法只說對了一半。的確，患有 ADHD 孩子的父母很多時候也有行為問題，這使得他們對孩子疏於管教，或者管教方式不健康。但是，在排除親生父母的遺傳因素影響之後，ADHD 基因還會透過當事人的行為來影響養父母的

教養方式。

科學家在一項研究中分析了一出生就被收養的孩子的 ADHD
行為模式和養父母的敵意養育模式之間的關係，結果發現，有
ADHD 遺傳基礎的兒童，他們早期的「熊孩子」行為會影響養父母
對他們的反應和態度：養父母對待這些孩子會更有敵意，從而激發
這些孩子出現更多的症狀。

另一項研究跟蹤調查了一些羅馬尼亞的孤兒，他們被收養之前
在孤兒院待過幾年，在人生的最早期經歷了養育剝奪。這項研究結
果顯示，兒童在孤兒院待的時間越長，患 ADHD 的風險也越高。

其他和 ADHD 有關的環境因素還包括母親懷孕時的狀態（比
如孕期吸菸或喝酒）、孩子早產、出生時體重過低、暴露於一些環
境毒素（比如殺蟲劑，或者鋅和鉛等重金屬）中等。不過任何單
一環境因素對 ADHD 的發病影響都非常小，都不能單獨成為解釋
ADHD 發病的顯著原因。

注意力不足過動症患者的大腦 ———————————

ADHD 患者在認知的很多方面都可能存在功能缺陷，他們容易
因為大腦額葉控制功能差而容易衝動，或者因為視覺空間記憶和語
言工作記憶差而容易迷路或常常記不住別人說的話。他們往往無法
做出最優決策，傾向於即時的獎賞，而不是得到更多的延遲獎賞，
因為他們對近在眼前的獎賞估值過高，而對相對遙遠的獎賞估值過
低。他們的時間觀念也比一般人差，因為 ADHD 患者的時間感知
可能存在缺陷。大部分 ADHD 患者會在上述一到兩個認知方面存

在一定程度的缺陷，不過也有些患者在任何一個認知方面都沒有缺陷，還有些患者在以上所有方面都存在缺陷。在 ADHD 患者的一生中，認知控制方面的缺陷、對獎賞敏感度的缺陷和對時間感知的缺陷，三者的關係是彼此獨立的，並不是有了其中一個缺陷，就一定會有其他兩個缺陷。

ADHD 患者有各種認知功能的缺陷，這可能是因為他們的大腦神經通路與普通人不同。大腦掃描研究發現，在執行與工作記憶、自控力、注意力相關的任務時，患者的大腦額葉紋狀體、額頂葉和腹側注意力網絡的活動與普通人不同。這些腦區和神經網絡的功能是什麼呢？我們大腦的額頂葉網絡負責調節針對具體目標的執行功能，腹側注意力網絡則負責把一個人的注意力引導到外界環境中與特定行為有關的刺激上。ADHD 患者的這些腦區和普通人不同，這解釋了為什麼 ADHD 患者很難做出最優決策和專注於特定任務。

大腦腹側紋狀體是大腦獎賞迴路的重要組成部分，當我們預期有獎賞的時候，這個腦區的活躍程度就會增加。而 ADHD 患者和普通人的腹側紋狀體活躍程度不同，這可能解釋了為什麼此症患者更難抵抗短期獎賞的誘惑。

ADHD 患者的大腦網絡模式和普通人也有所不同。在本書中我多次講到，大腦的各種功能是依靠不同的神經網絡完成的，比如注意力網絡、聽覺網絡、視覺網絡等。大腦中分布最廣泛的神經網絡叫做預設模式網絡，它的功能很特別，在我們需要專注地完成任務時它是受到抑制的，而在我們沒有特別的事情要做時，則會變得相對活躍。預設模式網絡和注意力網絡的活躍狀態正相反。當注意力網絡活躍的時候，預設模式網絡就會被抑制；而當注意力網絡被抑制的時候，預設模式網絡就會活躍起來。

在 ADHD 患者的大腦中，注意力網絡和預設模式網絡之間的互相拮抗關係變弱了，該保持專注的時候大腦預設模式網絡活躍起來，而該休息的時候大腦又無法從專注狀態抽離，這種大腦模式表現在行為上，就是 ADHD 患者需要保持專注時卻常常走神，不知不覺進入做白日夢的狀態，無法長時間專注地完成一項任務。而且，ADHD 患者大腦的預設模式網絡內部的連接程度較弱，前額葉紋狀體迴路內部的連接程度也很弱，這或許就是為什麼 ADHD 患者在發呆時會比普通人更經常地感到頭腦一片空白。

ADHD 患者除了大腦功能和一般人不同之外，大腦結構也有差異。一些研究發現，ADHD 患者大腦的整體尺寸比普通人要小3%～5%。這可能是因為他們的大腦灰質體積變小了。變小的腦區主要是位於大腦右側的蒼白球和殼核，以及尾狀核和小腦。對大腦神經纖維的大腦成像研究也發現，患者存在大範圍大腦神經纖維整合異常，主要分布在大腦右側。不過各種 ADHD 患者大腦的成像研究結果之間的差異非常大，這說明 ADHD 患者的個體差異很大。不同患者不僅表現出的症狀各不相同，他們大腦內部的結構和功能基礎也千差萬別。

隨著年齡增長，ADHD 在人口中的發生比例會逐漸下降，這可能是因為患者的大腦隨著年齡增長而逐漸發育成熟，其中一部分人不再符合診斷標準。ADHD 兒童隨著年齡逐漸增長，大腦體積也會逐漸變大，其中一部分人的大腦在成年之後會進入正常的區間。

不過，關於 ADHD 隨著年齡增長而變化的研究結果也並不都是一致的。有的研究發現，ADHD 患者青春期偏小的腦區長大後也沒有明顯長大。還有的研究發現，患者比同齡人小的腹側紋狀體區域隨著年齡的增長反而變得更小了，而普通青少年的這個區域會隨

著年齡的增長而逐漸長大。腹側紋狀體區域是大腦獎賞迴路的關鍵位置，它在 ADHD 患者大腦中隨著年齡的增長反而縮小了，這可能解釋了為什麼 ADHD 患者對獎賞的感知和反應跟普通人不一樣。

ADHD 患者的大腦皮質比普通人成熟得慢。在一項研究當中，普通兒童的大腦皮質厚度峰值通常出現在七歲半，而 ADHD 兒童則要到十歲半才能達到。大腦皮質的發育滯後在額葉區表現得尤其明顯，這個區域是負責執行功能、專注力和計劃的核心區域。一些患者在治療後症狀得到明顯的緩解，他們大腦的活動模式和皮質厚度也恢復至接近普通人的水準。

綜合這些研究可見，可能是因為大腦皮質相對發育遲緩而導致 ADHD 兒童的自控力、專注力不如同齡人，到了成年期，隨著他們的大腦發育速度逐漸趕上來，各種症狀也越來越少。不過，還是有不少 ADHD 兒童即使在成年後，大腦皮質的功能和結構也無法達到成熟，部分大腦皮質區域的厚度還是偏薄，包括大腦額葉、顳葉和大腦的運動區域。作為補償，他們的體感感覺皮質和枕葉會變厚。

一個人的 ADHD 症狀隨著年齡的增大和大腦的發育成熟，可能會逐漸內化為其他一些症狀。比如，兒童時期的多動行為在青少年時期可能會變成內在體驗的坐立不安，兒童時期的容易走神在青春期可能會變成容易胡思亂想。

在人群中，那些看起來沒有 ADHD 症狀，但實際上注意力非常不集中的人有很多。但是，臨床上這些人求診的比例很低，這是因為缺乏外在的多動表現讓很多人不知道自己有 ADHD，或者不知道自己的孩子有 ADHD。這種現象在女性當中尤其普遍，因為女性的 ADHD 症狀表現和男性不同，她們主要是內在缺乏注意力，如果不仔細觀察或者詢問，其他人很難知道。

注意力不足過動症的治療方法 _____

在美國，藥物是治療兒童 ADHD 的首選方案；而在歐洲，藥物只針對那些非常嚴重的案例，對於症狀輕微的患者，醫生通常首選非藥物治療方法。

在進行任何治療之前，先要了解 ADHD 兒童所處的環境。比如，父母都在身邊還是分居、父母對孩子的治療是否支持、父母對孩子有沒有虐待行為、父母是否有足夠的能力照顧孩子等。如果孩子一直生活在混亂的環境中，治療很可能是沒有效果的。

治療 ADHD 的藥物分為興奮劑藥物和非興奮劑藥物，這兩種藥物都可以有效減少兒童和成年人的症狀，但學齡前兒童推薦使用非藥物治療方法，症狀非常嚴重的除外。藥物治療通常是長期的，它可以改善兒童和成年人的症狀。

一些跟蹤跨度至少為兩年的研究發現，用興奮類藥物治療 ADHD 有長期效果，雖然這個效果沒有好到可以讓 ADHD 患者具備和正常人一樣的專注力。

非藥物治療方法主要針對一些病情不太嚴重的患者。因為非藥物治療方法一般沒有副作用，一些對藥物治療沒有反應的患者也可以嘗試非藥物方法。而且，單純的藥物治療沒有辦法達到最優效果，非藥物結合藥物的方法往往可以達到更好的治療效果。

認知行為治療是歐美地區應用最廣泛，也是最值得推薦的非藥物 ADHD 治療方法。

在童年的早期和中期，認知行為治療主要用於幫助家長掌握適當的教養 ADHD 兒童的方式，矯正他們的不恰當行為。一些專門為 ADHD 兒童設計的遊戲也可以增加他們的自控力。生活管理技

能也是針對青少年及成年 ADHD 患者的值得推薦的治療方法，包括自控力訓練、解決問題的能力訓練和一些補償性策略的學習，旨在幫助患者學習如何更好地管理時間和社交。

注意力不足過動症不一定是壞事

其實每個人多多少少都會有 ADHD 的一些症狀，包括難以集中注意力、坐立不安、遲到、做事計劃不周等，只是每個人的程度不同。每一種症狀的程度都是從非常輕微到非常嚴重這樣連續變化的，而不是簡單粗暴地把症狀對號入座，也不是有某個症狀就一定是 ADHD。有前文中提到的各種多動特質的人，並不一定就是 ADHD 患者。

實際上，有多動特質未必是壞事。雖然衝動、缺乏規劃能力和時間管理能力看起來會給學業和按部就班的工作帶來阻礙，但是類似 ADHD 的心理和行為特徵也有它好的一面。比如，傾向於冒險的特質可以讓人在不斷變化的環境中勇於嘗試新事物，找到新方法來獲得成功；喜歡做白日夢會讓有 ADHD 的人更具創造力，比普通人更擅長以創造性方式解決棘手問題。即便是缺乏時間規劃能力、衝動這些看起來明顯屬於缺點的特質，只要不太影響生活和工作，身邊的親朋好友對這些特質也有足夠的包容和支持，這些就不是非改不可的問題。

第十三章

創造力是比記憶力和專注力
更重要的大腦核心競爭力

請你先思考兩個問題：什麼東西可以發出聲音？什麼東西有彈性？

我給你的提示是：不要從常規角度想，比如，「汽車可以發出聲音」和「氣球有彈性」，這樣的答案實在太普通了。你能想到的最不尋常的答案是什麼？

一直以來，傳統的智商測試包含一系列的認知能力測驗，包括記憶力、閱讀理解能力、空間想像能力等。這些測試項目的確可以用來預測你的學業表現，但其中卻沒有一個項目是可以用來測量創造力的。

一個人光有記憶力、邏輯能力這些傳統認知能力是遠遠不夠的。認知能力只有和想像力、創造力相結合，才能反映一個人真正的能力。比如，一個人的記性很好，他可以很快記住學過的知識，但如果他缺乏想像力或創造力，那麼他的能力最終只能停留在書本上。

是不是一個人的智商越高，創造力就越強呢？不是的。研究發現，只要一個人的智力超過平均水準，他的智商和創造力之間就毫無關係了。與其說智力和創造力有關，不如說性格更多地預示了一個人的創造力高低——創造力和高度遺傳的開放性人格特質的相關性非常大。如果你智力夠用，又積累了一定的專業經驗，那麼你對新鮮體驗是否持開放心態將大大決定你最終能否把智力資源轉化成原創性的工作成果。

一九六〇年，心理學家唐納德・坎貝爾（Donald Campbell）提出，創造力可以分為兩種：一種是「盲目發散」，另一種是「有選擇地保留」。創造過程又可以看作試錯性的問題解決方式，這個過

程和自然選擇的過程非常像。在演化的歷史長河中，生物在複製和有性生殖中先是自發地製造出大量的變異，然後由自然選擇負責保留那些適應環境的變異。我們大腦的創造過程亦如此：一個人或者一群人在一個問題上嘗試的次數越多，結果的多樣性就越大，也就越有可能湧現出有生產力並且適應環境的發明或發現。

在人類的文明進程中，很多職業都需要極大的創造力，比如設計師、編劇、畫家、雕塑家、理論物理學家、建築師、軟體工程師等。不同人的創造力有很大差別，這源自大腦的不同設定。

創造力的大腦基礎 _____

在十九世紀以前，醫生主要透過觀察腦損傷的患者來研究大腦不同區域的功能。菲尼亞斯·蓋奇（Phineas P. Gage）就是其中最著名的案例之一。二十五歲的蓋奇是一個鐵路工人，他每天的工作就是維護鐵路和爆破岩石，因為性格開朗健談，大家都很喜歡他。

一八四八年九月十三日，蓋奇像平常一樣巡視鐵路上有沒有妨礙運行的路障。在一塊需要爆破的岩石前，當他用一根鐵棍將甘油炸藥填塞到孔中的時候，炸藥被意外點燃了。爆炸的巨大衝擊力導致他手中的鐵棍順著他的左顴骨下方穿入頭部，然後從髮際線正中穿出去，在空中飛行了一段時間後，落在他身後二十幾公尺遠的地方。儘管蓋奇的左腦前部被捅了一個大洞，但他並沒有失去意識。在外科醫生的精心治療下，蓋奇十週後健康出院了。

出院後的蓋奇可以正常說話、走路，看起來和受傷之前沒什麼差別。但不久後他的老同事發現，蓋奇的性格似乎完全變了。在出

事之前，蓋奇是一個嚴謹、禮貌、做事果斷的小夥子；而出事之後，他變得無法控制自己的脾氣，動不動就和人吵架，做事沒有計劃，總是隨心所欲地改變。最終，蓋奇無法勝任鐵路工作，勉強找了一份趕馬車的差事，並在十二年後因為癲癇發作去世。蓋奇的這個病例讓醫學專家第一次瞭解到大腦額葉負責的功能包括抑制和規劃。

透過類似的腦損傷研究，十九世紀之前的醫學專家逐步積累了大腦功能對應不同腦區的知識，這些積累的知識讓他們一度認為大腦的每個功能都是由特定區域負責的。

但是，隨著一八七五年腦電圖記錄儀器的發明和二十世紀初獲得六項諾貝爾獎的磁振造影技術的誕生，以及隨後這些大腦觀測技術在醫學領域的廣泛應用，腦科學家發現，大腦的功能並不是簡單地按照生理位置劃分的，而是按照網絡的形式分布的，同一個功能可能是由大腦中相距遙遠的區域以網絡的形式共同完成。

大腦預設模式網絡就是這樣一個典型的網絡，它和創造力息息相關。在本書的前面幾章，我們有好幾次提到大腦預設模式網絡。大腦預設模式網絡和別的大腦網絡不太一樣。通常當你看一樣東西的時候，大腦的視覺網絡會活躍起來；當你在聽音樂的時候，大腦的聽覺網絡會活躍起來。但是，預設模式網絡的活動模式和這些負責特定功能的網絡恰恰相反。

當你在做某一件具體的事或者執行一項具體的任務時，比如認真聽別人說話或者寫文章，大腦的注意力網絡會活躍起來，並把大腦的認知資源調配到你正在做的事情上，此時大腦的預設模式網絡活動會受到抑制。而當你什麼都不做的時候，大腦預設模式網絡的活躍性反而會增加。大腦預設模式網絡和一個人的自省、思考和想像有關，而這些大腦活動恰恰是創造力的根源。創造性的認知活動

和大腦的預設模式網絡密切相關，當你的頭腦放鬆時，才會開啟想像，大腦的不同區域在這種時候會重組已儲存的知識經驗，接著可能產生出創造性的成果。

大腦的預設模式網絡包括相距遙遠的不同腦區，比如後扣帶迴與楔前葉、內側前額葉、雙側角迴、雙側外側顳葉和雙側海馬迴，這些不相連的腦區在大腦圖像中看起來就像是紅白分明的京劇圖譜一樣。

在前文我們介紹過，注意力網絡的活動和預設模式網絡的活動相互抗衡。當你的注意力網絡活躍的時候，預設模式網絡就會受到抑制；而當你的預設模式網絡活躍的時候，注意力網絡就會相對沉寂。大部分時間裡，大腦會在負責白日夢的預設模式網絡和負責對外界刺激做出反應的注意力網絡之間不斷切換，所以你有時能集中注意力做事，有時則會神遊天外。

透過觀察擁有高度創造力的人的大腦功能，科學家發現一個富有創造力的人的大腦中距離遙遠的神經元之間的連接比一般人更強，這些人擅長在思考和想像的時候斷開預設模式網絡和注意力網絡之間的連接，重點活化預設模式網絡，而在需要專注執行任務時，再把注意力網絡連接上。

創造力和高度遺傳的開放性人格特質有關，這是不是意味著你的創造力從出生之日起就沒法改變了呢？並不是的，創造力不是固定不變的特質，而是可以隨著不同的場景改變。那麼，這些激發創造力的場景究竟是什麼？我們什麼時候會比其他時候更具創造力呢？

影響創造力的因素 _____

　　資源的匱乏或者豐富會顯著影響創造力的發揮。

　　蘇黎世大學的靈長類動物學家在研究紅毛猩猩的過程中發現，當食物匱乏時，紅毛猩猩會進入「節能」模式，盡量減少運動，並且願意吃一些不太好吃但容易獲得的食物。之所以這些紅毛猩猩在食物匱乏的時候會採取節能策略，是因為在資源有限的環境中，動物如果做出一些冒險行為，可能會導致自己受傷或者中毒。而且，冒險需要大量的時間、能量和注意力資源的投入，而產出卻不確定，所以這種行為模式並不適合資源匱乏的環境。

　　當人類面對資源匱乏的情況時，也會採取類似的策略。哈佛大學經濟學家和普林斯頓大學心理學家於二〇一三年發表在《科學》期刊上的一項研究發現，如果提醒一個低收入者注意他當下所處的經濟困境，就會立刻降低他在創新環境中的邏輯思維能力和問題解決能力。

　　簡單來說就是，貧窮限制了你的想像力。一項針對印度甘蔗農民的研究結果也說明了這個問題。印度蔗農平時的生活都很拮据，直到賣甘蔗的日子他們才可以得到辛苦工作一年的收入。在得到收入之前和之後，科學家分別測試了他們的認知能力。結果發現，當蔗農拿到錢，經濟條件得到明顯改善之後，他們在認知測試中的表現均有了明顯提升。

　　儘管人們面對生存壓力時，為了存活下去，偶爾也會有些許發明創造，但如果大腦長期被緊急問題占據，比如需要賺錢買食物、租房子、還信用卡，或者因為工作壓力大而沒有時間做其他事，大腦就很難有富餘的認知資源去思考能長期改善生活品質的方法。

相反，十分豐富的環境資源可以激發創造力——紅毛猩猩在吃好喝好的環境中就會創造力爆棚。科學家讓一些紅毛猩猩住在安全的居所中，不愁吃不愁喝，還有新奇的玩具。在這種條件下，紅毛猩猩開始用各種新奇的方式玩玩具，充分發揮牠們的創造力來娛樂。相反，當把新奇的玩具放在為了生存殫精竭慮的野生黑猩猩面前時，牠們的表現和紅毛猩猩有著天壤之別，缺乏安全感的野生黑猩猩碰都不敢碰一下玩具，牠們對新奇事物的恐懼直接阻礙了創新。

人類也是這樣，資源匱乏或者時間匱乏都會阻礙你的大腦發揮創造力。只有當你身處相對安全寬鬆的環境中時，大腦中的創造性思維才能大量湧現。

人類社會的絕大多數創新都不是源於某個人的天分和才能，而是源於我們對已有知識的創造性重組，以及在此基礎上的些許提升。我們日常接觸的絕大多數東西都不是一個人窮盡一生能夠發明出來的，而是社會整體「大腦」的創造性結晶。一個大型社會群體相互間的交流使身處其中的人可以分享和產生更多新穎的想法。一個社會群體越大、交流越多，文化演化的速度可能就會越快。失敗的成本越低，人們才會越願意嘗試創新。而只有當社會能讓身處其中的人們感到足夠安全和富足時，社會整體的創造力才能被提升。

心理距離會影響創造力 _____

心理距離越大，越容易產生創造力。什麼是心理距離呢？任何不發生在此時此地的我們身上的事，都是有心理距離的事。比如去

年發生的事就是在時間上有心理距離的事；當下你身在目前所在之處，發生在美國或是其他國家的事就是在地理上有心理距離的事。即使是此時此刻發生在你自己身上的事，你也可以透過改變視角來製造心理距離，比如將發生在自己身上的事想像成發生在別人身上，你就給自己成功製造出了和這件事的心理距離。

為什麼增加心理距離就有可能增強創造力呢？這是因為如果一件事的心理距離非常近，那麼你會傾向於從具體細節的角度思考它；而當你保持一定距離看待這件事時，你就會更多地從抽象和整體的層面思考它。抽象思維可以讓你用比較新穎的方式看待問題，也更容易把不相關的事以創造性的方式聯繫在一起，得到腦洞大開的結果。

美國印第安納大學的研究者就做了這樣一個利用心理距離增強創造力的研究。實驗人員給參與實驗的大學生出了一道題目：有一個被關在塔裡的囚犯，他在牢籠裡發現了一根麻繩，這根繩子的長度是牢房到地面長度的一半，請問囚犯怎樣才能成功越獄？

實驗人員在提出這個問題的同時，還給了兩個不同的背景條件。一個心理距離近的背景條件是：這個問題是由印第安納本地的大學生設計的；一個心理距離遠的背景條件是：這個問題是由加州的大學生設計的。結果發現，在遠距離背景條件下，因為實驗參與者思考問題時的心理距離更遠，所以他們的腦洞開得更大，從而更容易想出這個問題的答案。

這個問題的答案是：把這根麻繩拆開變成兩根一樣長的繩子，然後把它們首尾相連，繩子的長度就變為原來的兩倍，囚犯可以順著這根長繩爬下去。

這就是所謂的「當局者迷、旁觀者清」。通常你看待自己的問

題往往不如別人看待你的問題那麼清晰，就是因為旁觀者可以在更大的心理距離上思考問題，從而用更具創造力的方式解決問題。這個實驗結果說明，在嘗試解決棘手的難題時，即使是在想像中微調一下某件事發生的地點，也有可能給你帶來更具創造力的思路。

類似地，一項發表在《人格和社會心理學》期刊上的研究發現，定居國外有助於增強創造性思維：在海外居住時間越長的商科學生，在創造性地解決問題方面的表現越好。這並不是因為越有創造力的人越喜歡住在其他國家，而是因為居住在其他國家可以接觸到新的文化和想法，使人在解決問題時產生新想法，也更願意用新辦法去解決問題。

在時間上和可能性上增加心理距離感，也可以提升解決問題的創造性。如何在時間上增加心理距離呢？方法就是，把一件事情視為發生在遙遠的過去或者遙遠的未來。當你制訂未來一年的計劃時，你可以想像這一年發生在很久以前或者很久以後，這有助於你從大局上思考如何正確和創造性地制訂這一年的計劃。如何在可能性上增加心理距離呢？把一件事看成是不太可能發生的小機率事件。比如，你的上司要求你給客戶設計一個全新的廣告方案，你執著於細節，苦思冥想也找不到創新點。這時你可以嘗試在可能性上增加心理距離，想像廣告中的這個產品是虛構的，而不是現實的產品，這有助於你另闢蹊徑，想出一個令人耳目一新的廣告方案。

下一次當你被一個問題卡住時，試著增加一點心理距離，去遙遠的地方旅遊（或者想像自己身處一個遙遠的地方），或者把事情想像成發生在遙遠的未來或者過去，或者和不同的人交流這個問題，又或者考慮現實中似乎不太可能的替代選項，這些方法都可以幫助你想出有創造力的點子。

生氣可提升創造力

生氣有時候也可以提升一個人的創造力。我們都知道生氣不好，它不僅會讓人不開心，還可能導致你做出不明智的決策。不過，社會心理學研究發現，人在生氣的時候可能會表現出更多的創造力，雖然這個神奇的效果不會持續太久。

為什麼生氣會激發創造力呢？第一，生氣是一種激發能量的狀態，這種能量可以調動大腦中的訊息創造性地解決問題。第二，人在生氣時會有更加靈活的思維模式，想法更加發散，也更容易找到不同種類訊息之間的關聯。生氣的人不能系統地思考問題，在判斷訊息的時候會依賴於整體線索，但也因此可以用更大的視野看問題。生氣激發的創造力在當面對峙、討價還價、協商的環境下表現得尤其明顯。不過，生氣激發的創造力只在一開始有用，隨著時間的流逝，這種創造力會逐漸下降到一般程度。

如何培養兒童的創造力

兒童時期是人的一生中創造力最強的時期之一，這是因為兒童的大腦額葉還遠未發育成熟，對其他腦區的監控和抑制較少，這使得兒童大腦的不同區域相比起成年人可以更加自如地互動，產生出更為多樣的聯想。儘管如此，不同孩子的創造力仍然存在很大差別，不同的環境也會對兒童創造力的發揮和培養產生巨大的影響。作為成年人，該如何激發和保持兒童的創造力呢？

第一，要給兒童更多的獨處時間，而不是用各種補習班把他們

的時間占滿。獨處時的「胡思亂想」是創造力的重要來源，而現在的教育體系要求學生上課時集中注意力聽講，課外活動時則要集中注意力學習課外技能，以至於兒童往往沒有足夠的時間從負責學習的注意力網絡切換到負責創造和想像的預設模式網絡，像以前的孩子一樣天馬行空地發揮想像力。兒童光有專注力是不夠的，還必須有想像力，這樣學到的東西才能被賦予個人意義，產生創造性的成果。

第二，不要用外在的獎賞引導兒童做某事，而應該鼓勵兒童自發地去做事。比如，不要和兒童說「你期末數學考試得九十五分以上，我們暑假就出國玩」，這會讓兒童將學習某種知識和外在的獎勵聯繫起來，認為自己學習是為了得到獎勵，而不是因為學習本身有趣。正確的做法是，鼓勵兒童找到學習本身的樂趣，讓他們愛上學習。

第三，增加兒童的體驗，開拓他們的眼界，從而增加他們獲得靈感的可能性。比如，經常帶兒童參加戶外活動，和大自然、動植物互動，以及帶他們參加不同的社交、遊戲活動等。教育者、家長都需要換種思維方式考慮兒童的能力。想法獨特而成績一般的兒童往往不受學校大環境的認可。相比把學生都培養成一模一樣的產物，教育者更應該嘗試發掘每個個體的獨特才華和天賦。

如何激發成年人的創造力

成年人的創造力也不是固定不變的，而是可以提升和激發的。創造力歸根結底就是對已有訊息進行創造性重組的能力。所以，要

激發創造力，一方面大腦中要有足夠多的可以自由發揮的素材，另一方面要對這些素材進行創造性重組。比如，畢卡索的立體主義畫派就源於對印象主義和非洲、亞洲雕塑面具的創造性組合。蘋果公司創始人賈伯斯在生活中非常熱愛藝術、宗教和哲學，並且把極簡的藝術和哲學理念用在蘋果手機的設計上。

　　激發成年人創造力的關鍵在於，要保持好奇心，隨時瞭解你不知道的事，不斷閱讀你感興趣的書和學習新技能。和其他人合作也是絕佳的激發創造力的方式，因為每個人的想法和背景不同，對一些人來說，某個想法可能是稀鬆平常的，但對你來說卻是怎麼也想不到的，這種思想的碰撞可能會產生一些意想不到的創意。在大腦中儲存越多的知識，在生活中就可以產生越多具有創造性的想法。要嘗試汲取不同領域的知識，包括和你的專業領域毫不相關的知識。當擁有足夠的素材時，置身問題中的你就會發現自己擁有很強的創造力。

　　對創造力而言，少即是多。要創造性地重組大腦中的東西，考慮的東西越少越好。你可能遇到過這樣的狀況：當你坐下來著手創作的時候，卻發現自己怎麼都找不到靈感。最鬱悶的是，你越努力、越想做好，就越沒有靈感。為什麼你沒法強迫自己產生創造性的靈感呢？

　　史丹福大學的研究人員研究了產生創造力的大腦神經機制，他們發現小腦也參與了創造力的產生過程。研究人員讓參與者根據一些詞語進行創作，同時用磁振造影掃描儀觀察他們的大腦活動。結果發現，繪畫任務越難（詞語很難用繪畫的形式呈現出來），負責注意力和思考的前額葉活躍程度越高；而小腦的活躍程度越高，繪畫表現出來的創造力越強。所以，一個人越是有意識地去監控自己

的想法，投入越多的意志力，表現出來的創造力就越低。而一個人在作畫的時候想得越少，畫作就越有創造力。所以，在創造力這件事上，你的思慮越多，可能反而越沒靈感。

第十四章

拖延症和提前症

拖延症的英文是「procrastination」，包含兩個拉丁文字根，「pro」是向前的意思，「crastinus」表示明天。所以，拖延症就是把今天的事情拖到明天再做。明日復明日，明日何其多。如果拖延超過一定的限度，就會對生活或者工作帶來不好的影響。

拖延症的本質是對一些事情優先程度的安排不同。比如我們現在有三件事情要做，第一件事是明天早上交一篇報告，所以今天一定要寫出來；第二件事是玩遊戲；第三件事是洗衣服。你對這三件事有不同的喜好：你可能最喜歡做的事是玩遊戲；雖然你不喜歡洗衣服，但總比寫報告要輕鬆，所以你想做的第二件事是洗衣服；這三件事中你最不喜歡做的就是寫報告，但是在這三件事中只有寫報告才是最重要和最緊急的。

這時你就不能放任自己玩遊戲，而是需要動用大腦的高級能力，提高你既不喜歡又很難完成的事情的優先級，強迫自己先寫報告。可惜在克服拖延症方面，我們經常會失敗。有時是因為經不起遊戲的誘惑，有時是因為覺得寫報告太難而寧願去做不用動腦的家務，有時我們乾脆癱在沙發上，什麼也不做。

有人說拖延症是因為完美主義，這種想法其實更多是在給自己找藉口。95% 的人都有過拖延行為，比如把碗留到第二天再洗，作業拖到半夜才做；白天划手機，工作需要晚上加班才能完成。為什麼幾乎所有人或多或少都有拖延行為呢？這是因為拖延症的產生是基於人們在演化過程中形成的「今天滿足比明天滿足更重要」的傾向。

我們容易選擇近在眼前的小利，而捨棄未來的大益。對於明天能拿到一千元的獎勵和一個月後能拿到一千五百元的獎勵，很多人都會急功近利地選擇前者。產生這種傾向是因為未來的不確定性使

得在我們看來，未來的獎賞遠不如唾手可得的獎賞重要。在心理學上這叫做延遲折扣現象：比起未來的較大獎賞，人們更偏愛那些馬上就可以得到的較小獎賞。對應到大腦的生理反應就是，遙遠的獎賞在大腦中激發的多巴胺分泌量遠遠少於馬上可以得到的獎賞，前者在大腦中的價值也因此「打折」了。

猴子也有拖延症

和我們一樣，猴子也有拖延症。當猴子需要實現一個遙遠的目標時，一開始牠們會偷懶，直到任務快要完成的時候，牠們才會變得積極起來。

巴里・里士滿（Barry Richmond）醫生和他的團隊對猴子的大腦做了點手腳，治癒了猴子的拖延症。在這項研究中，研究者訓練小猴子按住一個槓桿，在合適的時間點鬆開槓桿。這個合適的時間點是，電腦螢幕上的小點從紅色變成綠色的過程中剛好變成藍色的一瞬間。如果小猴子太早或者太晚鬆開槓桿，都算出錯。在電腦螢幕上還有一個灰色的進度條，小猴子完成任務的次數越多，灰色的進度條就越亮，當達到一定的亮度時，小猴子就會得到終極獎賞——果汁。這個實驗本質上是一個典型的需要累積努力才能得到獎賞的任務。

在這個實驗裡，小猴子就像人一樣，在離得到獎賞還很遙遠時，他們會心不在焉、經常出錯。但隨著進度條越來越亮，小猴子變得對任務越來越認真，完成任務的正確率也越高。在任務條進展到三分之二的地方時，小猴子的正確率明顯比進度條到一半的時

候高得多。最後拿到果汁的那一輪，小猴子的正確率達到最高。

里士滿醫生是如何讓偷懶的小猴子擺脫拖延症，成為工作狂的呢？他們發現小猴子之所以看得懂進度條，是因為大腦鼻腔皮質的存在：這個區域負責小猴子的視覺記憶，並將視覺訊息和獎賞關聯起來。於是，里士滿醫生和他的同事利用技術手段，讓小猴子鼻腔皮質的多巴胺 D2 受體暫時去活化。這樣一來，小猴子在做槓桿任務時，就不再把進度條的亮度和獎賞聯繫起來，這下牠們變成了徹頭徹尾的工作狂。即使離果汁獎賞還遠得很，牠們也能全神貫注地完成任務，正確率也大大提高。為什麼會這樣呢？這可能是因為失去了進度條的小猴子不再把果汁獎賞當作要累積努力才能得到的遙遠獎勵，而是把它視為隨時可能得到的獎賞，所以只要牠們努力操作槓桿，誰知道什麼時候就得到獎賞了呢？遙遠的獎賞在小猴子的腦袋裡變成了即時獎賞，小猴子自然工作力飆升。

同樣的道理或許也可以幫助人類克服拖延症。試著把需要很長時間才能完成的工作或者要花費大量時間才能獲得的獎賞變成馬上就能得到的獎賞，我們也有可能像小猴子一樣變得熱愛工作。

參照小猴子克服拖延症的原理，你可以嘗試以下兩種方法。

巧克力法

假設你需要完成一項自己不喜歡的工作，這項工作要花整整兩天時間才能做完。在這種情況下，你可以把兩天的進度當作一大塊巧克力，將它掰開，每工作一小時就讓自己吃一塊巧克力，並在心裡告訴自己我很棒。類似的頻繁鼓勵可以讓你不再糾結於長達兩天的進度條，而是隨時覺得自己很快就會獲得獎賞。

尋找意義法

嘗試找到工作的內在意義，並且抱著學習的心態去做這件事。這樣的心態可以讓你每完成一小部分工作都覺得自己學到了新知識，這種內在的肯定會讓你以更高漲的熱情去克服拖延症，完成工作。

拖延未必是壞事

拖延並非在所有情況下都是壞事，有時拖延甚至是一件好事，有目的地拖延可以帶來靈感大爆發。著名的美國建築師法蘭克·洛依·萊特（Frank Lloyd Wright），在六十七歲的時候設計出了他一生中最得意的作品——「落水山莊」。這個設計只花了他兩個小時的時間。他是怎麼做到的呢？

富有的匹茲堡商人老埃德加·科夫曼（Edgar Kaufmann Sr.）在一九三四年邀請萊特為他設計一棟房子，萊特在當年的十一月到匹茲堡的鄉間實地勘察了一番，然後寫信告訴老科夫曼設計工作正在穩步進行，但實際上他什麼都沒做。十個月之後，也就是在一九三五年九月二十二日早上，老科夫曼打電話告訴萊特他會在午飯前來訪，因為他等不及要看萊特的設計稿了。而此時，萊特的圖紙上還是一片空白。他淡定地吃完早飯，在一群焦急的小學徒圍觀下，在科夫曼從匹茲堡開車過來的兩小時內，完成了他的傑作。這棟建築在一九六六年被評為美國國家歷史地標。萊特的拖延不是白白浪費時間，而是在頭腦中一刻不停地構建想像中的完美別墅，這種準備式的拖延不僅沒有壞處，還是許多創造性工作不可或缺的。

拖延症的反面——提前症

普通人中有 20% 的人會經常拖延，但也有一部分人不僅無法忍受拖延，還喜歡早早完成任務。這叫做提前症（precrastintion）。有提前症的人通常會在一件事情的截止日期到來之前就早早地把這件事解決了，因為他們無法忍受一件事情一直拖著不做。

有科學家設計了實驗來研究提前症的心理根源。參與實驗的大學生需要穿過一段長長的通道。在穿過通道的過程中，通道的左邊和右邊各有一個重量相同的小桶，但兩個桶到終點的距離不一樣。實驗參與者需要在穿過通道的過程中，任選一個桶並提著它走到終點。

結果很有意思。有「提前症」的大學生看到第一個桶時，便會直接提起來一路拎到終點，而不是去提第二個桶，即使第二個桶距離終點更近，也更省力。

為什麼有「提前症」的人寧願選擇更費力的做法呢？科學家在研究結束之後，詢問了這群似乎做出「不理性」選擇的大學生，他們的回答十分接近：因為先提起桶就可以先減輕思想負擔，無須再想著提桶這件事。對他們而言，身體負擔不像思想負擔那麼令人難以忍受。所以，提前症「患者」之所以選擇不拖延，甚至早早地把事情做完，是因為他們非常無法忍受滯留在大腦中的思想負擔。

如何克服拖延

抽象目標和具象目標

德國心理學家尚恩·麥克雷（Sean McCrea）的團隊發現，抽象地考慮某個目標和具體地考慮這個目標，兩者的效果完全不同。當你在抽象的層面上考慮一個目標時，你很有可能會拖延；但當你具體地思考一個目標的實現方式、地點、時間等細節時，你就會傾向於高效地完成這件事，而不是拖延。

在麥克雷博士的研究中，一群學生需要完成一個簡單的任務——在三個星期內開一個銀行帳戶和記日記。研究者要求其中一半的學生在日記裡記錄一些抽象的事，比如什麼樣的人會開銀行帳戶；另一半學生需要在日記裡寫下一些具體的事，比如和銀行職員聊天、填表、存款的經歷等。結果，那些需要在日記裡寫下具體事項的學生比只是抽象地思考哪些人會開銀行帳戶的學生，完成任務的速度和比例都高得多。

給自己設定截止日期

一些人會為了克服拖延症而給自己設定截止日期。這種做法真的有用嗎？研究發現，給自己設定截止日期的確可以幫你在一定程度上緩解拖延，但自己設定的截止日期相比外部規定的截止日期效果差，自己設定的截止日期比較不容易遵守，而學校規定的考試時間或者公司規定的方案上交時間對一個人的約束力更強。所以，外部硬性規定的截止日期對克服拖延症更有效。

把「我必須做某事」變成「我想做某事」

拖延往往是因為我們不想做某事，而把這件事情的優先程度設得比較低。對於那些內心真正想做和喜歡做的事情，我們很少拖延。打遊戲、去見喜歡的人這些我們發自內心想做的事情會激發我們大腦的獎賞迴路並釋放多巴胺，讓我們有慾望和動力去做這些事。而我們不想做的事情不會給我們帶來獎賞感，大腦就幾乎沒有動力去開始做這些事。

因此把你認為必須做的事情變成你想做的事情，這可以幫助你克服拖延。怎麼做到呢？舉個例子，如果你需要交一份報告，你就告訴自己，這個領域真有趣，我想了解更多關於這個方面的知識。這樣積極的學習思維模式會讓你更願意主動去開始做事，而不是被動等待截止日期的到來。

放開對自己的限制

有的人的拖延是「自我設限」的表現。當你沒有做好一件事的時候，你可以說，「我做得不好不是因為我能力不行，而是因為我沒有安排好時間」。這種思維方式就叫做自我設限。比如，你考了六十分，但你告訴自己，我還是很聰明的，只是沒安排好複習時間而已。

在二〇一二年的一項研究中，科學家專門研究了自我設限的現象。參與該研究的高中生需要準備一場數學考試。在考試之前，他們需要寫下一些句子來描述自己會如何準備這場考試。這些高中生被分成了兩組，實驗人員給其中一組人一個積極的句子作為範例：如果我仔細思考這個問題，就可以考得更好。而另一組人拿到的範例則是一個中性的「如果……就」的句子。看了這個句子之後，參

與者需要再寫出幾個陳述句來說明他們會怎樣準備這場考試。完成之後，這些高中生開始考試。

這兩組高中生裡都有一部分人有自我設限的思維傾向。結果發現，不同的自我表達方式影響了自我設限者的表現。在自我設限的高中生裡，那些看過積極句子的人堅持備考的時間比較長，比沒有看到積極句子的人平均長兩小時半。為什麼積極的句子對自我設限者有這麼大的影響呢？自我設限者之所以拖延，是因為他們對自己的能力不確定，不知道接下來該做什麼，而積極的句子可以讓他們以一種更積極的方式思考，減少了他們的自我限制，也減少了他們的拖延行為。

所以，你在做一件事情之前，不要懷疑和限制自己的能力，而應該以開放的心態告訴自己：我準備得越多，表現就會越好。這樣一來，你會變得不那麼拖延，並積極地投入到準備工作中去。

從消極的拖延者變成積極的拖延者

拖延者可以分成兩種類型：一種是積極的拖延者，一種是消極的拖延者。消極的拖延者比較符合我們傳統意義上對拖延症的理解：在需要完成一件任務時，消極的拖延者什麼都不想做，不去推動這項任務，只是讓時間一分一秒地過去，在時間的流逝中忍受焦慮的煎熬和享受拖延的快感。積極的拖延者則不同，他們會故意把任務推遲到最後一刻才去做，這是因為他們覺得自己在重壓之下才會有最好的表現和最大的動力。如果你在生活中拖延某事只是為了讓自己在最後期限即將到來的壓力下有最好的表現，你可能就是一個積極的拖延者。

積極的拖延者相信自己達成目標的能力，他們應對一項任務

時，最終表現通常都不錯。如果你是一個消極的拖延者，不妨轉換一下心態，把自己變成積極的拖延者：相信自己在壓力之下可以很好地完成任務，然後把當下的時間積極投入到你想做且有意義的事情中去，最終高效地完成你必須做的事情。

第十五章

每天洗多少次手才算強迫症？

小濤因為最近一直很焦慮，就去看了精神健康門診。他的工作是居家清潔人員，工作之餘很少參加社交活動。醫生問小濤，他焦慮的對象是什麼？小濤說他擔心自己會得傳染病。小濤平時總會盡量避免觸碰自己家以外的任何東西，如果他不小心碰了任何他覺得可能帶有細菌或病毒的東西，就會用肥皂反覆地洗手。小濤每天洗手超過三十次，除此之外還要花幾個小時洗澡。因為害怕接觸病毒，小濤也會盡量避免與別人發生任何身體接觸，所以去超市買東西或者坐地鐵對他來說都是個大麻煩。當然，他也沒辦法正常談戀愛。

醫生繼續問小濤，生活中還有沒有別的事讓他感到擔心。小濤說，他還擔心在路上會不小心撞到別人，擔心說錯話，擔心得罪鄰居，等等。為了緩解這些想法帶來的焦慮，他經常在頭腦裡反覆回想剛才和別人的對話，經常向別人道歉，唯恐說了什麼不該說的話。

小濤每天睡覺前還必須舉行一個「儀式」，就是向空中拋枕頭十九次，否則他會全身不舒服，無法入睡。這個儀式是一年前開始的，最初他覺得自己需要拋五次枕頭，否則就會有不好的事情發生。之後，他拋枕頭的次數逐漸增加到十次、十五次，直到現在的十九次。

醫生給小濤的診斷結果是強迫症。他還有很多強迫性觀念，比如擔心感染，擔心冒犯他人，渴望整齊，有儀式行為……強迫自己固守這些觀念及這些觀念導致的習慣性行為，已經明顯影響了小濤的個人和社交生活。

在世界上，大約每五十個人中就有一個人在一生中可能會經歷

強迫症。有強迫症的人會有強迫性觀念或行為，抑或兩者都有。這些症狀會影響患者生活的各個方面，包括工作、學習、社交等。從統計上說，強迫症患者一般有高於平均水準的智商和受教育程度。強迫症患者常持有強迫性想法，比如，覺得周圍混亂不堪，擔心親人會離世或有神祕的力量會殺死自己或親人，等等。為了「避免」此類壞事發生，強迫症患者採取一些重複的儀式性行為來降低自己的焦慮感，比如重複洗手、關門、數臺階、咬指甲等。他們知道這些強迫性的想法和行為很荒唐，但卻控制不住自己，以至日常生活受到嚴重影響。強迫症的重複行為和我們的日常習慣不同，可被視為過度的、難以改變的習慣。

強迫症的主要症狀包括：害怕病毒或細菌感染，產生不由自主的禁忌思維（包括性、宗教和傷害），想要傷害他人或者自己，希望周圍的事物非常整潔、有規則，追求完美的狀態。強迫性行為包括：過分清潔，以精確得近乎變態的方式來整理物品，反覆檢查（比如多次檢查門有沒有上鎖），強迫性計數，等等。

重複行為或者儀式行為並不完全等同於強迫症 _____

強迫症有兩個方面的特點：一方面是有強烈的執迷衝動和想法，另一方面是採取儀式性行為來緩解自己的焦慮。人們常常以為有反覆洗手，反覆檢查門鎖，或者把東西擺得十分整齊、規整這些行為就是強迫症。實際上真正的強迫症比這嚴重得多。

並非習慣性行為就是強迫症，生活中每個人都會有反覆確認一些事情的行為。有強迫症的人和普通人最大的區別是，他們無法控

制自己的強迫性想法和行為，即使知道這些想法和行為超出了實際需求。強迫症患者每天至少會花一小時在強迫性思維或者行為上，並且即使他們完成強迫性行為或者儀式，也不會覺得愉悅，而只是從焦慮中得到暫時緩解罷了。

真正的強迫症患者其實只占總人口的 2%。強迫症非常折磨人，強迫症患者幾乎不能或者根本不能控制他們的執迷念頭和衝動行為，並為此耗費大量的時間。強迫性思維和行為會嚴重干擾患者正常的生活、學習、工作和社交，甚至可能導致他們患上嚴重的憂鬱症。要區分一個人是強迫症患者還是只是有強迫傾向、喜歡一絲不苟生活的普通人，判斷標準是症狀的嚴重程度及其對這個人生活的干擾程度。

有一些強迫症患者還會有抽動障礙，叫做妥瑞氏症或者抽動症（也叫抽動穢語症候群）。具體症狀是突然做一些重複性動作，比如眨眼、做鬼臉、聳肩、擺頭、肩膀痙攣、清嗓子、吸鼻子或者發出咕嚕聲。

強迫症的症狀通常在成年早期顯現，男性的發病年齡小於女性，不過也有人在三十五歲之後發病。強迫症的遺傳貢獻率是 25% 左右，也就是說一個人患強迫症有四分之一取決於遺傳因素，四分之三取決於環境因素。強迫症症狀可能會隨著時間的流逝逐漸減輕或自動消失，但也有可能加重。童年時期受過虐待或者重大心理創傷，會增加患強迫症的機率。

神奇的是，強迫症還會因為病菌感染而發病，有一種鏈球菌感染會引發兒童自體免疫神經精神異常（PANDAS），患病的兒童會出現強迫症的症狀。

歷史上一些名人深受強迫症的困擾。美國的飛行英雄霍華德·

休斯（Howard Hughes）是其中之一，他在三十多歲時患上強迫症。最初他在吃豆子時對豆子的大小非常在意，要用特殊的叉子把豆子按大小排序後再吃；後來他開始害怕灰塵與細菌，為了從櫥櫃中拿助聽器，他的助手必須用六到八張紙巾裹在櫥櫃把手上打開櫥櫃，並用一塊未使用過的香皂給他洗手。

尼古拉·特斯拉（Nikola Tesla）是著名的發明家、電氣工程師，他自童年時期起就飽受幻覺（任何單字都能在他眼前形成生動的畫面）、雙相情感障礙（躁鬱症。時而亢奮時而憂鬱）、成癮行為（賭博）、強迫症（所有重複動作必須能被三整除）的折磨。

強迫症患者的大腦

強迫症患者的大腦和普通人有什麼不同呢？目前為止的研究發現，強迫症患者之所以有各種難以抵抗的行為和想法，可能是因為他們大腦的習慣形成系統出問題了。

首先，強迫症和習慣形成機制有關。英國匹茲堡大學的蘇珊娜（Susanne Ahmari）研究團隊在小鼠身上做了這樣一個實驗。實驗中一部分小鼠被實驗人員用生物工程方法編輯成有強迫症的小鼠，另外一群小鼠是天然小鼠。當實驗開始時，小鼠先聽到一個提示音，一秒鐘後有一滴水落在牠們的鼻子上，這些小鼠就會立即抹臉把水擦掉。結果發現，強迫症小鼠和正常小鼠的不同之處在於，正常小鼠會在水滴掉到鼻子上後才開始抹臉，而強迫症小鼠沒等水滴掉下來，一聽到提示音就開始抹臉，在水滴掉下來之後還會繼續抹臉。接著，科學家用光遺傳學方法刺激強迫症小鼠的大腦前額葉一

紋狀體迴路（這個腦迴路和鞏固習慣性行為有關），這群小鼠的強迫性抹臉行為神奇地消失了。大腦的前額葉—紋狀體迴路是負責習慣形成的重要迴路，這個研究中發現的小鼠強迫行為和大腦中習慣迴路有關，說明負責形成習慣的大腦神經迴路在強迫症患者中可能是異常的。換句話說，強迫症可能是因為大腦中習慣形成的機制出了問題。

其次，大腦中的監督系統失效可能是強迫症的另一個重要成因。

劍橋大學的科學家設計了一個精巧的實驗，觀察當人們形成新習慣時大腦是如何運作的。在實驗的前半部分，研究參與者會受到輕微的電擊，他們可以透過在特定的時間踩腳踏板來避免電擊。訓練幾次之後，參與者們都學會了這個技巧。接著在實驗的後半部分不再有電擊，參與實驗的正常人也就漸漸不再踩腳踏板了，他們放棄了之前學到的技巧，因為他們發現不再需要躲避電擊。但強迫症患者不同，他們在實驗的後半部分即使已經沒有電擊威脅，依舊全程執著地踩踏板。

在這個實驗中，科學家分別掃描強迫症患者的大腦和健康人的大腦，結果發現，強迫症患者大腦中負責監督目標的系統表現異常。可能正是因為這個原因，強迫症患者在養成習慣之後，即使行動的目標改變了，他們也沒有辦法像普通人一樣快速轉移目標，改變習慣。

混淆現實和想像是強迫症患者的又一個典型特徵。蒙特婁大學的研究團隊觀察到這樣一個現象：那些非常依賴想像和傾向於脫離現實的人常常表現出更多的強迫症症狀。關於強迫症的一個流行理論認為，並非你頭腦中的想法和行為導致了強迫症，而是你解釋這

些想法和行為的方式導致了強迫性思維和行為。

其實每天我們大腦中都會出現各種各樣奇怪且不合邏輯的想法，大部分人都知道這些想法毫無意義，會自動忽略。但是，有強迫症或者強迫傾向的人卻認為，「我之所以有這些想法，一定有深層原因」。這迫使他們刻意給自己頭腦中的奇怪想法做出解釋，於是一些執拗的想法和儀式性行為就產生了。例如強迫症患者一天洗手幾十次可能並不是因為覺得自己手髒，相反，只是因為他們想反覆洗手，所以給自己一個解釋——「因為我的手很髒」。

在講成癮行為的時候我介紹過，多巴胺是人類大腦中產生慾望和愉悅感的重要神經傳導物質，它和學習能力有密切的關係，多巴胺的分泌能帶給我們獎賞感，也有助於把我們新學到的知識鞏固為長時記憶，在大腦中形成新的記憶迴路。多巴胺分泌得越多，記憶迴路形成得就越快，也越牢固。

多巴胺的記憶鞏固功能對於學習本來是一件好事，但在強迫症患者身上顯得過猶不及了。因為強迫症患者大腦中的多巴胺分泌量比正常人多，所以他們一旦養成一個習慣就很難改掉。這可能是因為多巴胺過度分泌致使強迫症患者的學習迴路建立得過於牢固而缺乏隨時修改的靈活性。臨床上透過深層電刺激療法減少患者大腦獎賞迴路的多巴胺分泌量之後，他們的強迫症症狀也得到了緩解。

總的來說，強迫症患者大腦主要異常的部分就是獎賞迴路。由前額葉、依核、腦島、前扣帶迴這些關鍵節點共同組成的多巴胺獎賞迴路和強迫症的症狀有著很大關係。大腦前額葉的前額葉皮質層區域負責評估某個選擇的情緒價值和心理價值；大腦前額葉皮質和負責分泌多巴胺的依核協同工作，這個獎賞迴路決定你想做一件事情或者得到一樣東西的迫切程度。而多巴胺迴路的另外兩個節點是

負責加工情緒和監控內在狀態的腦島，以及負責監控行為衝突和錯誤的前扣帶迴。

前扣帶迴的活動和強迫性行為有很大關係，因為這個區域的活躍會讓人覺得事情做得不太對、需要糾錯。接收到這個訊號後，強迫症患者就會反覆做同一件事，直到他們感到「完美」。然而由於他們的大腦前扣帶迴功能異常，患者會過度地估計自己的行為和實際回饋之間的誤差，一件事情即使已經做了很多遍，並且做得非常正確，他們也會覺得自己的行為是「錯誤的」「有偏差的」，需要趕快糾正。這種體驗讓強迫症患者感到焦慮，這樣的情緒狀態持續時間久了，會導致負責焦慮情緒的杏仁核也加入強迫腦迴路，讓強迫症患者長期處於焦慮的狀態。

得了強迫症究竟是一種什麼樣的體驗呢？打個比方，假設你正在製作一份呈交給甲方的報告，其中有幾行英文，如果左右對齊，英文字母間的距離就會過大，但如果左對齊，右邊就會顯得很不整齊，無論怎麼調整你都覺得不好看、不完美、不舒服。你的這種「不舒服」的感覺其實就是大腦的前扣帶迴在報錯，讓你忍不住想把報告的格式調整成「完美」的樣子。強迫症患者的體驗就是這種不舒服感覺的加強版，他們的前扣帶迴的報錯頻率更高，即使在沒有做錯什麼的情況下也會「報錯」，致使患者體驗到持續的高度焦慮。為了緩解「不舒服」的感覺，他們就會反覆做出一些儀式性行為或者反覆思考一些想法，以避免「厄運」的發生。

要治療強迫症，習慣破除法是一種經典的方法。這種療法要求強迫症患者對會誘發強迫性行為的場景不再做出平時的典型反應。什麼意思呢？當一個人養成習慣之後，他就會對特定的場景做出習慣性反應。比如在你學會騎自行車之後，你一騎上車雙腳就會自然

地開始蹬踏板,這個反應不需要任何有意識的思考。從一開始有意識的學習到無意識的習慣這個過程,大腦的活躍中心會從紋狀體的腹側逐漸轉移到紋狀體背側,前額葉控制這種行為的能力在這個「權力中心」轉移的過程中會逐漸變弱。也就是說,隨著習慣的形成,這個行為會變成一個容易被調用的自動過程,大腦高級皮質在「放手」之後便會越來越難以控制這種行為,習慣也因此變得很難改變。在強迫症患者的大腦中,這個習慣形成的過程會過於牢固,導致很難被改變。但是,當強迫症患者知道這種很想做的衝動其實只是一種按照特定程式形成的習慣反應,不照著做並不會有不好的事情發生時,從主觀上改變強迫性行為就沒那麼難了。

強迫性人格障礙

強迫性人格障礙是一種和強迫症有著很多相似之處的人格障礙,有強迫性人格障礙的人會事事追求完美、有序和可控。但是強迫性人格障礙和強迫症並不一樣。強迫性人格障礙在人群中的發生比例是2%～8%,男性比女性更常見。強迫性人格障礙的特徵包括:過分講究有序、完美,對細節過分關注,追求心理上對他人的控制感,想充分掌控周圍環境,缺乏對新體驗的靈活性和開放性心態。這類人對控制感和細節的追求可能以效率低下為代價。

強迫性人格障礙的人中常常會見到工作狂或者吝嗇鬼。他們極度追求固定的程序,生活中很少有休閒娛樂活動,也鮮少發展出友誼。這些人很難放鬆下來,經常覺得自己的時間不夠完成他們的目標。他們制訂計劃時常精確到小時甚至分鐘,並且不喜歡那些無法

預期和控制的事情。

　　也有一些研究認為，強迫性人格障礙和強迫症之間有一定的共同性。比如有強迫性人格障礙的人和強迫症患者都表現得過於死板，經常採取一些儀式性行為，講究秩序感，有囤積、收集物品的傾向，追求整齊劃一和條理分明。不同的是，強迫症患者並不喜歡他們的強迫性想法和行為，並為此感到痛苦；而有強迫性人格障礙的人則覺得他們追求規則、秩序的行為和想法是理性和可取的，他們也樂於追求規則和完美主義。

第十六章

心理變態的可怕與強大

說到心理變態，很多人首先想到的可能是電影《沉默的羔羊》中的精神科醫生漢尼拔・萊克特。一想到他戴著面具目不轉睛地盯著你，隨時準備咬你的情景，不禁讓人毛骨悚然。但事實上，心理變態並不是一種診斷標準，現實世界中的心理變態者也不都是十惡不赦的重刑犯。恰恰相反，有很多心理變態者都愉快而安靜地生活在正常人當中，並且他們中的很多人都擁有出色的工作表現和較高的社會地位。當然我們不得不承認，心理變態者比一般人確實更容易犯罪。在重刑犯當中，心理變態者的比例比正常人中的心理變態者的比例要高得多。和正常人中占比為 1% 的心理變態者相比，監獄中的罪犯有 15% ～ 35% 都是心理變態者。

心理變態只是一種模糊的通俗說法，根據精神病學的定義，在有反社會人格障礙的人中，只有五分之一是心理變態者。也就是說，在我們的認知當中「不服管教，不遵守社會規則」的絕大多數人並不是心理變態者。典型的心理變態者的特徵是，無法感到悔恨，傾向於操控和利用他人，善於欺騙，以及無法控制自己的衝動。心理變態者的最大特點之一是冷血，也就是我們通常所說的缺乏同理心的能力。他們似乎誰也不在乎，可以在肆意傷害別人的同時卻不感到內疚和痛苦。他們可以肆無忌憚地說謊、為所欲為，絲毫不會顧及他人的感受。但有時候，他們看起來又對人的心理瞭如指掌，善於把他人玩弄於股掌之中。

很多研究發現，心理變態者對於世界的體驗跟普通人不一樣。他們在傷害別人的時候不會考慮其他人的感受。這是因為他們很難從他人的聲音和面部表情中感知情緒，尤其是他人的恐懼情緒。

心理變態者行事衝動且不計後果，但只要後果沒有嚴重到要坐牢，他們的社會功能就常常是良好的，並不像其他精神疾病一樣會

影響他們適應社會的能力。他們沒有幻聽幻視，不會妄想和害怕其他人傷害自己，不會覺得憂鬱、焦慮或痛苦，也不會在社交場合中顯得過於笨拙。不少心理變態者的智商還高於平均水準，而且，因為他們不會自責，也不想改變自己，所以很多時候他們看起來自信又有魅力。在他們種種撲朔迷離的行為背後，隱藏著的是他們大腦的生理缺陷。

心理變態者更衝動易怒 _____

科學家透過掃描心理變態殺人犯的大腦，發現他們的額葉眼眶面皮質和前顳葉皮質等大腦區域和普通人相比有明顯的功能損傷。額葉眼眶面皮質負責道德價值的判斷和衝動抑制，會參與複雜的決策過程，影響人們對風險、獎賞與懲罰的敏感性；前顳葉皮質則負責記憶的提取。這兩個腦區的普遍功能受損還會波及與這兩個腦區相連的大腦神經網絡，這些神經網絡涉及情感認知、決策、社交等複雜的高級社會功能，這些神經網絡的受損使得心理變態者比常人更容易行事，並且缺乏道德判斷。在人際衝突中，他們更容易做出過激反應，採取暴力行為，但他們又會覺得自己的行為沒什麼不合理的，不會因為自己的衝動和對他人造成的傷害而感到內疚或是恐懼。

心理變態者難以感知他人的疼痛

　　當我們看到別人身體受傷或者感到疼痛時，我們會在心理上也感到類似程度的疼痛，這就是我們所謂的同理心能力。心理變態的犯人能正常感覺到自己的疼痛，但他們對其他人的疼痛卻沒什麼感覺。

　　科學家透過一項功能性磁振造影研究發現了這一點。研究人員將一百二十一個犯人根據他們的心理變態程度分成三組，先讓他們觀看一系列物理疼痛的情景，比如手指被門夾了或者腳趾被重物砸了，然後讓他們想像這件事情發生在自己身上或者別人身上。

　　在磁振造影機器的記錄下，心理變態者的大腦顯現出了他們獨特的活躍模式。當心理變態程度高的人想像疼痛發生在自己身上時，他們的大腦對疼痛做出的反應和正常人差不多：負責感知疼痛的腦區活躍度增加，這些腦區包括前腦島、前扣帶迴、身體感覺皮質和右側杏仁核。但是，當心理變態的犯人想像疼痛發生在別人身上時，他們負責感知疼痛的腦區看起來幾乎沒有任何反應！

　　更不可思議的是，當他們想像其他人在經歷疼痛時腹側紋狀體的反應增強了，而這個區域是負責感知愉悅的！這些異於常人的大腦反應模式意味著，當心理變態程度高的人想像其他人經歷疼痛的時候，他們不僅不會感到同情，甚至還有點愉悅，可見他們並不在乎他人的痛苦。

心理變態者是否缺乏同理心 —————————————————

　　心理變態者對他人的疼痛無動於衷，是因為他們根本沒有同理心嗎？事實恰恰相反，心理變態者的同理心能力和普通人並沒有多大的差別，然而他們會選擇關閉他們的同理心能力，主動忽視別人的痛苦。我們來看看科學家是怎麼發現他們的這一特殊技能的。

　　一個實驗招募了二十個符合心理變態標準的人，還有二十六個普通人作為對照。研究人員向這些參與者展示了幾段同樣的短影片。影片中放的是兩個人的手，這兩隻手共有四種互動方式：第一種是中性的握手，第二種是充滿愛意的撫摸，第三種是看起來就很疼的抽打，第四種是表示拒絕的推開動作。在觀看這些短影片的時候，所有實驗參與者的大腦活動都被磁振造影掃描儀記錄下來。結果發現，心理變態者在觀看手部動作影片時很多腦區的活躍程度都比普通人低，其中包括前運動皮質和體感皮質，這些區域負責感知和控制手部動作，還有前扣帶迴，這個區域負責情感和糾錯。

　　我們大腦的運動皮質有鏡像系統，當我們看別人做動作的時候，運動皮質的鏡像神經元會放電來模擬其他人的動作。這個鏡像系統讓我們得以理解和學習他人動作，和我們的同理心能力有關。在正常人的大腦中，鏡像神經元會在我們做某些動作的時候活躍起來，也會在我們觀察到其他人做同樣動作的時候活躍起來。觀看手部動作影片時心理變態者大腦運動皮層更低的活躍程度說明，作為對照組的普通人的同理心明顯比心理變態者更強，但如果這個實驗至此結束，就不能展現出我們在上文中提到的心理變態者「主動關閉同理心」的超能力了。

　　心理變態者在這個實驗中看起來同理心能力似乎果真比一般人

要差，但事實真是這樣嗎？科學家做了第二個實驗推翻了這一猜測。在接下來這個實驗中，研究人員給參與者觀看同樣的手部互動影片，但要求他們在觀看時想像其中的一隻手是自己的，並且要求他們用同理心能力來模擬這隻手的動作。在這種實驗設定下，磁振造影機器記錄到的結果截然不同：心理變態者和對照組的大腦活動幾乎沒有差別。這兩個研究結果的差異說明心理變態者並不像我們以為的那樣缺乏同理心或同理心能力有缺陷，他們只是大多數時候選擇關閉這個功能。

社交過程中如果我們說了傷害對方的話，或者做了傷害對方的事，那麼同理心能力會第一時間自動讓我們感受到和對方類似的痛苦，也因此健康的同理心機制可以防止我們做出傷害他人的事。心理變態者雖然和普通人一樣有能力感受到別人的痛苦，但他們的大腦在預設狀態下同理心功能是關閉的，只有在他們想開啟的時候才會開啟。他們並不是不能理解別人的痛苦，而是大多數時候不想理解別人的痛苦。

心理變態者的決策能力很差

心理變態的人很難體會到他人的痛苦，但這並不足以讓他們傷害別人。

同理心能力的關閉只是讓傷害別人變得容易一些，而讓他們決定傷害他人的因素是大腦獎勵決策系統出了問題。心理變態犯人之所以做出暴力犯罪和其他反社會行為，很大程度上是因為他們的決策能力特別差。

哈佛大學心理學系副教授巴克霍茲（Joshua Buckholtz）和他的團隊研究發現，心理變態犯人會因為過度看重當下的即時獎賞而忽略危險或不道德行為在未來可能帶來的不良後果。

科學家讓這些犯人做一個心理學上的經典測試：是選擇馬上得到一筆較少的獎賞，還是選擇晚些時候得到一筆較大的獎賞。結果發現，心理變態犯人在面對馬上可以獲得的獎賞時，大腦腹側紋狀體的活化程度比普通人更強。這個大腦區域和評價主觀獎賞有關。也就是說，心理變態程度高的罪犯不僅會覺得即時獎賞的價值比未來獎賞的價值更大，而且對即時獎賞價值的高估程度還遠遠勝過普通人的高估傾向。

另一個發現是，心理變態犯人大腦的腹內側前額葉和紋狀體的連接也比普通人更弱。

大腦前額葉負責展望未來和做出利益最大化的理性決策，成熟的前額葉讓我們知道某個行動在未來對我們的影響。比如，如果我殺了人，未來就會被監禁。當前額葉和紋狀體的連接遭到損壞時，一個人就會做出糟糕的決策，因為他們無法得到前額葉帶來的那些基於未來展望的理性結果的正確指引。綜合以上，「變態殺人犯」之所以實施犯罪的另一個重要原因是，這些人不擅長做決策，見到即時獎賞就無法做出長遠打算了。

為什麼心理變態犯人屢教不改？

心理變態犯人的重複犯罪率要比普通犯人高。心理變態犯人已經被懲罰過一次，知道自己的行為會帶來糟糕的後果，為什麼還一

再地犯罪呢？

　　這是因為心理變態犯人的大腦中負責從懲罰中學習的腦區也有異常。人類得以適應環境，一個必要的步驟就是從懲罰中學習，然而心理變態犯人似乎不能從懲罰中有效地學習。

　　科學家讓心理變態犯人完成一些簡單的圖片配對，配對後一開始得到獎賞，接著逐漸變為懲罰。心理變態犯人從一開始的獎賞中學到了如何正確地配對圖片，最終完成了圖片配對任務，但和普通人不同的是，他們很難從懲罰中學習。他們沒有辦法隨著測試結果從一開始的獎賞變成後來的懲罰而改變他們的行為，這導致他們在測試的後半部分總是做出錯誤的決策，而且花費的時間也比其他人長。和這種行為模式對應的是，他們大腦後扣帶迴腦區展現出了和一般人不同的活躍模式。

　　在做決策時，我們會盡量採取能帶來積極結果的行為，而避免可能帶來消極後果的行為。心理變態犯人也會考慮行為帶來的積極結果，從獎勵中學習正確的行為，但他們卻無法充分考慮自身的行為可能帶來的消極結果，這導致他們容易為了較少的獎賞而冒巨大的風險去做可能遭到懲罰的事。而又因為他們沒法有效地從懲罰中學習，使得他們一而再、再而三地犯罪，無法從被監禁的懲罰中學會經驗。

　　不過對心理變態犯人大腦的研究也給我們帶來了希望。童年時期和青少年時期是大腦可塑性的巔峰時期，在這個時期如果能夠對一些問題青少年或者問題家庭進行干預，透過改變外界環境來改變他們的大腦結構和功能，給他們更多的積極示範和鼓勵，而不是盲目的懲罰，可能會大大降低他們成年後犯罪的可能性。

心理變態者可能更具創造力 ─────────

　　我們從心理變態者身上看到的各種特徵，比如無法感受悔恨、傾向於操控和利用他人、善於欺騙、無法控制自己的衝動，尤其是他們那種亟須跟隨自己節奏的強烈渴望，看起來與極具創造力的人是如此相似！事實上，親社會型的心理變態者與其他有犯罪傾向的心理變態者不同，前者可以充分地把他們的衝動和勇氣用在好的方面。在某種程度上，騙子、小偷和流氓多是在善與惡之間遊走。騙子能夠利用他們的才智解決問題（但很多時候是違法亂紀），而且擅長使用各種技巧（詭計）來解決問題，這離不開他們的創造力。而有創造力的人也常常不怎麼討人喜歡，他們喜歡自說自話、自行其是，既是天才，也是怪人。

　　創造力的表現之一就是打破規則。比如畢卡索在創造抽象主義的作品時就打破了當時的藝術規則，將非洲藝術和歐洲經典人物描繪方式抽象地結合起來。而這種按自己的標準重新定義規則的意願也可能導致一個人為了自己的利益而撒下彌天大謊。

　　心理變態者和極具創造力的人的共同點是，他們都不願意受社會習俗和規則的束縛。這種情緒上的去抑制（缺少抑制）傾向涉及大腦的多巴胺系統，和尋求新事物、渴望獎賞的傾向有關。心理變態者和極具創造力的人可能都有過多的多巴胺，這使得他們比普通人更喜歡尋求刺激、追求新奇和獲得獎賞，同時又不像普通人那樣極度厭惡風險和懲罰。

　　加朗（Adrianne John Galang）博士透過三項研究逐步剖析了心理變態和創造力之間的關係。他在線收集五百份關於菲律賓成年人的問卷樣本，調查他們的創造力和心理變態程度。用於測試心理變

態程度的量表叫做「黑暗性格」問卷，這份問卷包含了很多和心理變態有關的特徵，比如馬基維利主義（權術主義、喜歡操縱別人的傾向）和自戀傾向。結果發現，在這五百個樣本中，心理變態特質和創造力之間存在顯著的相關性。

加朗的第二項研究收集了大學生的心理測試結果，並分析這些大學生的大膽、刻薄、去抑制特徵和創造力的關係。結果發現，在男性當中，刻薄、去抑制特質與創造力有顯著的相關性。

加朗的第三項研究試圖把心理特徵和生理基礎聯繫起來，從生物層面解釋創造力和心理變態的關係。研究人員先測試了所有實驗參與者的創造力，接著用一個網上賭博測試評估了實驗參與者的冒險傾向。在這個測試中，實驗參與者給兩副牌下賭注，其中一副牌如果贏了就可以賺很多錢，但賠率也很高；而另一副牌就算贏了的話也不會賺太多錢，但賠率也不大。有高度冒險傾向的人會選擇在第一副牌上下注，這個簡單的測試可以用來評估一個人的冒險傾向。研究人員在他們做測試的時候同步記錄皮膚電活動，以及他們在即將贏錢時大腦的覺醒程度。

研究結果發現，在快要贏錢的時候那些創造力高的人大腦覺醒程度更低，也就是說，這些人並沒有因為要贏錢而感到激動。這說明，高創造力的人也可能更加冒險激進。這種特質是高創造力者和心理變態者共有的。

心理變態特質一般在兒童和青少年時期形成 _____

並非所有心理變態者都會犯下殘忍的罪行，也有很多有心理變態特質的人是親社會的，會對社會做出很多有益的貢獻。一個有心理變態人格特質的孩子會長成罪犯還是社會棟樑，這主要取決於他從小的家庭和教育環境。

南加州大學的凱瑟琳・托爾布拉德博士（Catherine Tureblad）在《發展精神病理學》期刊上發表的一項研究表明，青少年中後期的心理變態特質在很大程度上可以被環境改變。

在這項研究中，他們跟蹤測量了七百八十對雙胞胎從九到十八歲的心理變態特質，其中包括對同齡人的高度冷酷行為和難以遵守社會規則等，以及他們的看護人的心理特質。結果發現，在不同的年齡段，環境因素的影響程度是不一樣的。

從九到十歲發育至十一到十三歲這個年齡段，兒童心理變態特質的變化有 94% 取決於基因，而只有 6% 取決於環境；從十一到十三歲發育至十四到十五歲這個年齡段，有 71% 的心理變態特質取決於基因，有 29% 取決於環境；而從十四到十五歲發育至十六到十八歲的年齡段，心理變態特質的變化有 66% 取決於基因，有 34% 取決於環境。

這個研究結果說明，在青春期這個敏感的大腦發育期，環境對一個人最終是否會變成一個成年心理變態者有很大的影響力。青春期是一個人心理健康的重要轉折點。

我和中南大學湘雅二醫院的醫生一起研究過少年犯的大腦活動模式，結果發現，有品行障礙的少年犯（成年後可能會成為有反社會人格的罪犯）的大腦預設模式網絡的連接程度比普通青少年更

弱。預設模式網絡是大腦中由幾個不同腦區組合而成的一個特殊網絡，主要負責自我反省、自我思考和白日夢等功能。這個研究結果意味著，在成年後可能會形成反社會人格障礙的青少年，他們的大腦在青春期就已經呈現出明顯的功能變化特質，他們可能對自身思考得更少，或者自我意識比較薄弱。

除了青春期之外，童年期也是心理變態特質形成的關鍵期。在○到四歲時，如果父母無法為兒童提供安全的成長環境，就會增加兒童心理變態的可能性。

詹姆斯・法倫（James Fallon）博士是一位著名的神經科學家，他在從事研究的某一天意外發現，種種特徵都表明他是一個心理變態者，然而事實上他卻成了一位親社會並做出非凡貢獻的神經科學家。他經過仔細思考和研究後認為，就是兒時充滿愛的家庭環境讓他免於成為一個暴力罪犯。

事情是這樣的，有一次，法倫博士掃描了自己的大腦，意外發現自己的大腦額葉眼眶面皮質和前顳葉皮質的活躍程度都比正常人低，這可是心理變態的典型特徵！這個結果讓他大吃一驚，於是他又去做了基因檢測，結果發現自己竟然擁有傳說中的變異戰士基因，即變異的單胺氧化酶 A（MAO–A）基因。

單胺氧化酶 A 基因來自 X 染色體，負責編碼一種影響神經傳導物質多巴胺、正腎上腺素和血清素的酶，這種酶對胎兒大腦發育至關重要。單胺氧化酶 A 基因的變異幾乎只影響男性，它會導致男性比一般人的認知能力低，容易被激怒並做出衝動或攻擊行為。單胺氧化酶 A 基因的變異會減少大腦中的單胺氧化酶 A，導致血清素和其他神經傳導物質在胎兒大腦中累積過多。我們知道，血清素的主要作用是使大腦平靜，但過多的血清素會使大腦在發育過程中

對這種物質越發不敏感，從而產生易怒情緒。

　　在他把這個驚人的發現告訴了他的母親之後，他的母親卻平靜地告訴他，原來他們的家族中曾出現過七名殺人犯。然而法倫博士絕不是一個危險的心理變態者。雖然他在生活中展現出超越常人的好勝心，甚至在和自己的孫輩玩遊戲時都不願意輸掉比賽，但他終生都在做親社會的事情。他相信是他母親的愛讓他成為一個親社會的心理變態者。從法倫博士的親身經歷我們可以推論，對於一個有心理變態潛質的孩子，如果父母一直用滿滿的愛引導孩子做出親社會行為，孩子就更有可能成為一個親社會的人才。

　　法倫博士擁有的變異的單胺氧化酶 A 基因和極端反社會行為之間不能畫等號，因為擁有這種變異基因並不代表它一定會得到表達並發揮作用，畢竟環境對基因表達有很大的影響。有研究發現，單胺氧化酶 A 變異基因擁有者如果在青春期前經歷過巨大精神創傷，就會更容易有反社會行為，而反之，如果從小生活在一個充滿愛的家庭中，單胺氧化酶 A 基因變異者甚至會比沒有這種變異基因的人的反社會行為還少些。這也解釋了為什麼連續殺人犯大都有悲慘的童年。

　　一項針對被收養兒童的研究也發現，當兒童表現出心理變態的一些特質，比如冷酷無情的行為時，如果養父母能夠給予積極正面的養育，就有可能抑制這類兒童進一步發展成心理變態者。

心理變態特質的環境適應性 ————————————

　　既然心理變態特質看起來這麼可怕，為什麼在演化的歷史長河中卻以特定的比例留存下來了呢？

　　和本書講到的其他精神疾病一樣，這是因為我們任何心理特質都不是非黑即白的，而是以程度由輕到重的連續方式存在於每一個人的大腦中。我們大腦表現出幾十上百種不同的特質，在不同方向上以不同程度組合在一起，這些組合的數量是無窮的。每一個人不同的心理特質也為人類的精神多樣性和物種的生態多樣性貢獻了一分力量，在不同的生存環境中發揮著不同的適應作用。

　　心理變態也是這樣一種特質。實際上，任何一種精神特質都不是脫離環境單獨存在的，同一種精神特質在不同環境中可能會有截然相反的效果。雖然極端的心理變態有可能傷害身邊的人，但如果在兵荒馬亂的年代，高度心理變態特質可能意味著一個人在面對衝突和威脅時更加勇敢和無畏。這樣的特質讓一個人更容易獲取權力及資源，於是在這些時期，心理變態特質不僅被保留下來，還可能被發揚光大。

　　擁有變異單胺氧化酶 A 基因的一部分人如果擁有悲慘的童年，成年後就有可能變成殺人不眨眼的惡魔，但在戰亂時期他們卻可能變得驍勇善戰。而在和平年代，反社會的心理變態就會危害社會的穩定和繁榮。

　　心理變態和我在其他章節講到的精神問題的不同點在於，當心理變態特質單獨存在的時候，即便程度相對極端，也有可能是具有社會適應性的。一個擁有心理變態極端特質的人，如果他的認知能力良好，並且從小生活在穩定、溫和的環境中，就有可能成為對社

會做出積極正面貢獻的人才，他的心理變態特徵不會影響他融入環境。而其他精神疾病，比如憂鬱症、焦慮症、強迫症，則會極大地影響患者的社會適應能力，患者及其身邊的人也會因此迫切尋求治療。

　　總之，心理變態特質本身並不能說明一個人是壞人或沒有好的品質。親社會的心理變態者反而可能因為其特殊的心理反應模式而更容易取得異於常人的成就，為社會貢獻出更多的善意。

第十七章

躁鬱症：一半是天堂，一半是地獄

一個長相清秀的男生走到巡房的主治醫生面前，豪邁地對醫生說：「我想停藥一段時間。」主治醫生問：「為什麼？」他說：「雖然服藥之後我覺得自己的情緒平靜了許多，但我想停藥，看看我的情緒改善究竟是藥物的作用，還是它自然而然變好的。」

　　這是一種嚴格控制變量的科學實驗設計思維。

　　醫生笑著問他：「你是不是學過醫？」男生說：「沒有，不過我之前交過的兩個女朋友都是學醫的。為了和她們聊天，我自學了一些醫學知識。」他說話的時候，表情自然，口齒清晰。他瞥見主治醫生身後有一個外國人，主動向對方伸出手，和對方攀談起來：「Hi! Nice to meet you!（你好！很高興見到你！）你會中文嗎？你是巴基斯坦人嗎？我們學校也有很多巴基斯坦人。」

　　這是我第一次見到這位患者，這也是他住院的第五天。聽主治醫生說，這位大學生患者剛被家人送來的時候極度興奮躁狂，當天就寫了幾百首詩。在住院的頭三天裡，他滿病房亂竄，逢人滔滔不絕，口若懸河。他嚴格縝密的思維給我留下了深刻的第一印象，下面我們就稱呼他嚴同學吧。

　　第二天巡房時見到嚴同學，他看起來還是很興奮，但已不是逢人便拉著說話了。他是因為躁狂症狀住院，並被診斷為雙相情感障礙，即俗稱的躁鬱症。他說他喜歡李白，喜歡寫詩，還背誦了李白的《將進酒》和《月下獨酌》。

　　第三天巡房的時候，他拉住我給我作了一首詩，是幾首古詩的變體和組合，還要我寫下來，說我可以自己改裡面的字，變成諧音字。

　　第四天巡房，嚴同學看見我們就繞道走。主治醫師問他感覺怎麼樣，他說：「我都不敢和你們說話，怕你們給我加藥，我只有表

現得乖一點，安靜一點，才能早點出院。」

第六天，我們巡房時並未見到嚴同學。主治醫生說，躁鬱症患者如果不特地找就看不見人，這是躁狂情緒改善的一個標誌。在巡房結束後，我終於看到了他，還和他聊了會兒天。他說，努力奮鬥的人常常沒有安全感，只有不斷奮鬥才能讓自己覺得安全。在他生病的幾年時間裡，他一直在服用抗憂鬱藥物。這類藥物的副作用是嗜睡，以至於他上課時會無法自控地睡著，即便他努力地仰著頭睜著眼睛，還是會睡著。他說，因為不能好好聽課，所以他的成績很難提高，但只要醒著，他都在努力學習。

第七天，他告訴我，他覺得住院區病得最重的是護士，因為在這裡大吼大叫的人只有護士，情緒最不好的人也是護士。他說，正常人和病人的界限本就很模糊。我問他在這裡沒有書看會不會覺得很無聊，他笑了一下說，不會啊，一般人也沒有這麼多時間思考人生究竟做錯了哪些事。

三天後，嚴同學出院了。

躁鬱症有哪些特徵 _____

幾乎所有人每天都會有情緒上的起伏，有時高興，有時低落，如果發生了特別的事，情緒波動會更大。當然，大多數時候你可能覺得自己沒有明顯的積極或消極情緒，只感到心境平和。然而，有一些人在很長一段時間內的情緒起伏都會特別大，以至於影響正常的生活和工作，以及他們的人際關係。這時這個人就有可能患上躁鬱症（編按：正式名稱為雙相情感障礙或雙極性情感疾患）。

約有 4% 的成年人在一生中可能會患躁鬱症。如果沒有得到任何治療，有 15% 的患者會選擇自殺。躁鬱症的遺傳貢獻率是 85%，也就是說，一個人患躁鬱症有 85% 是由遺傳因素決定的。如果你有一個直系親屬患躁鬱症，那麼你患躁鬱症的機率是 10%～17%。超過三分之二的躁鬱症患者至少有一個直系親屬存在同樣的問題，或者患有單相憂鬱症。

　　躁鬱症，顧名思義，主要表現就是巨大的情緒起伏和能量變化。躁鬱症患者極度興奮的躁狂期和極度低落的憂鬱期可能會持續幾天乃至幾個星期，而且情緒變化的幅度會非常大。

　　在躁狂狀態下，患者會擁有旺盛的精力，不停地參與各種活動，即使不眠不休地工作和社交，也沒什麼疲憊感，躁狂狀態下的他們不願意把有限的時間浪費在睡眠上。他們非常興奮，自我感覺良好，甚至認為自己無所不能，是天選之子。

　　患者說話時的語速非常快，常常一件事還沒說完就跳到另一件事上，容易走神，無法集中注意力。在這種極度興奮的狀態下，一個人的自制力和判斷力都會明顯下降，更容易做出一些危險行為，比如危險駕駛、瘋狂購物等，攻擊和挑釁行為也有可能變多。躁狂狀態下的易激惹表現是，容易因為一點小事或者生活稍不如意就大發脾氣，甚至採取暴力行為。嚴同學在入院後的頭二十四小時裡就被管束在病床上，大嚷大叫了一整天才安靜下來。

　　有些患者偏愛作詩，甚至十分有文采，這是為什麼呢？可能是因為患者典型的特徵之一就是思維奔逸，在這種思維狀態下，患者會覺得自己無所不能，文思如泉湧，頭腦中大量毫無關係的概念、想法會在短時間之內湧現，顯得凌亂、豐富而有創造力，這也是詩的表現形式。

經過一段時間這樣的極度亢奮，患者在能量消耗殆盡後會毫無懸念地跌落到極度消沉的深淵。情緒低落期間，患者的情感基調是低沉灰暗的，他們倍感苦惱、憂傷和絕望，平常喜歡做的事情也無法給他們帶來任何樂趣，他們會覺得生無可戀，甚至產生自殺的念頭或者實施自殺行為。

　　躁鬱症的憂鬱相的表現和憂鬱症相同，包括思維遲緩、意識活動減退、內疚自責、睡眠困難等。思維遲緩的表現是：語速慢，說話少，聲音微弱，反應遲鈍，思路閉塞，思考問題吃力，交談困難，感覺腦子像生鏽了一樣。意識活動減退的表現是：行動緩慢，生活被動懶散，不願意和人互動，不想做任何事情，不修邊幅。嚴重的憂鬱症患者可能出現不說話、不動、不吃等木僵情況，叫做憂鬱性木僵。有一次住院部來了個新的憂鬱症患者，他在廁所裡待了很久都沒有出來，警衛在外面反覆叫他也沒有應答。護士進去一看，他躺在地上尿了自己一身，褲子也沒脫。兩個醫生和兩個保安把他抬到病床上。他眼睛直直地盯著天花板，負責照看他的護士關切地和他說話，他也不理睬，只是沉重地呼吸著，這位患者的表現就是典型的憂鬱性木僵。內疚自責的表現是：過分貶低自己，沒有信心，覺得自己一無是處，對前途感到悲觀失望，預感將來會遭遇不幸，覺得孤立無援等。睡眠困難的表現是：失眠，入睡困難，睡不安穩或者早醒，感覺疲倦無力，注意力不集中，難以勝任工作，或者嗜睡。

　　在躁鬱症的發病過程中，極度亢奮和極度憂鬱這兩種狀態有時會在不同時間出現，有時則會同時出現。這種情況就是所謂的混合狀態，患者既覺得自己能量充沛，又覺得生活了無生趣。這種狀態大大增加了躁鬱症患者的自殺機率和成功率，因為這時患者既覺得

自己不配活在這個世界上，又有足夠的能量實施自殺行為。在極度亢奮和極度憂鬱這兩種極端的情緒狀態之間，患者可能會度過一段沒有明顯情緒的穩定期。

　　長期來看，在躁鬱症的疾病發展過程中，憂鬱是不可避免的基調，而躁狂的狀態則時有發生，並伴隨著躁動不安和生氣的情緒。我們可以看到，躁鬱症患者在躁狂期不總是愉快的，有時只是覺得自己有能量。有些人認為躁鬱症就是在躁狂和憂鬱這兩極之間來回搖擺。實際上，大多數躁鬱症患者在大部分時間裡都處於憂鬱狀態，很多患者的躁狂狀態可能並不明顯，以至於他們甚至意識不到自己處於躁狂狀態，這叫做輕躁狂狀態。

　　躁鬱症的躁狂狀態有時頗具迷惑性，以至於當事人和旁觀者都不容易發現問題。因為在躁狂狀態下，一個人可能會達到他的能量巔峰，覺得自己的工作效率和創造力都提升了，自我感覺非常良好。

　　處於躁狂期的患者會因為兩種表現而被周圍的人發現他們的「不正常」。

　　第一種是暴力行為。因為易激惹且能量充足，他們動不動就會因為雞毛蒜皮的小事和人吵架或打架。

　　第二種是看似積極正面的行為，比如，覺得自己能力很強、責任很大，要做大事情，特別喜歡管閒事，行動草率且不顧後果，態度自命不凡、盛氣凌人，並且嚴重到產生妄想的程度。我曾經見過一個病人，他因為「多管閒事」先是被人送進了派出所，後來又被警察帶到醫院，我們姑且叫他閒先生吧。

閒先生因為勸一個人不要亂丟菸蒂而與對方發生爭執，繼而拳

腳相加，最後被圍觀群眾送進派出所，派出所又把他送到醫院精神科。就診的時候，閆先生手上還戴著手銬，臉上有幾處淺淺的紅色傷口，長相敦厚。他一臉誠懇地對醫生說，他有一項重大的使命，那就是維護地球的環境。現在全球環境惡化，氣候變暖，北極的冰山正在融化，海平面升高後大部分地方都會被淹沒。因為西藏海拔高，所以會躲過一劫，最後聯合國也要搬來中國。他接到地球同盟的指令，負責維護地球環境，遏制全球變暖。發出這個命令的人具體是誰，他不能透露。但因為他自己能力有限，做不了什麼大事情，他覺得唯一能做的就是撿菸蒂和垃圾。然而就在他執行任務的時候，他因為勸別人不要丟菸蒂而和對方吵架動手，最後就被警察送到了精神科。

醫生問他人生中經歷過哪些大變故，他說幾年前他曾在全國漫無目的地流浪了整整一年。醫生問他流浪的原因，他說覺得心痛，想一個人靜一靜。他認為自己當時的情緒沒什麼問題，並不知道自己憂鬱了。主治醫生又問他現在還覺得傷心或者心痛嗎，他說自己現在很好，最擔心的就是全球變暖的問題，其他都是小事。問診結束後，閆先生就被安排住進精神科病房。我經常看到他拉著別的病友的手聊天。有一次，他讓一個身材瘦弱的小患者坐在他腿上，邊給小患者按摩邊叮囑他多吃點飯。他說，住在這裡的人都是好人，想法也很深刻，只是外面的人不理解他們。

有一天，我問他，他的夢想是什麼。他指著病房的清潔人員說：「像他一樣收拾垃圾，等我出院之後就要發動大家一起去做這件有意義的事，讓環境變好。」

因為躁鬱症的症狀具有迷惑性，所以剛發病的頭幾年常得不到

有效的診斷和治療。實際上，如果躁鬱症患者可以及早得到診斷和治療，他們的社交能力和工作能力都會得到顯著的改善，能和正常人一樣充滿意義和幸福快樂的生活。

躁鬱症患者的大腦

　　主治醫生正在逐個詢問患者的病情。一個患者在旁邊饒有興致地聽了一會兒後轉身走進病房，在床位間上躥下跳，跳到第三張床的時候差點絆倒。

　　這個患者是一位二十多歲身材健碩的小夥子，皮膚黝黑，看起來健康情況不錯。他和哥哥大吵一架後離家出走，後來被家人送來看病。他說他非常不喜歡父母經常吵架，這讓他覺得很煩躁，想發脾氣。

　　他喜歡籃球、足球、網球、排球，看起來身體健壯。入院後的頭四十八個小時裡，雖然用了藥，但他一直處於極度躁狂的狀態，所以被限制在病床上。因為健康良好，他光靠身體的扭動，竟然把病床從房間的一側移到了另一側。

　　在入院後的第八天，他看起來情緒平和不少。我和他聊天時，他常常提起他的前女友，雖然已經分手了幾年，但看得出來他還是非常喜歡她，說「女朋友」三個字時他的眼睛裡泛著溫柔的光。他說他最大的問題就是控制不了自己的脾氣，或許他和女朋友分手也是出於這個原因。他還說他很喜歡大海，所以去過不少沿海城市。他說出院以後想好好學英文，這樣就可以出國看看，還能和外國人互動。

第九天見到他時，我說想看一下他的手環（手環上有病人的名字等訊息），他回答說他把手環扔了，因為那是他小侄子的手環，不是他的。

迄今為止的研究發現，躁鬱症患者的大腦有結構和功能上的異常，涉及的腦區包括大腦前額葉、海馬迴、杏仁核和邊緣系統。一些研究發現，躁鬱症患者的大腦前額葉神經元的樹突比普通人要少。我的一個合作者——紐約西奈山醫院的索菲婭·弗蘭格（Sophia Frangou）教授，則嘗試從神經可塑性的角度探索躁鬱症可能的發病原因，我們關於這方面所做的研究於二〇一七年發表在精神病學頂級期刊《美國精神病學期刊》上。

躁鬱症是一種高度遺傳性精神疾病，如果一個人的父母或兄弟姊妹患有躁鬱症，那麼他患躁鬱症的機率比普通人更大。可是，為什麼同父同母的兄弟姊妹有人得了躁鬱症，而有人卻可以倖免呢？

為了回答這個問題，我們分析了躁鬱症患者和他們的未患病的兄弟姊妹的大腦，還有一些與他們無關的健康人的大腦做對比。在掃描大腦期間，所有的實驗參與者都需要完成一些和情緒相關的任務。

研究結果發現，躁鬱症患者的那些未患病的兄弟姊妹的大腦活動模式與普通健康人的大腦活動模式非常接近。甚至，未患病者的大腦活動與他們患病的兄弟姊妹的大腦活動模式差異的程度超過了一般的健康人，看起來有點「矯枉過正」。

弗蘭格教授認為，雖然他們也有躁鬱症的致病基因，但由於他們的大腦神經可塑性帶來的適應，讓他們的大腦給自己造出了強大的防禦結構，幫助他們免於患病。

很多研究發現，躁鬱症可能也和大腦的免疫發炎反應有關。換句話說，躁鬱症可能是因為大腦發炎了。一些研究發現，身體免疫系統的活化也會引起大腦的微弱免疫反應，使得大腦前額葉的膠質細胞減少，而膠質細胞是給神經元提供支持和營養的。

腸一腦軸對大腦的影響是近年來另一個引人注意的熱門話題。腸一腦軸理論認為，腸道是人類的「第二個大腦」，腸道中微生物的數量是我們全身細胞數量的十倍之多，這些微生物的生命活動會顯著影響我們的大腦活動。腸道微生物的代謝產物會引起一系列免疫發炎反應，這些反應會透過腸一腦軸，也就是循環系統和迷走神經上行影響大腦，改變大腦中神經元的細胞膜滲透性和氧化壓力，影響神經元的內穩態，進而改變大腦的正常功能。

躁鬱症患者情緒波動很大，可能是因為他們大腦中特定神經元異常地活躍。加州沙克生物研究中心的弗雷德・蓋奇（Fred Gage）教授和他的團隊在二〇一五年用多能性幹細胞技術把躁鬱症患者的皮膚細胞轉化成為與大腦海馬齒狀迴神經細胞類似的細胞。結果發現，這些神經元粒線體代謝異常並且對外界刺激的反應更敏感。

躁鬱症患者可能衰老得更快

一些研究發現，躁鬱症患者的衰老速度超過普通人。首先我們要知道，每過一年我們的年齡就會增加一歲，但我們身體的衰老速度和年齡的增長並不是同步的。在生物學界，我們把年齡分為生物年齡和時間年齡，時間年齡人人平等，但度過同樣時間的人，生物年齡的差異可能非常大。有些人衰老得快，有些人衰老得慢，而不

少精神疾病似乎會加快人的衰老速度，比如躁鬱症。

在一項研究中，科學家比較了躁鬱症患者、他們的兄弟姊妹和一些健康人的血液樣本，分析每個人細胞 DNA 中和生理年齡有關的化學標記物，包括端粒酶的長度、表觀遺傳的生理時鐘和粒線體 DNA 的拷貝數。

這三種化學標記物分別代表什麼呢？細胞端粒酶的長度和一個人的衰老程度有關：一個人的年紀越大，DNA 末端的端粒長度就越短，所以這是一個常見的用來判斷細胞衰老程度的指標。當端粒變得過短時，細胞就不能再繼續分裂，這使得身體難以補充和替換組織，一個人也變得容易患上慢性疾病。中年時期短的端粒酶預示著心血管疾病、糖尿病、痴呆、某些癌症和其他與衰老相關的疾病可能會更早發病。

細胞 DNA 甲基化的程度是另一個判斷生理衰老程度的指標，又叫做表觀遺傳學的生理時鐘。雖然我們身體的幾乎每一個細胞都擁有相同的遺傳物質 DNA，但不同器官中，細胞的表現形式和功能都因為分化而不同。比如，心臟細胞和皮膚細胞雖然含有同樣的遺傳物質，但它們的外形和功能截然不同，這是因為同樣的遺傳物質表達的成分不同。

某個基因表達與否，取決於這個基因的甲基化程度。而近年的研究發現，細胞 DNA 的甲基化程度和生理年齡也有關係，這種表觀遺傳的生理時鐘和人的死亡率也有著顯著的相關性。一個人在生活中經歷的壓力越多，細胞甲基化的程度就越高。

粒線體 DNA 的拷貝數也和我們的生理年齡有關。我們的細胞中不僅包含體細胞的 DNA，還包含在演化過程中進入真核細胞的共生原核細胞，也就是粒線體。粒線體主要負責細胞的能量供給，

粒線體這樣的原核細胞和體細胞這樣的真核細胞共生在一起，體現了大自然在演化的歷史長河中，生物間透過相互博弈形成的合作關係。粒線體的祖先可能只是大自然中一些可以高效利用能源的小細菌，某一天它們被真核細胞捕獲或者主動進入真核細胞，彼此達成合作關係，由粒線體負責為真核細胞提供能量，而真核細胞作為宿主，則為粒線體提供安全的庇護所。如果粒線體出了問題，細胞的能量供給就會發生紊亂，甚至死亡。不少研究發現，粒線體 DNA 的拷貝數和細胞的生理時鐘有關。一些人年紀越大，身體細胞的粒線體 DNA 拷貝數越多。因此科學家推測，粒線體 DNA 的拷貝數可能也是生理衰老程度的一個指標。

透過分析躁鬱症患者的這三個生理指標，科學家發現躁鬱症患者的衰老速度明顯比普通人更快，體現出衰老的生理指標包括表觀遺傳的加速衰老和粒線體 DNA 拷貝數的增加。

年輕的躁鬱症患者的細胞年齡標記物和健康人差不多，但年紀較大的躁鬱症患者細胞看起來則比同齡的健康人老得多。究其原因，除了疾病本身的影響之外，還有可能是因為躁鬱症患者在生活中不太適應環境，體驗到更大的慢性壓力，因此加速了他們衰老的進程。

躁鬱症不是非黑即白的精神疾病 ────────

還有一些和躁鬱症接近的病症。這些病症也有異於常人的情感波動幅度，只是波動幅度低於躁鬱症。循環性精神病指情緒狀態在輕躁狂和憂鬱之間反覆波動，持續時間超過兩年以上，但情緒的波

動幅度不像躁鬱症那麼大。循環性精神病患者中有超過 30% 的人之後會發展為躁鬱症。

還有一些情緒障礙只有輕躁狂階段,而沒有明顯的憂鬱階段,或者輕躁狂和憂鬱的持續時間都只有幾天,或者類似循環性情感疾病的症狀表現持續時間少於兩年。總之,躁鬱症患者和正常人之間的界限並不是非此即彼、非黑即白的,兩者之間存在著大片灰色的過渡地帶。也就是說,從正常到躁鬱症的變化是連續的,正常人也會有情緒波動,持續時間可能是一天,也可能是幾天或者幾個星期。情緒波動如果比較小,不會影響正常生活,就屬於正常範疇;而如果情緒波動幅度非常大,以至於影響了正常生活,就可能成為某種特定類型的情緒障礙,需要看醫生了。

電擊治療沒你想得那麼可怕

精神科醫生治療躁鬱症的首選方法是藥物治療,例如情緒穩定劑鋰鹽。然而除藥物治療之外,還有一些比較有效的輔助治療手段,比如歷史悠久的電痙攣治療。

電痙攣治療在不少刻畫精神疾病的經典電影中都被描述成權威而冷血的精神病醫生折磨毫無還手之力的可憐患者的惡劣手段。在這些電影中,我們會看到一個患者無助地被捆在電椅上,嘴裡塞著一大團破布,一臉驚恐地看著醫生。在特寫鏡頭下,醫生舉起兩個電熨斗大小的電極,不由分說地放到病人腦袋兩側。突如其來的電擊讓病人渾身猛烈顫抖,緊接著便昏死過去。

除了電影的誇張渲染,近年來有些人用電擊手段治療青少年網

路成癮的負面新聞廣為傳播，也越發讓電擊療法臭名昭著。

然而事實恰恰相反，電擊療法歷史悠久，是一種用於治療重性精神疾病非常有效的手段。針對一些難治型憂鬱症、躁鬱症、思覺失調症和強迫症，電擊療法都是精神科醫生的優先選擇。

二十世紀初電擊療法之所以被描繪成恐怖的治療手段，是因為當時的電擊強度大，會給病人帶來強烈的痛感，而且缺乏可以緩解病人痛苦的輔助治療方法，從人道角度看來確實觸目驚心。

但是現在的狀況完全不同，正規醫院的精神科會讓患者在麻醉狀態下接受電擊，患者不會感到太痛苦，在醒來後則會感到情緒平和、頭腦清醒。

電痙攣治療雖然簡單粗暴，但它對重性精神病有奇效，這可能是因為大腦在突如其來的電流作用下會迅速做出調整，可以緊急恢復內部的生物平衡狀態，重新實現神經電活動和分泌的平衡。

第十八章

有人在我大腦裡裝了晶片監聽我！

精神分裂不是人格分裂 _____

　　一位年輕患者戴著像啤酒瓶底一樣厚的眼鏡，看起來頗為誠懇。我問他為什麼住院，他說因為他覺得自己兩眼之間的距離有問題，所以一直在研究瞳距問題，但這件事說來話長，一兩句話說不清楚，他為此鬱悶不已。我不太明白他在說什麼，便繼續問他：「為什麼這件事情讓你覺得鬱悶？」他說：「唉，總有一些事情是你想不明白的。」

　　他說話的時候身體一直側對著我，看起來有點疏遠和警惕，言辭上也吞吞吐吐。他說他因為思考這個問題而心情不好，這種狀態已經持續好幾年時間。他從高中就輟學了。我問他為什麼輟學，他說當時因為近視度數高，眼鏡的鼻托架在鼻子上讓他感到很不舒服，而且他的鼻子做過鼻炎手術，所以他上課的時候不喜歡戴眼鏡，也因此看不清也聽不懂老師講的內容。他的數學和英文成績都很差，慢慢地就不想上學了。

　　思覺失調症（舊稱精神分裂症）在總人口中的占比約為 1%，是所有精神疾病中最嚴重的一種。超過一半的思覺失調症患者有長期的精神問題，這群人的失業率高達 80% ～ 90%，壽命平均會減少十到二十年。

　　思覺失調症的症狀主要表現在兩個方面：一個方面叫做陽性症狀，另一個方面叫做陰性症狀。陽性症狀主要表現為妄想和幻覺，幻覺指的是聽到不存在的聲音，或者看到不存在的東西。比如，聽到有人在給自己下指令、批評自己，或者覺得自己的大腦被植入了晶片，有人透過無線電遙控晶片下指令。妄想則既包括受迫害妄

想，比如覺得周圍的人都想害自己，並對此深信不疑和感到害怕，也包括誇大妄想，比如覺得自己是國家領導人，或者肩負著拯救世界的重任。

幻覺和妄想之所以屬於陽性症狀，是因為這兩個症狀是在我們正常的知覺和思維之外多出來的扭曲感知，在旁觀者看來是比較容易分辨的屬性。思覺失調症患者的陽性症狀會讓他們和現實嚴重脫節，無法正確感知現實世界。

那什麼是陰性症狀呢？陰性症狀指的是周圍人在短時間之內不容易覺察出來的異常症狀，主要表現為認知和情緒功能的減退，包括動機下降、自發的言語變少、社交退縮、認知能力損傷、思想貧乏、情感淡漠、難以保持專注力、記憶力下降、判斷力下降、難以做出決策等。

大多數病情嚴重的精神病患者專注力都會出問題，他們能夠保持專注狀態的時間很短。當你和這些患者聊天時，他們看起來饒有興致，也會回答你的問題，但他們的注意力是分散的。如果你打斷他們的回答，問他們一個新問題，那麼他們通常不會執著於上一個問題，而會愉快地回答你提出的新問題，好像上一個問題根本不存在。

因為思覺失調症患者沒有辦法在一件事情上長期保持專注，再加上記憶力下降、思維貧乏，當你讓他們完整地講述一件事或者一個想法時，他們往往只能說出支離破碎的內容，甚至說到一半就不記得剛剛說過的話了。思覺失調症患者在發病早期尚未求醫的時候，在生活中就可能開始做出錯誤的判斷和衝動的決策了，這些症狀都會使他們的學習成績或工作能力明顯下降。

思覺失調症的妄想和幻覺症狀在疾病發展進程中時隱時現，而

思維貧乏、情感淡漠等陰性症狀則持續存在。只是因為陽性症狀更加易於辨認，所以很多思覺失調症患者都是因為幻覺和妄想症狀而被送到醫院診治的。還有一部分患者則是因為日漸沉默，生活和學習能力不斷下降，最終被家人送來醫院診治的。

黃同學高中畢業後工作了幾年，就像很多他這個年紀的年輕人一樣，他深受痤瘡（青春痘）的困擾。為了治療煩人的痤瘡，他乾脆辭職，並且跑遍了大小醫院和診所，卻都收效甚微。最後，他花光了身上的所有錢回到家裡，從此便足不出戶。大多數時候，他會反鎖上門不和任何人互動，少數時候他會因為雞毛蒜皮的事和家人大吵大鬧。他常對父母抱怨說，生活壓力太大了，活著非常沒意思，他吃飯和睡覺也都十分不規律。

一年後的某一天，黃同學突然心情大好，買了好多書回家看。還經常在大街上和陌生人搭話，看到別人抽菸就不由分說地上去掐滅，勸對方說抽菸有害健康。過了幾天，他又感慨地對父母說前幾年真是浪費了太多時間，他原本應該做得更好。家人覺得他像變了個人一樣，以為他下定決心痛改前非要好好活著了。

有一天他向家人要兩萬塊錢，家人沒問太多就給了他。誰知道，他在短短的一天之內就花光這筆錢。這件事發生後沒多久，家人發現他整整兩天都沒有回家，著急地四處尋找，最後在一間廟裡找到他。當時他正在拜佛，聽到父母喊他，緩緩轉過身來迷茫地看著他們，覺得他們要合夥謀害自己。在被父母接回家後，黃同學一直不敢喝水，因為他覺得水裡有毒。隨後，他就被家人送到精神科就診。

思覺失調症患者的第一次發病時間通常是在青春期晚期或者成年早期，也就是十八到二十歲。在有明顯症狀顯露之前，思覺失調症患者會表現出某些早期的異常狀況，只是不容易被其他人察覺。比如有些患者在出現幻覺和妄想之前的很多年，他們的認知和社交功能就已經受損了。不過也有些患者的幻覺和妄想是突發的，之前毫無徵兆。

思覺失調症和其他精神疾病及健康狀態間的界限並不清晰

　　幻覺和妄想聽起來很可怕，但其實它們並不是思覺失調症特有的症狀。健康人群中有 5% ～ 8% 的人也會出現幻覺和妄想。所以，即便是嚴重到思覺失調症的程度，患者與普通人之間也不是涇渭分明的。如果幻覺和妄想症狀變得非常嚴重，以至於一個人對幻覺和妄想的內容深信不疑，而且還伴隨著其他認知能力和社交能力的明顯退化，這個人可能偏離正常狀態就比較遠了，更有可能是患上了思覺失調症或者其他重性精神疾病。

　　思覺失調症是一種非常複雜的大腦疾病。同樣被診斷為思覺失調症的患者，他們的疾病進程、症狀、對治療的反應、疾病的預後等都可能存在巨大的差異。

　　思覺失調症和其他一些精神疾病，存在著很多共同的病理特徵和症狀，這意味著思覺失調症可能和其他幾種重性精神疾病之間並不存在清晰的界限。比如思覺失調症和躁鬱症在診斷時就非常容易被混淆。

躁鬱症是一種以情緒波動為主要症狀的情感障礙疾病，但患者中有超過一半的人也會有幻覺和妄想的症狀，這使得這些患者很容易被診斷為思覺失調症。而有很多思覺失調症患者在發病的前幾年裡伴隨著巨大的情緒變化，可能會被診斷為躁鬱症。

憂鬱症患者也會出現幻覺和消極的妄想，這些症狀與思覺失調症的陽性症狀很難區分。而思覺失調症的陰性症狀，比如認知損傷，在很多其他精神疾病中也存在，例如自閉症患者就有明顯的認知功能和社交功能缺陷，注意力不足過動症患者也可能伴隨著一定程度的認知缺陷，因為他們無法保持專注，這會影響他們的記憶力和理解能力。

關於不同精神疾病的基因研究也支持不同的精神疾病之間並非涇渭分明的觀點。這些研究發現，不同的精神疾病常常會共享部分基因變異，比如思覺失調症和躁鬱症、躁鬱症和憂鬱症、思覺失調症和憂鬱症、注意力不足過動症和憂鬱症，它們各自的基因變異都有一定程度的重合。即便是看起來最不相關的思覺失調症和自閉症，它們的基因變異也有一小部分是重合的。

我們現在把精神疾病簡單地劃分為思覺失調症、躁鬱症、憂鬱症、強迫症、注意力不足過動症、自閉症等，可能並不能反映這些疾病的本質。不同的精神疾病在症狀和基因上的重合，促使精神病學家開始重新思考精神疾病分類的本質問題，並質疑現有診斷標準的合理性。

為什麼會得思覺失調症 ─────────────

思覺失調症的遺傳貢獻率高達 85%，然而，沒有任何一個單獨的基因或者若干基因可以解釋思覺失調症的發病原理。

在彙集了全世界精神疾病研究中心的大量大腦和基因數據後，科學家發現，思覺失調症似乎與很多基因都相關。有超過一百個不同的基因位點和思覺失調症的發病有關，而每個位點的效應都非常小。除此之外，還有數百個基因位點共同對思覺失調症的發病產生整體效應。這意味著，其實沒有任何一個基因或者一小群基因可以對思覺失調症的發病負主要責任。

這些變異的基因負責大腦神經元的編碼，包括神經突觸的密度、神經元細胞膜表面的鈣離子通道、麩胺酸受體、多巴胺受體等。關於思覺失調症的基因研究還發現，和思覺失調症有一定相關性的基因中，有很大一部分是組織相容性複合體，這是和免疫系統有關的基因片段。也就是說，思覺失調症和免疫系統在基因上也是相互關聯的。這個發現也支持了精神疾病的免疫發炎假說，表明在精神疾病的不同發展階段，免疫系統紊亂和發炎反應可能扮演了重要角色。

你可能不知道的是，我們的 DNA 中有 8% 來自病毒，其中有一種叫做反轉錄病毒。這種病毒可以逆轉平常的 DNA 讀取過程，並把自己寫入宿主的基因組。這種病毒非常古老，早在數百萬年前就已經和我們祖先的 DNA 融合在一起了。

經過數百萬年的演化，我們 DNA 中的大部分反轉錄病毒的殘餘後代已經因為變異而沉寂下來，不再表達。這些反轉錄病毒的殘留成分被稱為人類內源性反轉錄病毒，而其中還有很小一部分在發

生作用，它們演化成為我們免疫系統的一部分，幫助我們抵抗外來病毒的入侵。

然而，沉默的人類內源性反轉錄病毒就像休眠火山一樣，會被特定的環境因素重新活化，活化它們的誘因包括變異、服用藥物、病毒感染等，並有可能導致大腦出現精神問題。有研究在體外培養了思覺失調症患者的細胞，發現思覺失調症患者的細胞中人類內源性反轉錄病毒的表達程度比一般人高。不過，這個研究結果還沒有被其他研究重複出來，病因還有待更多研究的確認。

如果一個人的直系親屬中有人患思覺失調症，這個人就有10%的機率患思覺失調症。影響思覺失調症發病的環境壓力因素包括母親在懷孕期間的情緒和生活壓力、感染、營養不良、錯誤的分娩操作、嬰兒出生後的社會經濟情況、兒童時期遭遇的逆境、動盪不安的生活等。

出生的季節、地點和父母的年齡，也會或多或少地影響一個人患思覺失調症的可能性。有研究發現，出生在晚冬和早春的孩子患思覺失調症的風險略高於出生於其他季節的孩子，出生在城市的人患病風險會略高於出生在農村的人，出生時父親年齡大於四十歲或者父母雙方年齡均小於二十歲的孩子，患病風險也會增加。父親年齡過大會增加孩子患思覺失調症的風險，一個原因可能是男性體內的精子隨著年齡增長，變異的可能性會越來越大；另一個原因可能是，四十歲以上才有孩子的男性生育能力本來就比較弱，導致他們很難找到伴侶。此外，腦損傷、癲癇、自身免疫性疾病或者嚴重的感染，也會增加一個人患思覺失調症的風險。

前文中提到的會增加思覺失調症發病風險的環境因素，也會增加其他和大腦發育相關的精神疾病的發病風險，比如智力障礙、自

閉症、注意力不足過動症和癲癇等。

在現代大腦成像技術的輔助下，一些研究探索了思覺失調症與哪些大腦結構和功能有關。結果發現，大腦前額葉可能和思覺失調症有關。在本書的其他章節，我們介紹過很多次，大腦額葉負責一個人的工作記憶能力、執行控制能力、自我監控和想像等高級的認知功能，額葉的功能紊亂會影響一個人的認知和社會功能，讓人難以勝任學習或工作任務，也會讓人變得更加「淳樸」和「簡單」。

精神病院住院部裡男病友會手拉著手一起散步，或者長時間握著彼此的手，或者互相按摩。我們的近親黑猩猩會透過給彼此梳毛、捉蝨子來建立情感聯繫。但在文明社會，男性間親密的情感互動和肢體接觸幾乎完全消失了，男性因此感受到更強的孤獨感和社交隔離。而男病友之間親密的肢體接觸彷彿像是回歸了動物的天然接觸本性，這可能就要「歸功於」他們額葉功能的退化。

隨著思覺失調症的加重，大腦顳葉的灰質也會逐漸減少。顳葉是位於我們大腦兩側、耳朵旁邊的大腦區域，負責聽覺、語言、記憶表徵等高級功能。

我在耶魯大學的一個主要研究項目是分析上千個思覺失調症和躁鬱症患者的大腦磁振造影成像數據，這個數據量是非常大的。我比較了思覺失調症患者和普通人大腦皮質的結構差異，發現思覺失調症患者的大腦較之正常人有大範圍的萎縮，涉及的區域主要在額葉和顳葉，但也有大腦上方的頂葉、後腦勺的枕葉和附近的交接區。總之，思覺失調症患者的大腦和普通人的差異非常明顯，這可能就是思覺失調症的症狀會比其他精神疾病更能影響一個人的認知和社會功能的原因。

思覺失調症和躁鬱症的誤診率可能高達 50%

　　窗戶邊的一張床上，半張臉從白被單裡露出來，蒼白的臉上透著一絲粉紅。這位患者的眼皮就像是黏在了一起，醫生問他今天感覺怎麼樣，他哼哼地說：「我手冷。」這個患者入院時的初步診斷是躁鬱症引發的躁狂，因為症狀比較嚴重，醫生給他服用的控制躁狂的藥物劑量也比較大，這會兒藥效還沒過，所以他顯得有些萎靡不振。

　　第二天和第三天巡房的時候見到他，他已經可以自如地走來走去了，是一個長相清秀但十分瘦弱的男孩。他一邊的衣服袖子只剩下一半，護士說是被他自己扯的。他還在讀高中，眼神清澈但有點呆呆的，暫且稱呼他青同學吧。

　　他問我的第一句話是：「你還記得前世嗎？」我說不記得。他說：「你的前世叫柳卿。」我問：「柳卿是誰？」他說：「是我女朋友。」他還說他是雌雄同體的天使，我也是，我們的使命就是拯救人類。

　　第四天，青同學一見到我就開心地笑著說：「你笑起來像女神。」說完他又轉頭對他的主治醫生說：「你相信外星人嗎？我是天人合一。」發現他的病情沒有什麼改觀，醫生只能無奈地笑笑，讓護士給青同學再加一種藥。聽到醫囑後，他可愛地笑著說：「醫生，即使你給我加藥，我還是相信外星人，人只有死了才能去外星球。」

　　等主治醫生走了，他又一本正經地對我說：「宇宙毀滅了，只剩下太陽，太陽正在萎縮，因為它內部有核反應。我可以感應到太陽和宇宙的活動，因為我是神。」他還說，宇宙的唯一能量就是愛。

第六天，青同學見到我說的第一句話是：「看見你，就看見了陽光。」

第七天，青同學問和我一同巡房的男醫生他什麼時候可以出院。男醫生一本正經地答道：「等你回到地球上，我們才能談你出院的事。」青同學指著我說：「她在哪兒我就在哪兒。」

第八天，我聽主治醫生說，青同學前一天被加了氯氮平。那天早上他見到我說的第一句話是：「我可以叫你姊姊嗎？」我說：「咦，我今天不是柳卿啦？」他說：「我現在知道你不是柳卿了，柳卿是我在上一個世界裡的女朋友，你是這個世界裡的人。」我推測柳卿是他的初戀女友。他說：「分手令人窒息，十三四歲是情竇初開的年紀。」我說：「可你十六歲才談戀愛呀。」他不好意思地笑笑說：「是啊，我的情竇都開晚了。」

科學家對七百個生前患有不同精神障礙的人的大腦做了生化檢測，分析這些大腦的基因。結果發現，思覺失調症患者和躁鬱症患者的基因變異有很多共同之處。比如，一組和星形膠質細胞有關的基因在自閉症患者、思覺失調症患者和躁鬱症患者的大腦中都表現得過分活躍，有三組和編碼神經元有關的基因在這三類患者中也都表現得過分活躍。不過有趣的是，憂鬱症和躁鬱症的症狀雖然看起來相似之處非常多，但從基因角度看它們的相似度並不大。

思覺失調症和躁鬱症的初診誤判率幾乎達到 50%，全世界的情況大都如此。這實在不能歸咎於醫生的醫術不高，而是因為按照現有的思覺失調症和躁鬱症的診斷標準，這兩種病症有太多的共病特質。思覺失調症和躁鬱症都是由一系列的症狀共同構成的「症候群」，學術上叫做「譜系障礙」。也就是說，雖然叫做思覺失調症，

但它其實是幻覺、妄想、情感障礙、思維障礙等症狀混雜在一起的病症，就算稱其為「疑難雜症」也不為過。究其原因，可能都是因為大腦在不同的發育階段由基因表達和環境壓力因素共同造成了發育紊亂。

「疑難雜症」的每種症狀的嚴重程度不同，並且會隨著疾病的進程而發生變化。比如某個患者最初到精神科就醫時，主要表現出來的症狀是情緒問題，醫生就會按照躁鬱症來治療他；半年後，這位患者可能又因為受迫害妄想和思維貧乏被送來就醫，這時就可能會被診斷為思覺失調症了。反之，也有患者一開始因為嚴重的精神思覺失調症狀入院，有幻聽、受迫害妄想、思維混亂等症狀，但一兩個星期後就恢復正常了，彷彿發了一場沒有溫度的高燒。但他下一次來就診可能是因為巨大的情緒波動，這次就會被診斷為躁鬱症。還有一些患者，既有缺乏事實依據的妄想症狀，又長時間情緒低落，精神症狀和情緒症狀都有一些，卻又都不太明顯，對於這樣的患者，醫生也很難判斷他是思覺失調症還是躁鬱症，只能將其歸於兩種疾病之間的灰色地帶，之後再慢慢觀察。

由此可見，時間對精神疾病來說是一個必不可少的診斷維度，這一點和其他疾病的診斷大不一樣。心臟病、癌症、腸炎等身體疾病幾乎都是短時間內就可以得出診斷結論的，大腦疾病卻不是這樣。不經過一段時間（甚至是很長一段時間）的觀察，就很難準確判斷一個人的大腦到底出了什麼問題。這是因為我們的技術還不夠先進，還是因為我們對大腦的生理和功能還知之甚少？或許兩者兼有。

同樣的精神異常表現，其背後的大腦生理機制可能截然不同；同樣的大腦損傷，在不同人身上可能也會有完全不同的表現。這是

因為大腦的一切功能都依賴於高度複雜的神經網絡來實現。同一個腦區的損傷、看似相同的精神異常，在不同人的大腦中可能涉及不同的神經網絡，對應的生理結構就更加多樣化了。

第十九章

身體和大腦，誰才是主人？

直到不久前，科學家和大眾還深信大腦和身體是兩個相對獨立的部分。大腦給身體下達最高指令，除非生重病，否則身體只有執行的份。人們也覺得大腦的精神問題和身體生病是兩碼事：憂鬱症只是心情不好，不能和感冒發燒相提並論；有朝一日只要科技足夠發達，我們就可以拋棄殘疾或生病的身體，把大腦單獨放到營養容器裡讓精神長存。然而，近年來的研究發現，這些想法是對身體和大腦的雙重誤解。

大腦和免疫系統的關係

　　神經學家喬納森・基普尼斯（Jonathan Kipnis）說過：「我們可能有兩種古老的力量：病原體和免疫系統的多細胞戰場。我們個性的一部分可能確實是由免疫系統控制的。」在前面幾章中我們講到，越來越多的研究發現，精神疾病和神經疾病都或多或少地與免疫活動有關，包括憂鬱症、思覺失調症、強迫症、自閉症和側索硬化（俗稱漸凍症）等。免疫反應怎麼會和精神疾病有關呢？二〇一八年基普尼斯團隊開展的一項顛覆性研究發現，我們身體的免疫反應可以透過淋巴系統作用於大腦，其產生的免疫發炎因子可直接影響大腦的功能。

　　我們知道，身體的循環系統除了動脈和靜脈之外，還有淋巴管。在身體循環網絡中，每隔一段距離就會有一個淋巴結，其中儲存著負責抵抗病原體入侵的免疫細胞。自二十世紀以來醫學界一直認為，大腦和身體因為血腦屏障（大腦和身體血液循環系統之間的生理屏障）的存在而相互隔離，是兩個相對獨立的部分，所以大腦

中不存在淋巴系統。這一觀點在醫學教科書中存在了一百多年。而在二〇一五年，維吉尼亞大學的喬納森・基普尼斯教授及其團隊徹底推翻了這個觀點。喬納森和他的同事透過觀察老鼠腦膜的神經成像第一次發現，包裹大腦和脊髓的腦膜上廣泛分布著淋巴管網絡，它們負責運輸腦脊髓液和淋巴細胞到頸部的淋巴結。

喬納森團隊的研究人員還發現，大腦中的免疫分子干擾素 γ 的活性會影響個體的社交行為。干擾素 γ 的活性越強，動物就越熱衷於社交。干擾素 γ 分子是動物的免疫系統在演化過程中為了應對細菌、病毒或寄生蟲感染而產生的。當果蠅、斑馬魚、小鼠和大鼠進行社交活動時，干擾素 γ 就會活躍起來；相反，如果人為阻斷小鼠體內的干擾素 γ，則會讓小鼠變得不愛社交。科學家猜測，當動物進行社交活動時，細菌、病毒等病原體很容易在個體間傳播感染。因為免疫蛋白干擾素 γ 有抗擊病原體的能力，所以當動物進行社交並暴露在容易感染疾病的環境中時，這種變得活躍的免疫分子可以幫助動物抵禦疾病的感染。所以，可以說我們的社交行為是在免疫系統的「批准」下執行的。

大腸激躁症

我的一個朋友一遇到讓他緊張的事就會跑廁所，從小到大都是這樣。直到他二十五歲的某一天和一位醫生朋友說起這件事，醫生才告訴他，他這是典型的大腸激躁症（簡稱腸躁症），也就是因為緊張而產生的腸道急性反應，不少人都有這個問題。

消化不良和腸躁症大多是大腦心理症狀和消化道生理症狀的共

同結果。研究發現，有高度焦慮和憂鬱症狀的人在一年內出現腸躁症或者消化不良問題的可能性非常大；而那些最初沒有焦慮和憂鬱症狀的腸躁症患者或者消化不良的人，他們在一年後出現高度焦慮和憂鬱問題的可能性也非常大。也就是說，身體的消化道疾病和心理上的情緒問題可能是互相影響的。大約有三分之一的人的心理問題比消化道問題出現得早，而大約三分之二的人的消化道問題則比心理問題出現得早。

美國的一項針對六千多名青少年的調查發現，很多心理疾病和身體疾病都是相繼出現的。比如，一個人患憂鬱症之後可能更容易得關節炎和胃病，患焦慮症之後更可能得皮膚病，有心臟問題的青少年之後也更容易得焦慮症。由此可見，情緒問題和身體疾病並不是相互獨立的，而是彼此影響的。你的胃病可能是你憂鬱的後遺症，莫名其妙的皮膚病也可能是你內心焦慮的軀體表現。

巴金森氏症的消化道起源假說

巴金森氏症是僅次於阿茲海默症的第二大神經退化疾病，在六十歲以上的人口中的發病率為 1%，在八十歲以上人口中的發病率為 4%。目前巴金森氏症還沒有治癒方法。早在巴金森氏症的運動症狀出現前的幾年時間裡，患者就會有一些早期的軀體症狀，包括失去嗅覺、失眠、便祕、憂鬱和單側大拇指抖動。之後，會逐漸出現雙手抖動、運動遲緩、姿勢不穩、身體僵硬、肌肉無力和彎腰駝背等運動機能損傷的症狀。

巴金森氏症患者有明顯的大腦病灶，神經病學家對此已經十分

確定。我們的中腦部分有個小區域叫黑質，黑質的神經元負責分泌多巴胺，是大腦中分泌多巴胺的主要核團。黑質分泌的多巴胺會參與到運動迴路中，使人們可以正常地控制自主運動，而巴金森氏症患者的黑質神經元因為加速退化而影響了他們的自主運動能力。事實上，當巴金森氏症患者出現肢體震顫等輕微運動症狀時，大腦黑質中已經有多達 80% 的神經元都凋亡了。到了病程的中後期，患者的大腦中大範圍的神經元內部都會有 α–突觸核蛋白沉積。

關於巴金森氏症的病因，二〇〇三年任職於德國歌德大學的解剖學家海科·布拉克（Heiko Braak）在不太引人注目的期刊《衰老神經生物學》上發表一篇論文，其中提出一個大膽的假說。他指出，巴金森氏症最早的起源不是大腦，而是消化道。這個看似荒誕的假說，近年來卻得到了越來越多的證據支持。

一個支持這個假說的研究發表在二〇一五年，這個研究發現，胃和大腦之間的迷走神經連接被切除的人日後患巴金森氏症的機率比一般人低。二〇一八年一項發表在《科學·轉譯醫學》期刊上的研究也發現，闌尾切除竟然與巴金森氏症發病風險降低 19.3% 相關。

其實醫生在臨床上早就發現，早在巴金森氏症患者發病前的十到二十年，他們就已經普遍顯現出消化道症狀了，比如絕大部分巴金森氏症患者都會受到便祕的折磨。仔細觀察巴金森氏症患者的胃腸道神經，科學家從中發現了那些在病程後期普遍存在於患者大腦中的 α–突觸核蛋白。針對動物的巴金森氏症模型研究發現，動物胃中的 α–突觸核蛋白可以沿迷走神經上行，一直蔓延到大腦中。如果說這些都只是間接推測，二〇一九年發表在《神經元》期刊上的一項研究就可以算作確鑿證據了。

在這項研究中，約翰·霍普金斯大學的道森（Ted Dawson）教授團隊發現，和巴金森氏症有關的病態摺疊蛋白可以沿著迷走神經從腸道一路上行進入大腦，導致黑質神經元凋亡。這項研究展示了巴金森氏症腸道起源的完整過程，幾乎完美證實這一假說的合理性。

在這項研究中，道森教授團隊在將病原蛋白 α–突觸核蛋白注射到小鼠的十二指腸和胃的肌肉層之後，觀察到有害的 α–突觸核蛋白沿著迷走神經擴散進入小鼠的大腦，導致產生多巴胺的神經元大量死亡，並且小鼠最終表現出認知和運動障礙等巴金森氏症的典型症狀。如果切斷迷走神經，則可以阻止有害的 α–突觸核蛋白進入大腦，避免巴金森氏症症狀的出現。

α–突觸核蛋白在傳播中具有朊病毒的特點。這個實驗發現，如果小鼠體內編碼 α–突觸核蛋白的基因被敲除，使小鼠喪失自主合成 α–突觸核蛋白的能力，有害 α–突觸核蛋白就不能擴散到小鼠的大腦。

巴金森氏症的腸道起源假說讓我們對「身心一體」有了更深入和更直觀的瞭解。我們現在知道，大腦的疾病很多時候並不只是大腦生病了，還和身體息息相關。

弓漿蟲感染會改變人類的行為

各位貓奴有沒有想過，為什麼你的貓總對你愛理不理，但你還這麼享受被虐的感覺呢？

老鼠通常很害怕貓，因為貓是牠們的天然捕食者。不過，在一

種情況下，老鼠反而會深深愛上貓的氣味，那就是當這隻老鼠的大腦被弓漿蟲感染的時候。

弓漿蟲是一種大約五微米長的寄生蟲。全球有三分之一的人口有被弓漿蟲感染的經歷，在法國和巴西則有多達 80% 的人被弓漿蟲感染。人類主要是透過吃生肉、未充分清洗的蔬菜或者接觸貓的糞便等方式感染弓漿蟲的。

當老鼠大腦中有弓漿蟲的時候，弓漿蟲就會改變牠們的嗅覺。老鼠於是變得對貓毫無恐懼感，甚至會被貓的尿液氣味吸引，主動靠近貓，變得更容易被貓捕食。弓漿蟲為什麼要操縱老鼠被貓吃掉呢？

很多寄生蟲從幼年階段發育到成年階段，再到進入最終宿主體內進行繁殖，整個過程需要經歷很長一段時間，其間可能會經歷若干中間宿主。寄生蟲只有到達終極宿主體內才能進行繁衍，完成牠們生命的循環。於是，為了成功地從一個宿主體內轉移到下一個宿主體內，一些寄生蟲會在這個過程中透過改變宿主的行為來達到牠們的終極目的。換句話說，這些寄生蟲會不擇手段地操縱宿主，甚至犧牲一些低級的宿主來達成牠們的目標。

大部分寄生蟲的宿主都是低等動物，而弓漿蟲是個特例，牠們寄生在高等的哺乳動物體內。弓漿蟲只有在貓科動物體內才能繁殖，所以牠們一生的終極目標就是讓牠們當下的宿主有機會被貓科動物捕食，由此成功進入貓科動物體內。

當弓漿蟲在老鼠體內寄生時，牠們會千方百計地進入老鼠大腦，改變老鼠的嗅覺和行為，讓老鼠自投羅網。貓吃了感染弓漿蟲的老鼠後也會被感染，使弓漿蟲得以在貓的消化道內繁衍。感染了弓漿蟲的貓又會汙染食物，當其他老鼠吃下這些食物時，牠們也會

被感染，從而串聯起弓漿蟲的生態寄生環。

弓漿蟲不僅會寄生在老鼠和貓的大腦當中，也會寄生在人類大腦中，還會改變人的行為與個性，延遲人的反應速度，以及降低人的專注力。弓漿蟲寄生在人腦中和寄生在老鼠、貓的大腦中的最大區別在於，弓漿蟲無論如何也無法透過操縱人類的行為而到達牠們的終極宿主貓科動物體內，因為現代人類已經不再生活在會被大型貓科動物捕食的原始環境中了。

為了理解人類感染弓漿蟲後的行為改變，科學家研究了人類的近親黑猩猩。結果發現，被弓漿蟲感染的黑猩猩果然也會被牠們在自然界的捕食者金錢豹吸引。不過，這些被感染的黑猩猩並不會被其他大型貓科動物吸引，比如獅子和老虎。也就是說，弓漿蟲對不同宿主的操縱是高級定製化的：宿主會被什麼動物捕食，就讓宿主被什麼動物吸引。

科學家由此推測，感染弓漿蟲後人類行為的改變並非毫無來由，而是伴隨著遠古時期我們的祖先被大型貓科動物捕食的食物鏈應運而生。

弓漿蟲一旦進入人體，就會遭到人體免疫系統的強烈抵抗，所以人在被弓漿蟲感染初期會有類似感冒的症狀。在感染後沒多久，被免疫系統攻擊的弓漿蟲就會變成堅硬的囊腫，讓免疫系統和抗生素都無可奈何。此後弓漿蟲進入休眠期，維持著人體免疫反應的完美平衡，人體也幾乎沒有任何症狀。通常弓漿蟲感染對正常人來說沒有太大的影響，但對有免疫缺陷的人和胚胎則會產生致命的影響，所以孕婦應該避免接觸家貓的便盆和生吃蔬菜。

雖然弓漿蟲感染不會致命，但弓漿蟲寄生在人腦中會給人帶來一些精神特質和行為上的改變。比如，思覺失調症、憂鬱症和焦慮

症在被弓漿蟲感染的人群中更加常見。一些研究還發現，弓漿蟲感染會影響一個人的外向性、激進性和冒險性行為。感染弓漿蟲的人發生車禍的機率是健康人的 2.65 倍；一項針對肇事司機的研究發現，肇事司機感染弓漿蟲的比例是 24%，而一般人只有 6.5%。另外，弓漿蟲感染對男性和女性的性格影響也不同。感染弓漿蟲的男性可能會更加內向、多疑和叛逆，而感染弓漿蟲的女性則有可能更加外向、易輕信他人和具有服從性。

這些行為和性格的改變或許是因為弓漿蟲寄生在人類大腦中之後引起了一系列化學遞質的改變。瑞典科學家發現，弓漿蟲會影響人類大腦中的 GABA 神經傳導物質系統。在人類大腦神經元感染了弓漿蟲之後，神經元為了抵抗外界病原體的入侵會分泌 GABA 神經傳導物質。動物實驗也發現，當小鼠的神經元被弓漿蟲感染後，牠們的 GABA 神經傳導物質系統會受到影響。GABA 神經傳導物質在大腦中的一個重要功能是負責抑制恐懼感和焦慮感。在思覺失調症、焦慮症、憂鬱症和躁鬱症等精神疾病中，都存在 GABA 系統紊亂的症狀。

弓漿蟲感染還會導致大腦神經元之間的麩胺酸鹽明顯增加。麩胺酸鹽是大腦中最主要的興奮性神經傳導物質，在大腦損傷患者和病理性神經退化的疾病（比如癲癇、側索硬化）患者的大腦中，麩胺酸鹽會增加。科學家在實驗中用弓漿蟲感染小鼠的大腦，然後觀察其間小鼠的大腦發生了什麼。在正常情況下，一個神經元被激發後會向細胞之間的空隙釋放興奮性神經傳導物質麩胺酸鹽，激發下一個神經元，然後神經元附近的星形膠質細胞會回收麩胺酸鹽，並將其轉化成更安全的麩醯胺酸，為細胞提供能量。而這個實驗觀察到，當大腦被弓漿蟲感染後，星形膠質細胞會發生腫脹，無法高效

回收麩胺酸鹽，致使神經元一直保持興奮，不正常地高頻放電，引發一系列的大腦異常表現。

不過貓奴們也不必恐慌，畢竟你家的貓不一定感染了弓漿蟲，畢竟鏟貓屎後只要好好洗手就不會被感染，中國人習慣吃煮熟的食物，這些都可以大大降低你感染弓漿蟲的風險。

弓漿蟲已經伴隨著人類演化了數百萬年的時間。一般的弓漿蟲感染不會致命，而只是增加精神疾病的發生率和自殺的可能性，比如憂鬱症、危險駕駛。所以，誰說我們一定要對自己的行為負責呢？

參考文獻

第一章

[01] J Wei, E Y Yuen, W Liu, X Li, P Zhong, I N Karatsoreos, B S McEwen, Z Yan. Estrogen protects against the detrimental effects of repeated stress on glutamatergic transmission and cognition. Molecular Psychiatry, 2013; DOI: 10.1038/mp.2013.8.

[02] Eran Lottem, Dhruba Banerjee, Pietro Vertechi, Dario Sarra, Matthijs oude Lohuis &Zachary F. Mainen. Activation of serotonin neurons promotes active persistence in a probabilistic foraging task. Nature Communications, volume 9, Article number: 1000(2018) doi:10.1038/s41467-018-03438-y.

[03] Kamilla W Miskowiak, Maj Vinberg, Catherine J Harmer, Hannelore Ehrenreich,Gitte M Knudsen, Julian Macoveanu, Allan R Hansen, Olaf B Paulson, Hartwig R Siebner, and Lars V Kessing. Effects of erythropoietin on depressive symptoms and neurocognitive defi-cits in depression and bipolar disorder. Trials, 2010 Oct 13. doi: 10.1186/1745-6215-11-97.

[04] C D Pandya et al. Transglutaminase 2 overexpression induces depressive-like behavior and impaired TrkB signaling in mice，Molecular Psychiatry, 13 September 2016.

[05] Leonie Welberg. Psychiatric disorders: The dark side of depression. Nature Reviews Neuroscience 12, 435 (August 2011) | doi:10.1038/nrn3072.

[06] C L Raison, and A H Mille. The evolutionary significance of depression in Pathogen Host Defense (PATHOS-D). Molecular Psychiatry, 31 January 2012.

[07] Laura Pulkki-Råback et al. Living alone and antidepressant medication use: a prospective study in a working-age population. BMC Public Health, 2012.

[08] Reut Avinun, Adam Nevo, Annchen R. Knodt, Maxwell L. Elliott, Spenser R.Radtke, Bar-tholomew D. Brigidi and Ahmad R. Hariri. Reward-related ventral striatum activity buffers against the experience of depressive symptoms associated with sleep disturbance. The Journal of Neuroscience, 2017 DOI: 10.1523/ JNEUROSCI.1734-17.2017.

[09] David Nutt, Sue Wilson, and Louise Paterson. Sleep disorders as core symptoms of de-pression. Dialogues Clin Neurosci. 2008 Sep; 10(3): 329–336.

[10] Elaine M. Boland, Hengyi Rao, David F. Dinges, Rachel V. Smith, Namni Goel, John A. Detre, Mathias Basner, Yvette I. Sheline, Michael E. Thase, Philip R. Gehrman.Meta-Analysis of the Antidepressant Effects of Acute Sleep Deprivation. The Journal of Clinical Psychiatry, 2017; DOI: 10.4088/JCP.16r11332.

[11] DJ Hines, LI Schmitt, RM Hines, SJ Moss and PG Haydon. Antidepressant effects of sleep deprivation requireastrocyte-dependent adenosine mediated signaling. Transl Psychiatry (2013) 3,e212; doi:10.1038/tp.2012.136.

[12] Pilyoung Kim, and James E. Swain. Sad Dads Paternal Postpartum Depression. Psychia-try (Edgmont), 2007 Feb; 4(2): 35–47.

[13] Liu yi Lin, Jaime E. Sidani, Ariel Shensa, Ana Radovic, Elizabeth Miller, Jason B.Colditz, Beth L. Hoffman, Leila M. Giles, Brian A. Primack. Association between social media use and depression among u.s. young adults. Depression and Anxiety,2016; DOI: 10.1002/da.22466.

[14] Wei Cheng, Edmund T. Rolls, Jiang Qiu, Wei Liu, Yanqing Tang, Chu-Chung Huang,Xin-Fa Wang, Jie Zhang, Wei Lin, Lirong Zheng, JunCai Pu, Shih-Jen Tsai, Albert C.Yang, Ching-Po Lin, Fei Wang, Peng Xie, Jianfeng Feng. Medial reward and lateral non-reward orbitofrontal cortex circuits change in opposite directions in depression.Brain, 2016; aww255 DOI: 10.1093/brain/aww255.

[15] Peeters F, Oehlen M, Ronner J, van Os J, Lousberg R. Neurofeedback as a treatment for major depressive disorder--a pilot study. PLoS One, 2014 Mar 18;9(3):e91837. doi: 10.1371/journal.pone.0091837. eCollection 2014.

[16] Xueyi Shen, Lianne M. Reus, Simon R. Cox, Mark J. Adams, David C. Liewald,Mark E. Bastin, Daniel J. Smith, Ian J. Deary, Heather C. Whalley, Andrew M.McIntosh. Subcortical volume and white matter integrity abnormalities in major depressive disorder: findings from UK Biobank imaging data. Scientific Reports,2017; 7 (1) DOI: 10.1038/s41598-017-05507-6.

[17] Andrew G Reece, Christopher M Danforth. Instagram photos reveal predictive markers of depression. EPJ Data Science, 2017; 6 (1) DOI: 10.1140/epjds/ s13688017-0110-z.

[18] K. A. Ryan, E. L. Dawson, M. T. Kassel, A. L. Weldon, D. F. Marshall, K. K. Meyers,L. B. Gabriel, A. C. Vederman, S. L. Weisenbach, M. G. McInnis, J.-K. Zubieta, S.A. Langeneck-er. Shared dimensions of performance and activation dysfunction in cognitive control in fe-males with mood disorders. Brain, 2015; 138 (5): 1424 DOI:10.1093/brain/awv070.

[19] Leandro Z. Agudelo, Teresa Femenía, Funda Orhan, Margareta Porsmyr-Palmertz,Michel Goiny, Vicente Martinez-Redondo, Jorge C. Correia, Manizheh Izadi, Maria Bhat, Ina Schuppe-Koistinen, Amanda Pettersson, Duarte M. S. Ferreira, Anna Krook, Romain Barres, Juleen R. Zierath, Sophie Erhardt, Maria Lindskog, and Jorge L. Ruas. Skeletal Muscle PGC-1a1 Modulates Kynurenine Metabolism and Mediates Resilience to Stress-Induced Depression. Cell, September 2014.

[20] R. J. Maddock, G. A. Casazza, D. H. Fernandez, M. I. Maddock. Acute Modulation of Corti-cal Glutamate and GABA Content by Physical Activity. Journal of Neuroscience, 2016; 36 (8): 2449 DOI: 10.1523/JNEUROSCI.3455-15.2016.

[21] Schuch FB, Vancampfort D, Richards J, Rosenbaum S, Ward PB, Stubbs B. Exercise

as a treatment for depression: A meta-analysis adjusting for publication bias. J Psychiatr Res. 2016 Jun;77:42-51. doi: 10.1016/j.jpsychires.2016.02.023. Epub 2016 Mar 4.

[22] George Mammen, Guy Faulkner. Physical Activity and the Prevention of Depression. American Journal of Preventive Medicine, 2013; 45 (5): 649 DOI: 10.1016/j.amepre.2013.08.001.

[23] Raymond W. Lam, Anthony J. Levitt, MBBS; Robert D. Levitan; et al Erin E.Michalak, Amy H. Cheung, Rachel Morehouse, Rajamannar Ramasubbu, Lakshmi N. Yatham, MBA; Ed-win M. Tam, Efficacy of Bright Light Treatment, Fluoxetine, and the Combination in Patients With Nonseasonal Major Depressive Disorder A Randomized Clinical Trial. JAMA Psychi-atry, 2016;73(1):56-63. doi:10.1001/jamapsychiatry.2015.2235.

[24] Grav S, Hellzèn O, Romild U, Stordal E. Association between social support and depres-sion in the general population: the HUNT study, a cross-sectional survey. J Clin Nurs, 2012 Jan;21(1-2):111-20. doi: 10.1111/j.1365-2702.2011.03868.x. Epub 2011 Oct 24.

[25] Geneviève Gariépy, Helena Honkaniemi, Amélie Quesnel-Valléee. Social support and pro-tection from depression: systematic review of current findings in Western countries. The British Journal of Psychiatry Oct 2016, 209 (4) 284-293; DOI:10.1192/bjp.bp.115.169094.

[26] Yang Y et al., Ketamine blocks bursting in the lateral habenula to rapidly relieve depres-sion. Nature, 2018 Feb 14;554(7692):317-322. doi: 10.1038/nature25509.

[27] Gin S Malhi, J John Mann. Depression. The Lancet, 2018 Nov.

第二章

[01] Cannon, Walter (1932). Wisdom of the Body. United States: W.W. Norton &Company.

[02] Boudarene M, Legros JJ, Timsit-Berthier M. Study of the stress response: role of anxiety, cortisol and DHEAs. Encephale, 2002 Mar-Apr;28(2):139-46.

[03] GillianButler, AndrewMathews. Cognitive processes in anxiety. Advances in Behaviour Research and Therapy, Volume 5, Issue 1, 1983, Pages 51-62.

[04] Laufer et al. Behavioral and Neural Mechanisms of Overgeneralization in Anxiety. Cur-rent Biology, 2016 DOI: 10.1016/j.cub.2016.01.023.

[05] R Zhang, M Asai, C E Mahoney, M Joachim, Y Shen, G Gunner, J A Majzoub. Loss of hypothalamic corticotropin-releasing hormone markedly reduces anxiety behaviors in mice. Molecular Psychiatry, 2016; DOI: 10.1038/mp.2016.136.

[06] S. Leclercq, P. Forsythe, J. Bienenstock. Posttraumatic Stress Disorder: Does the Gut

Mi-crobiome Hold the Key? The Canadian Journal of Psychiatry, 2016; 61 (4): 204 DOI: 10.1177/0706743716635535.

[07] Elizabeth A. Hoge, Eric Bui, Sophie A. Palitz, Noah R. Schwarz, Maryann E. Owens,Jennifer M. Johnston, Mark H. Pollack, Naomi M. Simon. The Effect of Mindfulness Medi-tation Training on Biological Acute Stress Responses in Generalized Anxiety Disorder. Psychiatry research. DOI: http://dx.doi.org/10.1016/j.psychres.2017.01.006.

[08] Stephanie M. Gorka, Lynne Lieberman, Stewart A. Shankman, K. Luan Phan. Startle Po-tentiation to Uncertain Threat as a Psychophysiological Indicator of Fear-Based Psycho-pathology: An Examination Across Multiple Internalizing Disorders. Journal of Abnormal Psychology, 2016; DOI: 10.1037/abn0000233.

[09] David C Mohr, Kathryn Noth Tomasino, Emily G Lattie, Hannah L Palac, Mary J Kwasny, Kenneth Weingardt, Chris J Karr, Susan M Kaiser, Rebecca C Rossom,Leland R Bards-ley, Lauren Caccamo, Colleen Stiles-Shields, Stephen M Schueller.IntelliCare: An Ec-lectic, Skills-Based App Suite for the Treatment of Depression and Anxiety. Journal of Medical Internet Research, 2017; 19 (1): e10 DOI: 10.2196/jmir.6645.

[10] American Psychiatric Association (2013). Diagnostic and Statistical Manual of Mental Disorders (5th ed.). Arlington: American Psychiatric Publishing, pp. 214–217,938, ISBN 0890425558.

[11] Hans S. Schroder, Tim P. Moran, Jason S. Moser. The effect of expressive writing on the error-related negativity among individuals with chronic worry. Psychophysiology,2017; DOI: 10.1111/psyp.12990.

[12] Michelle G. Craske et al. Anxiety disorders, Nature Reviews, 4 May 2017.

[13] Mehta, Natasha, 「Cognitive Biases in Social Anxiety Disorder: Examining Interpretation and Attention Biases and Their Relation to Anxious Behavior.」 Dissertation, Georgia State University, 2016. https://scholarworks.gsu.edu/psych_diss/150

第三章

[01] Gozzi M et al., Effects of Oxytocin and Vasopressin on Preferential Brain Responses to Negative Social Feedback. Neuropsychopharmacology, 2016 Nov 30.

[02] Todd, Andrew R., Matthias Forstmann, Pascal Burgmer, Alison Wood Brooks, and Adam D. Galinsky. Anxious and Egocentric: How Specific Emotions Influence Perspective Tak-ing. Journal of Experimental Psychology: General 144, no. 2 (April 2015): 374–391.

[03] Li K et al.,A Cortical Circuit for Sexually Dimorphic Oxytocin-Dependent Anxiety

Behav-iors. Cell, 2016 Sep 22.

[04] Monika Eckstein et al., Oxytocin Facilitates the Extinction of Conditioned Fear in Hu-mans. Biological Psychiatry, August 1, 2015 Volume 78.

[05] Hedman E, Ström P, Stünkel A, Mörtberg E. Shame and guilt in social anxiety disorder: effects of cognitive behavior therapy and association with social anxiety and depressive symptoms. PLoS One, 2013 Apr 19;8(4):e61713. doi: 10.1371/journal.pone.0061713. Print 2013.

[06] Dagöö J, Asplund RP, Bsenko HA, Hjerling S, Holmberg A, Westh S, Öberg L,Ljótsson B, Carlbring P, Furmark T, Andersson G. Cognitive behavior therapy versus interpersonal psychotherapy for social anxiety disorder delivered via smartphone and computer: a ran-domized controlled trial.J Anxiety Disord, 2014 May;28(4):410-7.doi: 10.1016/j.janxdis.2014.02.003. Epub 2014 Mar 25.

[07] Niles AN, Burklund LJ, Arch JJ, Lieberman MD, Saxbe D, Craske MG. Cognitive mediators of treatment for social anxiety disorder: comparing acceptance and commitment therapy and cognitive-behavioral therapy. Behav Ther, 2014 Sep;45(5):664-77. doi: 10.1016/j.beth.2014.04.006.

[08] Andrews, G., Basu, A., Cuijpers, P., Craske, M. G., McEvoy, P., English, C. L., &Newby, J. M. (2018). Computer therapy for the anxiety and depression disorders is effective, acceptable and practical health care: an updated meta-analysis. Journal of Anxiety Disorders, 55, 70-78.

[09] Fang, A. , Sawyer, A. T. , Asnaani, A. , & Hofmann, S. G. . (2013). Social mishap exposures for social anxiety disorder: an important treatment ingredient. Cognitive and Behavioral Practice, 20(2), 213–220.

[10] Heimberg, R., & Magee, L. (2014). Social Anxiety Disorder. In D. H. Barlow (Ed.),Clinical Hand-book of Psychological Disorders: A Step-By-Step Treatment Manual(5th ed., pp. 114-154). New York: Guilford Publications.

[11] Huang, Y. et al., (2019). Prevalence of mental disorders in China: a cross-sectional epidemiological study. Lancet Psychiatry, 0(0), 1-13.

[12] Mayo-Wilson, E., Dias, S., Mavranezouli, I., Kew, K., Clark, D. M., Ades, A., &Pilling, S. (2014). Psychological and pharmacological interventions for social anxiety disorder in adults: a systematic review and network meta-analysis. The Lancet Psychiatry, 1(5), 368-376.

[13] The National Institute for Health and Care Excellence. (2013). Social anxiety disorder: recognition, assessment and treatment (Clinical guideline 159). Retrieved from.

第四章

[01] Jim van Os. Introduction: The Extended Psychosis Phenotype—Relationship With Schizophrenia and With Ultrahigh Risk Status for Psychosis. Schizophr Bull, 2012 Mar.

[02] Jim van Os. The Dynamics of Subthreshold Psychopathology: Implications for Diagnosis and Treatment. Am J Psychiatry 170:7, July 2013.

[03] John J. McGrath, Sukanta Saha et al. Psychotic experiences in the general population:a cross-national analysis based on 31,261 respondents from 18 countries. JAMA Psychiatry, 2015 Jul; 72(7): 697–705.

[04] A. R. Powers, C. Mathys, P. R. Corlett. Pavlovian conditioning–induced hallucinations result from overweighting of perceptual priors. Science, August 2017 DOI: 10.1126/science.aan3458.

[05] N Yao, R Shek-Kwan Chang, C Cheung, S Pang, KK Lau, J Suckling, et al. The default mode network is disrupted in parkinson's disease with visual hallucinations. Human brain mapping 35 (11), 5658-5666.

[06] N Yao, S Pang, C Cheung, RS Chang, KK Lau, J Suckling, K Yu et al. Resting activity in visual and corticostriatal pathways in Parkinson's disease with hallucinations. Parkinsonism & related disorders 21 (2), 131-137.

[07] N Yao, C Cheung, S Pang, RS Chang, KK Lau, J Suckling, K Yu, et al. Multimodal MRI of the hippo-campus in Parkinson's disease with visual hallucinations. Brain Structure and Function 221 (1), 287-300.

[08] Freudenmann, R. W.; Lepping, P. (2009). Delusional Infestation. Clinical Microbiology Reviews. 22 (4): 690–732. PMC 2772366 Freely accessible. PMID 19822895. doi:10.1128/CMR.00018-09.

[09] Passie T, Seifert J, Schneider U, Emrich HM (2002). The pharmacology of psilocybin.Addiction Biology, 7 (4): 357–64. PMID 14578010.

[10] Jason J. Braithwaite, Dana Samson, Ian Apperly, Emma Broglia, Johan Hulleman. Cognitive corre-lates of the spontaneous out-of-body experience (OBE) in the psychologically normal population: Evidence for an increased role of temporallobe instability, body-distortion processing, and im-pairments in own-body transformations. Cortex, 2011; 47 (7): 839 DOI: 10.1016/j.cortex.2010.05.002.

第五章

[01] Kahan T.; LaBerge S. (1994). Lucid dreaming as metacognition: Implications for cognitive science. Consciousness and Cognition, 3: 246–264.

[02] Sleep Paralysis，http://www.webmd.com/sleep-disorders/guide/sleep-paralysis#1.

[03] Cara A. Palmer et al. Sleep and emotion regulation: An organizing, integrative

review.Sleep Medicine Reviews, Volume 31, February 2017, Pages 6–16.

[04] Fell J et al. Rhinal-hippocampal connectivity determines memory formation during sleep.Brain, 2006 Jan;129(Pt 1):108-14. Epub 2005 Oct 26.

[05] American Psychiatric Association. Diagnostic and Statistical Manual of Mental Disorders.

[06] Rahul Bharadwaj and Suresh Kumar, Somnambulism: Diagnosis and treatment,Indian J Psychiatry. 2007 Apr-Jun; 49(2): 123–125.doi: 10.4103/0019-5545.33261.

[07] de la Hoz-Aizpurua , Díaz-Alonso E, LaTouche-Arbizu R, Mesa-Jiménez J. Sleep bruxism. Conceptual review and update. Med Oral Patol Oral Cir Bucal, 2011 Mar 1;16(2):e231-8.

[08] Antoine Louveau, Igor Smirnov, Timothy J. Keyes, Jacob D. Eccles, Sherin J.Rouhani, J. David Peske, Noel C. Derecki, David Castle, James W. Mandell, Kevin S.Lee, Tajie H. Harris & Jonathan Kipnis. Structural and functional features of central nervous system lymphatic vessels. Nature 523, 337–341 (16 July 2015) doi:10.1038/nature14432.

[09] Lulu Xie et al. Sleep Drives Metabolite Clearance from the Adult Brain. Science,2013 Oct 18; 342(6156): 10.1126/science.1241224.

[10] Charles-Francois V. Latchoumane, Hong-Viet V. Ngo, Jan Born, Hee-Sup Shin. Thalamic Spindles Promote Memory Formation during Sleep through Triple PhaseLocking of Cortical, Thalamic, and Hippocampal Rhythms. Neuron, 2017 DOI:10.1016/j.neuron.2017.06.025.

[11] Masako Tamaki et al. Night Watch in One Brain Hemisphere during Sleep Associated with the First-Night Effect in Humans. Current Biology, Vol. 26, No. 9, pages 1190–1194; May 9, 2016.

[12] Filevich E, Dresler M, Brick TR, Kühn S. Metacognitive mechanisms underlying lucid dreaming. J Neurosci, 2015 Jan 21;35(3):1082-8. doi: 10.1523/JNEUROSCI.3342-14.2015.

[13] Touma C, Pannain S . Does lack of sleep cause diabetes? Cleve Clin J Med. 2011 Aug;78(8):549-58. doi: 10.3949/ccjm.78a.10165.

[14] Jean-Baptiste Eichenlaub, Alain Nicolas, Jérôme Daltrozzo, Jérôme Redouté, Nicolas Costes and Perrine Ruby. Resting Brain Activity Varies with Dream Recall Frequency Between Subjects. Neuropsychopharmacology (2014) 39, 1594–1602; doi:10.1038/npp.2014.6; published online 19 February 2014.

[15] Rebecca M. C. Spencer. Neurophysiological Basis of Sleep's Function on Memory and Cognition. ISRN Physiol, 2013 Jan 1; 2013: 619319.

[16] Els van der Helm and Matthew P. Walker. Overnight Therapy? The Role of Sleep in Emotional Brain Processing. Psychol Bull, 2009 Sep; 135(5): 731–748.

[17] Robert Stickgold. Beyond Memory: The Benefits of Sleep. Scientific American,October 1, 2015.

[18] Jessica A. Mong et al. Sleep, Rhythms, and the Endocrine Brain: Influence of Sex and Gonadal Hormones. Journal of Neuroscience, 9 November 2011.

[19] Melinda Wenner Moyer. The Hidden Risks of Poor Sleep in Women. Scientific American Mind, September/October 2016.

[20] Tanuj Gulati. Reactivation of emergent task-related ensembles during slow-wave-sleep after neuroprosthetic learning. Nature Neuroscience(2014) .

[21] Burkhart K. Amber lenses to block blue light and improve sleep: a randomized trial. Chronobiol Int, 2009 Dec.

[22] Els van der Helm, Ninad Gujar, and Matthew P. Walker. Sleep Deprivation Impairs the Accurate Recognition of Human Emotions. Sleep, 2010 Mar 1; 33(3): 335–342.

[23] Eti Ben Simon, Noga Oren, Haggai Sharon, Adi Kirschner, Noam Goldway, Hadas Okon-Singer, Rivi Tauman, Menton M. Deweese, Andreas Keil and Talma Hendler. Losing Neutrality: The Neural Basis of Impaired Emotional Control without Sleep. Journal of Neuroscience 23 September 2015, 35 (38) 13194-13205; DOI: https://doi.org/10.1523/JNEUROSCI.1314-15.2015.

[24] Robbert Havekes, Alan J Park, Jennifer C Tudor, Vincent G Luczak, Rolf T Hansen,Sarah L Ferri, Vibeke M Bruinenberg, Shane G Poplawski, Jonathan P Day, Sara J Aton, Kasia Radwa ska, Peter Meerlo, Miles D Houslay, George S Baillie, Ted Abel. Sleep deprivation causes memory deficits by negatively impacting neuronal connectivity in hippocampal area CA1. eLife, 2016; 5 DOI: 10.7554/eLife.13424.

[25] 〔25〕S. J. Frenda, L. Patihis, E. F. Loftus, H. C. Lewis, K. M. Fenn. Sleep Deprivation and False Memories. Psychological Science, 2014; DOI: 10.1177/0956797614534694.

[26] Leng Y, Cappuccio FP, Wainwright NW, Surtees PG, Luben R, Brayne C,Khaw KT. Sleep duration and risk of fatal and nonfatal stroke: a prospective study and meta-analysis. Neurology, 2015 Mar 17;84(11):1072-9. doi: 10.1212/WNL.0000000000001371. Epub 2015 Feb 25.

[27] Khoury J, Doghramji K. Primary Sleep Disorders. Psychiatr Clin North Am. 2015 Dec;38(4):683-704. doi: 10.1016/j.psc.2015.08.002. Review.

[28] Paul D.Loprinzi, Bradley J.Cardinal. Association between objectively-measured physical activity and sleep, Volume 4, Issue 2, December 2011, Pages 65-69.

[29] Björn Rasch and Jan Born. About Sleep's Role in Memory. Physiol Rev. 2013 Apr;93(2): 681–766.

[30] Martina Absinta, Seung-Kwon Ha, Govind Nair, Pascal Sati, Nicholas J Luciano,Maryknoll Palisoc, Antoine Louveau, Kareem A Zaghloul, Stefania

Pittaluga,Jonathan Kipnis, Daniel S Reich. Human and nonhuman primate meninges harbor lymphatic vessels that can be visualized noninvasively by MRI. eLife, 2017; 6 DOI: 10.7554/eLife.29738.

第六章

[01] Wise RA. Catecholamine theories of reward: a critical review. Brain Res. 1978 Aug 25; 152(2):215-47.

[02] Roy A. Wise. Dopamine and Reward: The Anhedonia Hypothesis 30 years on.Neurotox Res. 2008 Oct; 14(2-3): 169–183. doi: 10.1007/BF03033808.

[03] Kent C Berridge, Terry E Robinson, and J Wayne Aldridge. Dissecting components of reward: 'liking', 'wanting' , and learning. Curr Opin Pharmacol. 2009 Feb; 9(1):65–73. doi: 10.1016/j.coph.2008.12.014.

[04] Whitaker LR, Degoulet M, Morikawa H. Social deprivation enhances VTA synaptic plasticity and drug-induced contextual learning. Neuron, 2013 Jan 23;77(2):335-45. doi: 10.1016/j.neuron.2012.11.022.

[05] Karen D. Ersche. Abnormal Brain Structure Implicated in Stimulant Drug Addiction. Science, 03 Feb 2012.

[06] Jennifer M. Mitchell, Alcohol Consumption Induces Endogenous Opioid Release in the Human Or-bitofrontal Cortex and Nucleus Accumbens. Science Translational Medicine, 11 Jan 2012.

[07] Belk, R. W. (1991). The ineluctable mysteries of possessions. Journal of Social Behavior & Person-ality, 6(6), 17-55.

[08] Russell Belk. Extended self and the digital world. Current Opinion in Psychology. Current Opinion in Psychology, Volume 10, August 2016, Pages 50-54.

[09] Di Chiara G, Imperato A. Drugs abused by humans preferentially increase synaptic dopamine con-centrations in the mesolimbic system of freely moving rats. Proc Natl Acad Sci, 85:5274-5278, 1988.

[10] Terry E Robinson and Kent C Berridge. The incentive sensitization theory of addiction: some cur-rent issues. Philos Trans R Soc Lond B Biol Sci. 2008 Oct 12;363(1507): 3137–3146. doi: 10.1098/rstb.2008.0093.

[11] Wolfram Schultz. Dopamine reward prediction error coding. Dialogues Clin Neurosci, 2016 Mar; 18(1): 23–32.

[12] Henry W. Chase and Luke Clark. Gambling Severity Predicts Midbrain Response to Near-Miss Out-comes. Journal of Neuroscience 5 May 2010, 30 (18) 6180-6187;DOI: https://doi.org/10.1523/JNEUROSCI.5758-09.2010.

[13] Wolfram Schultz, Dopamine reward prediction error coding. Dialogues Clin Neurosci, 2016 Mar.

[14] Paul W. Glimcher, Understanding dopamine and reinforcement learning: The dopamine reward prediction error hypothesis. PNAS, September 13, 2011.

[15] TE Robinson, KC Berridge . The neural basis of drug craving: an incentivesensitization theory of addiction. Brain research reviews, 18 (3), 247-291.

[16] Werner Poewe, Klaus Seppi, Caroline M. Tanner, Glenda M. Halliday, Patrik Brundin,Jens Volkmann, Anette-Eleonore Schrag & Anthony E. Lang. Parkinson disease.Nature Reviews Disease Primers 3, Article number: 17013 (2017) doi:10.1038/nrdp.2017.13.

[17] Del Casale A, Kotzalidis GD, Rapinesi C, Serata D, Ambrosi E, Simonetti A,Pompili M, Ferracuti S, Tatarelli R, Girardi P. Functional neuroimaging in obsessive-compulsive disorder. Neuropsychobi-ology, 2011;64(2):61-85. doi:10.1159/000325223. Epub 2011 Jun 21.

第七章

[01] Rajita Sinhaa, Cheryl M. Lacadiee, R. Todd Constablee, and Dongju Seo. Dynamic neural activity during stress signals resilient coping. Proceedings of the National Academy of Sciences of the United States of America. 8837–8842, doi: 10.1073/ pnas.1600965113.

[02] Steven M. Southwick and Dennis S. Charney. The Science of Resilience: Implications for the Prevention and Treatment of Depression. Science vol 338 5 october 2012.

[03] Fani N et al. White matter integrity in highly traumatized adults with and without post-traumatic stress disorder. Neuropsychopharmacology, 2012 Nov;37(12):2740-6. doi: 10.1038/npp.2012.146. Epub 2012 Aug 8.

[04] Coan JA, Schaefer HS, Davidson RJ. Lending a hand: social regulation of the neural response to threat. Psychol Sci, 2006 Dec;17(12):1032-9.

[05] Coan JA, Beckes L, Allen JP. Childhood maternal support and social capital moderate the regulatory impact of social relationships in adulthood. Int J Psychophysiol, 2013 Jun;88(3):224-31. doi: 10.1016/j.ijpsycho.2013.04.006. Epub 2013 Apr 29.

[06] Kirsch, P. et al. Oxytocin modulates neural circuitry for social cognition and fear in humans. J Neurosci. 2005 Dec 7;25(49):11489-93.

[07] Maier SF et al., Behavioral control, the medial prefrontal cortex, and resilience. Dialogues Clin Neurosci. 2006;8(4):397-406.

[08] Lyons D M, Parker K J. Stress inoculation-induced indications of resilience in monkeys. J Trauma Stress. 2007 Aug;20(4):423-33.

[09] Binder EB et al. Association of FKBP5 polymorphisms and childhood abuse

with risk of posttraumatic stress disorder symptoms in adults. JAMA, 2008 Mar 19;299(11):1291-305. doi: 10.1001/jama.299.11.1291.

[10] Morgan CA 3rd et al. Plasma neuropeptide-Y concentrations in humans exposed to military survival training. Biol Psychiatry, 2000 May 15;47(10):902-9.

[11] Sajdyk TJ et al. Neuropeptide Y in the amygdala induces long-term resilience to stress-induced reductions in social responses but not hypothalamic-adrenal-pituitary axis activity or hyperthermia. J Neurosci, 2008 Jan 23;28(4):893-903. doi: 10.1523/JNEUROSCI.0659-07.2008.

[12] Virginia Hughes. Stress: The roots of resilience. Nature, 490, 165–167 (11 October 2012) doi:10.1038/490165a.

[13] Gang Wu, Adriana Feder, Hagit Cohen, Joanna J. Kim, Solara Calderon, Dennis S.Charney, and Aleksander A. Mathé. Understanding resilience. Front Behav Neurosci,2013; 7: 10.

[14] Anthony King , Neurobiology: Rise of resilience. Nature, 531, S18–S19 (03 March 2016) doi:10.1038/531S18a.

[15] Lupien, S. et al. J. Neurosci. 74, 2893–2903 (1994).

[16] Weaver, I. C. G. et al. Nature Neurosci. 7, 847–854 (2004).

[17] Taliaz, D. et al. J. Neurosci. 31, 4475–4483 (2011).

[18] Sandra E Muroy, Kimberly L P Long, Daniela Kaufer and Elizabeth D Kirby. Moderate Stress-Induced Social Bonding and Oxytocin Signaling are Disrupted by Predator Odor in Male Rats. Neuropsychopharmacology (2016) 41, 2160–2170;doi:10.1038/npp.2016.16.

[19] Krishnan, V. et al. Cell 131, 391–404 (2007).

[20] Timothy J. Schoenfeld, Pedro Rada, Pedro R. Pieruzzini, Brian Hsueh and Elizabeth Gould. Physical Exercise Prevents Stress-Induced Activation of Granule Neurons and Enhances Local Inhibitory Mechanisms in the Dentate Gyrus. Journal of Neuroscience 1 May 2013, 33 (18) 7770-7777; DOI: https://doi.org/10.1523/JNEUROSCI.5352-12.2013.

[21] Steven M. Southwick, Dennis Charney. Resilience: The Science of Mastering Life's Greatest Challenges. Cambridge: Cambridge University Press, 2012.

[22] A Sekiguchi et al., Resilience after 3/11: structural brain changes 1 year after the Japanese earthquake. Molecular Psychiatry (2015) 20, 553–554; doi:10.1038/mp.2014.28; published online 29 April 2014.

[23] Minghui Wang, Zinaida Perova, Benjamin R. Arenkiel and Bo Li. Synaptic Modifications in the Medial Prefrontal Cortex in Susceptibility and Resilience to Stress. Journal of Neuroscience 28 May 2014, 34 (22) 7485-7492; DOI: https://doi.org/10.1523/JNEUROSCI.5294-13.2014.

[24] Charles C. White et al. Identification of genes associated with dissociation of

cognitive performance and neuropathological burden: Multistep analysis of genetic,epigenetic, and transcriptional data. Plos Medicine, April 25, 2017.

[25] Bruce S.Mc Ewen Jason D.Gray Carla Nasca. Recognizing resilience: Learning from the effects of stress on the brain. Neurobiology of Stress, Volume 1, January 2015,Pages 1-11.

第八章

[01] Heather Cody Hazlett et al. Early brain development in infants at high risk for autism spectrum disorder. Nature，vol 542，16 february 2017.

[02] Joseph A. Schwartz, Kevin M. Beaver. Revisiting the Association Between Television Viewing in Adolescence and Contact With the Criminal Justice System in Adulthood. Journal of Interpersonal Violence, Vol 31, Issue 14, pp. 2387 - 2411.

[03] Leslie R. Whitaker et al. Social Deprivation Enhances VTA Synaptic Plasticity and Drug-Induced Contextual Learning. Neuron, Volume 77, Issue 2, p335–345, 23 January 2013.

[04] Bar-Haim Y1, Fox NA, Benson B, Guyer AE, Williams A, Nelson EE, Perez-Edgar K, Pine DS, Ernst M. Neural correlates of reward processing in adolescents with a history of in-hibited temperament. Psychol Sci, 2009 Aug;20(8):1009-18.

[05] Mandy B. Belfort; Sheryl L. Rifas-Shiman; Ken P. Kleinman; et al Lauren B. Guthrie;Da-vid C. Bellinger; Elsie M. Taveras; Matthew W. Gillman; Emily Oken, Infant Feeding and Childhood Cognition at Ages 3 and 7 Years Effects of Breastfeeding Duration and Exclu-sivity. JAMA Pediatr. 2013;167(9):836-844.

[06] Mandy B. Belfort. Breast Milk Feeding, Brain Development, and Neurocognitive Out-comes: A 7-Year Longitudinal Study in Infants Born at Less Than 30 Weeks'Gestation. The journal of Pediatrics, October 2016 Volume 177, Pages 133–139.

[07] Paul Tullis. The Death of Preschool. Scientific American Mind, 22, 36 - 41 (2011).

[08] Kennedy Krieger Institute. 'Could my child have autism?' Ten signs of possible autism-related delays in 6- to 12-month-old children. ScienceDaily, 26 March 2012.

[09] T Flatscher-Bader. Increased de novo copy number variants in the offspring of older males. Translational Psychiatry, 30 August 2011.

[10] Christopher P. Morgan and Tracy L. Bale. Early Prenatal Stress Epigenetically Programs Dysmasculinization in Second-Generation Offspring via the Paternal Lineage. Journal of Neuroscience, 17 August 2011, 31 (33) 11748-11755.

[11] Evans, Angela D.; Xu, Fen; Lee, Kang. When all signs point to you: Lies told in the face of evidence. Developmental Psychology, Vol 47(1), Jan 2011, 39-49.

[12] Kaffman A1, Meaney MJ. Neurodevelopmental sequelae of postnatal maternal care

in rodents: clinical and research implications of molecular insights. J Child Psychol Psychiatry. 2007 Mar-Apr;48(3-4):224-44.

[13] Christopher A. Murgatroyd,a Catherine J. Peña,b Giovanni Podda,a Eric J. Nestler,b and Benjamin C. Nephew. Early life social stress induced changes in depression and anxiety associated neural pathways which are correlated with impaired maternal care. Neuropeptides. Author manuscript; available in PMC 2016 Aug 1.

[14] Ju-Xiang Jin, Wen-Juan Hua, Xuan Jiang, Xiao-Yan Wu, Ji-Wen Yang, Guo-Peng Gao, Yun Fang, Chen-Lu Pei, Song Wang, Jie-Zheng Zhang, Li-Ming Tao and FangBiao Tao. Effect of outdoor activity on myopia onset and progression in school-aged chil-dren in northeast china: the sujiatun eye care study.

[15] Sylvain Moreno and Yunjo Lee .Short-term Second Language and Music Training Induc-es Lasting Functional Brain Changes in Early Childhood., Child Dev. 2015 Mar 27.

[16] Moreno S, Bialystok E, Barac R, Schellenberg EG, Cepeda NJ, Chau T. Short-term music training enhances verbal intelligence and executive function. Psychological Science, 2011;22:1425–1433.

[17] Guo-li Ming and Hongjun Song. Adult Neurogenesis in the Mammalian Brain: Significant Answers and Significant Questions. Neuron, 2011 May 26; 70(4): 687–702.

[18] Maier SF. Learned helplessness and animal models of depression.Prog Neuropsychopharmacol Biol Psychiatry, 1984; 8(3):435-46.

[19] Schroder HS, Moran TP, Donnellan MB, Moser JS. Mindset induction effects on cognitive control: a neurobehavioral investigation. Biol Psychol, 2014 Dec;103:2737. doi: 10.1016/j.biopsycho.2014.08.004. Epub 2014 Aug 18.

[20] Lenroot RK, Giedd JN. Brain development in children and adolescents: insights from an-atomical magnetic resonance imaging. Neurosci Biobehav Rev. 2006;30(6):71829. Epub 2006 Aug 2.

[21] Jason Lloyd-Price, Anup Mahurkar, Gholamali Rahnavard, Jonathan Crabtree, Joshua Orvis A. Brantley Hall, Brady, Heather H. Creasy, Carrie McCracken, Michelle G. Giglio Daniel McDonald, Eric A. Franzosa, Rob Knight, Owen White, Curtis Huttenhower. Strains, functions and dynamics in the expanded Human Microbiome Project. Nature (2017) doi:10.1038/nature23889.

第九章

[01] Daniel W. Belsky et al. Quantification of biological aging in young adults, Proc Natl Acad Sci U S A, July 28, 2015 vol. 112 no. 30.

[02] Timothy A. Salthouse. When does age-related cognitive decline begin? Neurobiol

Aging. Neurobiol Aging, 2009 Apr; 30(4): 507–514.

[03] Ian J. Deary et al., Genetic contributions to stability and change inintelligence from child-hood to old age. nature, vol 482, 9 February 2012.

[04] Mather M, Harley CW. The Locus Coeruleus: Essential for Maintaining Cognitive Func-tion and the Aging Brain. Trends Cogn Sci. 2016 Mar;20(3):214-26. doi:10.1016/j.tics.2016.01.001.

[05] Lu T et al. REST and stress resistance in ageing and Alzheimer's disease. Nature,2014 Mar 27;507(7493):448-54. doi: 10.1038/nature13163. Epub 2014 Mar 19.

[06] Anna Oudin et al. Traffic-Related Air Pollution and Dementia Incidence in Northern Sweden: A Longitudinal Study. Environ Health Perspect; DOI:10.1289/ehp.1408322.

[07] M Cacciottolo et al. Particulate air pollutants, APOE alleles and their contributions to cognitive impairment in older women and to amyloidogenesis in experimental models. Translational Psychiatry (2017) 7, e1022; doi:10.1038/tp.2016.280.

[08] Hong Chen et al. Living near major roads and the incidence of dementia, Parkinson's disease, and multiple sclerosis: a population-based cohort study. Volume 389, No.10070, p718–726, 18 February 2017.

[09] Suzanne M. de la Monte et al. Alzheimer's Disease Is Type 3 Diabetes–Evidence Reviewed. J Diabetes Sci Technol. 2008 Nov; 2(6): 1101–1113.

[10] Ricki J. Colman, T. Mark Beasley, Joseph W. Kemnitz, Sterling C. Johnson, Richard Weindruch & Rozalyn M. Anderson. Caloric restriction reduces age-related and allcause mortality in rhesus monkeys. Nature Communications 5, Article number: 3557(2014).

[11] Ramón Estruch et al. Primary Prevention of Cardiovascular Disease with a Mediterrane-an Diet. N Engl J Med 2013; 368:1279-1290April 4, 2013DOI: 10.1056/NEJMoa1200303.

[12] Brian T. Gold et al. Lifelong Bilingualism Maintains Neural Efficiency for Cognitive Con-trol in Aging.J Neurosci. 2013 Jan 9; 33(2): 387–396.

[13] Evy Woumans et al. Bilingualism delays clinical manifestation of Alzheimer's disease. Volume 18, Issue 3 July 2015 , pp. 568-574.

[14] Fries, James F. (1980). Aging, Natural Death, and the Compression of Morbidity (PDF).New England Journal of Medicine. 303 (3): 130–5. PMID 7383070. doi:10.1056/NEJM198007173030304.

[15] Patricia A. Boyle et al. Effect of Purpose in Life on the Relation Between Alzheimer Dis-ease Pathologic Changes on Cognitive Function in Advanced Age. Arch Gen Psychiatry. 2012 May; 69(5): 499–505.

[16] Block RA, Zakay D. Prospective and retrospective duration judgments: A metaanalytic review. Psychon Bull Rev. 1997 Jun;4(2):184-97. doi: 10.3758/

BF03209393.

[17] Paul R. Duberstein, Benjamin P. Chapman, Hilary A. Tindle, Kaycee M. Sink,Patricia Bamonti, John Robbins, Anthony F. Jerant, and Peter Franks. Personality and Risk for Alzheimer's Disease in Adults 72 Years of Age and Older: A Six-Year Follow-Up. Psychol Aging, 2011 Jun; 26(2): 351–362.

[18] Bryan D. James et al. Late-Life Social Activity and Cognitive Decline in Old Age. J Int Neuropsychol Soc. 2011 Nov; 17(6): 998–1005.

[19] Brian R Herb et al. Reversible switching between epigenetic states in honeybee behavioral subcastes. Nature Neuroscience, volume 15, number 10, october 2012.

[20] A.S. Buchman, P.A. Boyle, L. Yu, R.C. Shah, R.S. Wilson, and D.A. Bennett. Total daily physical activity and the risk of AD and cognitive decline in older adults. Neurology, April 18, 2012 DOI: 10.1212/WNL.0b013e3182535d35.

[21] Wrann CD. FNDC5/irisin - their role in the nervous system and as a mediator for benefi-cial effects of exercise on the brain.Brain Plast. 2015;1(1):55-61. doi: 10.3233/BPL-150019.

[22] Bryan D. James et al. Life Space and Risk of Alzheimer Disease, Mild Cognitive Impair-ment, and Cognitive Decline in Old Age. Am J Geriatr Psychiatry, 2011 Nov;19(11): 961–969.

[23] Eskelinen MH Kivipelto M. Caffeine as a protective factor in dementia and Alzheimer's disease. J Alzheimers Dis. 2010;20 Suppl 1:S167-74. doi: 10.3233/ JAD2010-1404.

[24] Turner RS, Thomas RG, Craft S, van Dyck CH, Mintzer J, Reynolds BA, Brewer JB, Riss-man RA, Raman R, Aisen PS; Alzheimer's Disease Cooperative Study. Neurology. 2015 Oct 20;85(16):1383-91. doi: 10.1212/WNL.0000000000002035. Epub 2015 Sep 11.

[25] Sabrina K Segal, Carl W Cotman, Lawrence F Cahill. Exercise-Induced Noradrenergic Activation Enhances Memory Consolidation in Both Normal Aging and Patients with Am-nestic Mild Cognitive Impairment. Journal of Alzheimer's Disease, 2012 DOI: 10.3233/JAD-2012-121078.

[26] Kumar, D. K. V., Choi, S. H., Washicosky, K. J., Eimer, W. A., Tucker, S., Ghofrani,J., ... & Moir, R. D. (2016). Amyloid-β peptide protects against microbial infection in mouse and worm models of Alzheimer's disease. Science translational medicine,8(340), 340ra72-340ra72.

[27] Jefferson, R. S. 2017. Mapping The Brain's Microbiome: Can Studying Germs In The Brain Lead To A Cure For Alzheimer's?Movement AsI. 2015. Researching Alzheimer's Medicines：Setbacks and Stepping Stones Summer 2015. PhMRA.

[28] Robert D. Bell, Ethan A. Winkler, Itender Singh, Abhay P. Sagare, Rashid Deane,Zhenhua Wu, David M. Holtzman, Christer Betsholtz, Annika Armulik, Jan

Sallstrom, Bradford C. Berk & Berislav V. Zlokovic. Apolipoprotein E controls cerebro-vascular integrity via cyclophilin A. Nature 485, 512–516 (24 May 2012).

[29] Zdravko Petanjek et al. Extraordinary neoteny of synaptic spines in the human prefrontal cortex. Proc Natl Acad Sci U S A. 2011 Aug 9; 108(32): 13281–13286.

[30] Jerri D. Edwards, Huiping Xu, Daniel O. Clark, Lin T. Guey, Lesley A. Ross,Frederick W. Unverzagt. Speed of processing training results in lower risk of dementia. Alzheimer's & Dementia: Translational Research & Clinical Interventions,2017; DOI: 10.1016/j.trci.2017.09.002.

第十章

[01] Tomonori Takeuchi, Adrian J. Duszkiewicz, Alex Sonneborn, Patrick A. Spooner,Miwako Yamasaki, Masahiko Watanabe, Caroline C. Smith, Guillén Fernández,Karl Deisseroth, Robert W. Greene, Richard G. M. Morris. Locus coeruleus and dopaminergic consolida-tion of everyday memory. Nature, 2016; DOI: 10.1038/nature19325.

[02] André Schmidt, Felix Hammann, Bettina Wölnerhanssen, Anne Christin MeyerGerspach, Jürgen Drewe, Christoph Beglinger, Stefan Borgwardt. Green tea extract en-hances parieto-frontal connectivity during working memory processing. Psychopharmacology, 2014; DOI: 10.1007/s00213-014-3526-1.

[03] Heather K. Titley, Nicolas Brunel, Christian Hansel. Toward a Neurocentric View of Learning. Neuron, 2017; 95 (1): 19 DOI: 10.1016/j.neuron.2017.05.021.

[04] K. G. Akers et al., Science 344, 598 (2014).

[05] S. Fusi, P. J. Drew, L. F. Abbott, Neuron 45, 599 (2005).

[06] V. I. Weisz, P. F. Argibay, Cognition 125, 13 (2012).

[07] Javiera P. Oyarzún, Pau A. Packard, Ruth de Diego-Balaguer, Lluis Fuentemilla. Motivat-ed encoding selectively promotes memory for future inconsequential semantically-related events. Neurobiology of Learning and Memory, 2016; 133: 1 DOI: 10.1016/j.nlm.2016.05.005.

[08] George Savulich, Thomas Piercy, Chris Fox, John Suckling, James B. Rowe, John T.O'Brien, Barbara J. Sahakian. Cognitive Training Using a Novel Memory Game on an iPad in Patients with Amnestic Mild Cognitive Impairment (aMCI). International Journal of Neuropsychopharmacology, 2017; DOI: 10.1093/ijnp/pyx040.

[09] Ines R Violante, Lucia M Li, David W Carmichael, Romy Lorenz, Robert Leech,Adam Hampshire, John C Rothwell, David J Sharp. Externally induced frontoparietal synchro-nization modulates network dynamics and enhances working memory performance. eLife, 2017; 6 DOI: 10.7554/eLife.22001.

[10] Maria Vittoria Podda, Sara Cocco, Alessia Mastrodonato, Salvatore Fusco, Lucia

Leone, Saviana Antonella Barbati, Claudia Colussi, Cristian Ripoli, Claudio Grassi. Anodal transcranial direct current stimulation boosts synaptic plasticity and memory in mice via epigenetic regulation of Bdnf expression. Scientific Reports, 2016; 6:22180 DOI: 10.1038/srep22180.

[11] Natasza D. Orlov, Owen O'Daly, Derek K. Tracy, Yusuf Daniju, John Hodsoll, Lorena Val-dearenas, John Rothwell, Sukhi S. Shergill. Stimulating thought: a functional MRI study of transcranial direct current stimulation in schizophrenia. Brain, 2017;DOI: 10.1093/brain/awx170.

[12] Aneesha S. Nilakantan et al. Stimulation of the Posterior Cortical-Hippocampal Network Enhances Precision of Memory Recollection. Current Biology, January 2017 DOI: 10.1016/j.cub.2016.12.042.

[13] Caroline Lustenberger, Michael R. Boyle , Sankaraleengam Alagapan, Juliann M.Mellin, Bradley V. Vaughn, Flavio Fröhlich. Feedback-Controlled Transcranial Alternat-ing Current Stimulation Reveals a Functional Role of Sleep Spindles in Motor Memory Consolidation. Current Biology, 2016 DOI: 10.1016/j.cub.2016.06.044.

[14] Philippe Albouy, Aurélien Weiss, Sylvain Baillet, Robert J. Zatorre. Selective Entrainment of Theta Oscillations in the Dorsal Stream Causally Enhances Auditory Working Memory Performance. Neuron, 2017; DOI: 10.1016/j.neuron.2017.03.015.

[15] Van Dongen et al. Physical Exercise Performed Four Hours after Learning Improves Memory Retention and Increases Hippocampal Pattern Similarity during Retrieval. Current Biology, 2016 DOI: 10.1016/j.cub.2016.04.071.

[16] Julie A. Dumas et al. Dietary saturated fat and monoun-saturated fat have reversible effects on brain function and the secretion of pro-inflammatory cytokines in young women, Metabolism, 2017 Oct 1.

第十一章

[01] Jennifer Krizman, Viorica Marian, Anthony Shook, Erika Skoe, and Nina Kraus. Subcortical encoding of sound is enhanced in bilinguals and relates to executive function advantages. Proceedings of the National Academy of Sciences, 2012 DOI:10.1073/pnas.1201575109.

[02] Mehta R1, Zhu RJ. Blue or red? Exploring the effect of color on cognitive task performances. Science, 2009 Feb 27;323(5918):1226-9. doi: 10.1126/science.1169144. Epub 2009 Feb 5.

[03] Battleday, R.M.; Brem, A.-K. (Nov 2015). Modafinil for cognitive neuroenhancement in healthy non-sleep-deprived subjects: A systematic review. European Neuropsychopharmacology, 25 (11): 1865–1881. PMID 26381811.

doi:10.1016/j.euroneuro.2015.07.028.

[04] Repantis, Dimitris; Schlattmann, Peter (2010). Modafinil and methylphenidate for neuroenhancement in healthy individuals: A systematic review. Pharmacological Research, 62 (3): 187–206. PMID 20416377. doi:10.1016/j.phrs.2010.04.002.

[05] Repantis, Dimitris (June 2010). Acetylcholinesterase inhibitors and memantine for neuroenhancement in healthy individuals: A systematic review. Pharmacological Research, 61 (6): 473–481.

[06] Michael C. Trumbo, Laura E. Matzen, Brian A. Coffman, Michael A. Hunter,Aaron P. Jones, Charles S.H. Robinson, Vincent P. Clark. Enhanced working memory performance via transcranial direct current stimulation: The possibility of near and far transfer. Neuropsychologia, 2016; 93: 85 DOI: 10.1016/j.neuropsychologia.2016.10.011.

[07] Martine Hoogman, et al. Subcortical brain volume differences in participants with attention deficit hyperactivity disorder in children and adults: a cross-sectional mega analysis. The Lancet Psychiatry, 2017; DOI: 10.1016/S2215-0366(17)30049-4.

[08] Jolien Rijlaarsdam, Charlotte A. M. Cecil, Esther Walton, Maurissa S. C. Mesirow,Caroline L. Relton, Tom R. Gaunt, Wendy McArdle, Edward D. Barker. Prenatal unhealthy diet, insulin-like growth factor 2 gene (IGF2) methylation, and attention deficit hyperactivity disorder symptoms in youth with early-onset conduct problems. Journal of Child Psychology and Psychiatry, 2016; DOI: 10.1111/jcpp.12589.

[09] Kathryn m. Fritz, Patrick j. O'Connor. Acute Exercise Improves Mood and Motivation in Young Men with ADHD Symptoms. Medicine & Science in Sports &Exercise, 2016; 48 (6): 1153 DOI: 10.1249/MSS.0000000000000864.

[10] Johan Wiklund, Holger Patzelt, Dimo Dimov. Entrepreneurship and psychological disorders: How ADHD can be productively harnessed. Journal of Business Venturing Insights, 2016; 6: 14 DOI: 10.1016/j.jbvi.2016.07.001.

[11] Patrick D. Quinn, Zheng Chang, Kwan Hur, Robert D. Gibbons, Benjamin B. Lahey,Martin E. Rickert, Arvid Sjölander, Paul Lichtenstein, Henrik Larsson, Brian M.D'Onofrio. ADHD Medication and Substance-Related Problems. American Journal of Psychiatry, 2017; appi.ajp.2017.1 DOI: 10.1176/appi.ajp.2017.16060686.

[12] Anna Chorniy, Leah Kitashima. Sex, drugs, and ADHD: The effects of ADHD pharmacological treatment on teens' risky behaviors. Labour Economics, 2016; DOI:10.1016/j.labeco.2016.06.014.

[13] Alejandra Alejandra Ríos-Hernández, José A. Alda, Andreu Farran-Codina, Estrella FerreiraGarcía, Maria Izquierdo-Pulido. The Mediterranean Diet and ADHD in Children and Adolescents. Pediatrics, 2017; 139 (2): e20162027 DOI: 10.1542/peds.2016-2027.

[14] Charles E.Connor, Howard E.Egeth, StevenYantis. Visual Attention: Bottom-Up Versus Top-Down. Current Biology, Volume 14, Issue 19, 5 October 2004, Pages R850-R852.

[15] Pinto Y, van der Leij AR, Sligte IG, Lamme VA, Scholte HS. Bottom-up and topdown attention are independent. J Vis. 2013 Jul 17;13(3):16. doi: 10.1167/13.3.16. http://time.com/3858309/attention-spans-goldfish.

[16] Michele Tine. Acute aerobic exercise: an intervention for the selective visual attention and reading comprehension of low-income adolescents. Frontiers in Psychology,2014; 5 DOI: 10.3389/fpsyg.2014.00575.

[17] Altmann, E. M., Trafton, J. G., & Hambrick, D. Z. (2014). Momentary interruptions can derail the train of thought. Journal of Experimental Psychology: General, 143(1),215-226.

[18] Ariga A, Lleras A. Brief and rare mental "breaks" keep you focused: deactivation and reactivation of task goals preempt vigilance decrements. Cognition, 2011 Mar;118(3):439-43. doi: 10.1016/j.cognition.2010.12.007. Epub 2011 Jan 5.

[19] Einöther SJ, Martens VE, Rycroft JA, De Bruin EA. L-theanine and caffeine improve task switching but not intersensory attention or subjective alertness. Appetite, 2010 Apr;54(2):406-9. doi: 10.1016/j.appet.2010.01.003. Epub 2010 Jan 15.

[20] Kimberly R. Urban, Wen-Jun Gao. Performance enhancement at the cost of potential brain plasticity: neural ramifications of nootropic drugs in the healthy developing brain. Frontiers in Systems Neuroscience, 2014; 8 DOI: 10.3389/fnsys.2014.00038.

[21] Richard B. Silberstein et al., Dopaminergic modulation of default mode network brain functional connectivity in attention deficit hyperactivity disorder. Brain Behav, 2016 Dec; 6(12): e00582.

[22] Adrian F. Ward, Kristen Duke, Ayelet Gneezy, Maarten W. Bos. Brain Drain:The Mere Presence of One's Own Smartphone Reduces Available Cognitive Capacity. Journal of the Association for Consumer Research, 2017; 2 (2): 140 DOI:10.1086/691.

[23] Michael D. Fox et al., The human brain is intrinsically organized into dynamic,anticorrelated functional networks. Proc Natl Acad Sci U S A. 2005 Jul 5; 102(27):9673–9678.

[24] Eric I. Knudsen. Fundamental Components of Attention. Annual Review of Neuroscience, Vol. 30:57-78 (Volume publication date July 2007).

[25] 〔25〕K. F. Holton, J. T. Nigg. The Association of Lifestyle Factors and ADHD in Children.Journal of Attention Disorders, 2016; DOI: 10.1177/1087054716646452.

[26] Atsunori Ariga, Alejandro Lleras. Brief and rare mental 'breaks' keep you focused:Deactivation and reactivation of task goals preempt vigilance decrements. Cognition,2011; DOI: 10.1016/j.cognition.2010.12.007.

[27] Chun Liang Hsu, John R Best, Jennifer C Davis, Lindsay S Nagamatsu, Shirley Wang, Lara A Boyd, GY Robin Hsiung, Michelle W Voss, Janice Jennifer Eng,Teresa Liu-Ambrose. Aerobic exercise promotes executive functions and impacts functional neural activity among older adults with vascular cognitive impairment. British Journal of Sports Medicine, 2017; bjsports-2016-096846 DOI: 10.1136/bjsports-2016-096846.

[28] Eric D. Vidoni, David K. Johnson, Jill K. Morris, Angela Van Sciver, Colby S.Greer, Sandra A. Billinger, Joseph E. Donnelly, Jeffrey M. Burns. Dose-Response of Aerobic Exercise on Cognition: A Community-Based, Pilot Randomized Controlled Trial. PLOS ONE, 2015; 10 (7): e0131647 DOI: 10.1371/journal.pone.0131647.

[29] Betsy Hoza, Alan L. Smith, Erin K. Shoulberg, Kate S. Linnea, Travis E. Dorsch,Jordan A. Blazo, Caitlin M. Alerding, George P. McCabe. A Randomized Trial Examining the Effects of Aerobic Physical Activity on Attention-Deficit/Hyperactivity. Disorder Symptoms in Young Children. Journal of Abnormal Child Psychology, 2014; DOI: 10.1007/s10802-014-9929-y.

[30] Julia C. Basso, Wendy A. Suzuki. The Effects of Acute Exercise on Mood, Cognition, Neurophysiology, and Neurochemical Pathways: A Review. Brain Plasticity, 2017; 2(2): 127 DOI: 10.3233/BPL-160040.

[31] Colcombe SJ , et al. Cardiovascular fitness, cortical plasticity, and aging. Proc Natl Acad Sci U S A. (2004) ;101: (9):3316–21.

[32] Hayley Guiney, Liana Machado. Benefits of regular aerobic exercise for executive functioning in healthy populations. Psychonomic Bulletin & Review, 2012; DOI:10.3758/s13423-012-0345-4.

[33] Kirszenblat L, van Swinderen B. The Yin and Yang of Sleep and Attention[J]. Trends Neurosci, 2015,38(12):776-786.

[34] Maria Ironside et al., Effect of Prefrontal Cortex Stimulation on Regulation of Amygdala Response to Threat in Individuals With Trait Anxiety A Randomized Clinical Trial, JAMA Psychiatry. doi:10.1001/jamapsychiatry.2018.2172.

第十二章

[01] Faraone, S. V, Asherson, P., Banaschewski, T., Biederman, J., Ramos-quiroga, J. A., Rohde, L. A., ... Franke, B. (2015). Attention-deficit/hyperactivity disorder. Nature reviews, Disease primers, 1. https://doi.org/10.1038/nrdp.2015.20.

[02] Hinshaw, S. P. (2018). Attention Deficit Hyperactivity Disorder (ADHD):Controversy , Developmental Mechanisms , and Multiple Levels of Analysis. Annu.Rev. Clin. Psychol, (November 2017), 1–26.

[03] Crescenzo, F. De, Cortese, S., Adamo, N., & Janiri, L. (2017). Pharmacological and

non-pharmacological treatment of adults with ADHD : a meta-review. 4 Evid Based Mental Health February, 20(1).

第十三章

[01] Emanuel Jauk, Mathias Benedek, Beate Dunst, and Aljoscha C. Neubauer. The relationship between intelligence and creativity: New support for the threshold hypothesis by means of empirical breakpoint detection. Intelligence, 2013 Jul; 41(4):212–221.doi: 10.1016/j.intell.2013.03.003.

[02] Manish Saggar, Eve-Marie Quintin, Eliza Kienitz, Nicholas T. Bott, Zhaochun Sun, Wei-Chen Hong, Yin-hsuan Chien, Ning Liu, Robert F. Dougherty, Adam Royalty,Grace Hawthorne & Allan L. Reiss. Pictionary-based fMRI paradigm to study the neural correlates of spontaneous improvisation and figural creativity. Scientific Reports 5, Article number: 10894 (2015) doi:10.1038/srep10894.

[03] Dietrich A, Haider H. A Neurocognitive Framework for Human Creative Thought. Front Psychol. 2017 Jan 10.

[04] William W. Maddux, Adam D. Galinsky. Cultural Borders and Mental Barriers: The Relationship Between Living Abroad and Creativity. Journal of Personality and Social Psychology, Vol. 96, No. 5.

[05] Lile Jia et al. Lessons from a Faraway land: The effect of spatial distance on creative cognition. Journal of Experimental Social Psychology Volume 45, Issue 5, September 2009, Pages 1127–1131.

[06] Gerben A. Van Kleef et al. Can expressions of anger enhance creativity? A test of the emotions as social information (EASI) model. Journal of Experimental Social Psychology, Volume 46, Issue 6, November 2010, Pages 1042–1048.

[07] Manish Saggar, Eve-Marie Quintin, Eliza Kienitz, Nicholas T. Bott, Zhaochun Sun,Wei-Chen Hong, Yin-hsuan Chien,Ning Liu, Robert F. Dougherty, Adam Royalty,Grace Hawthorne, and Allan L. Reiss. Pictionary-based fMRI paradigm to study the neural correlates of spontaneous improvisation and figural creativity. Sci Rep, 2015; 5: 10894.

[08] Steven L. Bressler and Vinod Menon. Large-scale brain networks in cognition:emerging methods and principles. doi:10.1016/j.tics.2010.04.004 Trends in Cognitive Sciences 14 (2010) 277–290.

[09] Rex E. Jung, Brittany S. Mead, Jessica Carrasco and Ranee A. Flores. The structure of creative cognition in the human brain. Front. Hum. Neurosci., 08 July 2013, DOI:https://doi.org/10.3389/fnhum.2013.00330.

[10] Campbell, D. T. (1960). Blind variation and selective retention in creative thought as in other knowledge processes. Psychol. Rev. 67, 380–400. doi: 10.1037/h0040373.

[11] Randy L. Buckner, Jessica R. Andrews-Hanna, Daniel L. Schacter. The Brain's Default Network Anatomy, Function, and Relevance to Disease. March 2008. DOI: 10.1196/annals.1440.011.

[12] Anandi Mani, Sendhil Mullainathan, Eldar Shafir, Jiaying Zhao. Poverty Impedes Cognitive Function.Science, 30 Aug 2013:Vol. 341, Issue 6149, pp. 976-980. DOI:10.1126/science.1238041.

[13] Sofia I. F. Forss, Caroline Schuppli, Dominique Haiden, Nicole Zweifel, Carel P. van Schaik. Contrasting responses to novelty by wild and captive orangutans. 26 June 2015 Full publication history. DOI: 10.1002/ajp.22445.

[14] Benjamin Baird. Inspired by Distraction Mind Wandering Facilitates Creative Incubation. Psychological Science, August 31, 2012.

第十四章

[01] Zheng Liu, Barry J. Richmond, Elisabeth A. Murray, Richard C. Saunders, Sara Steenrod, Barbara K. Stubblefield, Deidra M. Montague, and Edward I. Ginns. DNA targeting of rhinal cortex D2 receptor protein reversibly blocks learning of cues that predict reward. PNAS August 17, 2004 101 (33) 12336-12341; https://doi.org/10.1073/pnas.0403639101.

[02] McCrea et al. Construal Level and Procrastination. Psychological Science, 2008; 19(12): 1308 DOI: 10.1111/j.1467-9280.2008.02240.x

[03] Steel P. The Nature of Procrastination: A Meta-Analytic and Theoretical Review of Quintessential Self-Regulatory Failure. Psychol Bull, 2007 Jan;133(1):65-94.

[04] Dan Ariely, Klaus Wertenbroch, Procrastination, Deadlines, and Performance: SelfControl by Pre-commitment. Psychological Science,Vol 13, Issue 3, 2002.

[05] Chun Chu, A.H. & Choi, J.N. (2005). Rethinking procrastination: Positive effects of 「active」 pro-crastination behavior on attitudes and performance. The Journal of Social Psychology, 145, 245-64.

[06] McCrea, S.M. & Flamm, A. (2012). Dysfunctional anticipatory thoughts and the selfhandicapping strategy. European Journal of Social Psychology, 42, 72-81.

[07] Sirois, F. & Pychyl, T. (2013). Procrastination and the priority of short-term mood regulation: Con-sequences for future self. Social and Personality Psychology Compass, 7, 115-127.

第十五章

[01] https://www.ocduk.org/types-ocd.

[02] Claire M. Gillan et al. Functional Neuroimaging of Avoidance Habits in ObsessiveCompulsive Disorder. The American Journal of Psychiatry, Volume 172,

Issue 3,March 01, 2015, pp. 284-293.

[03] Ann Graybiel, Kyle Smith. Can Obsessive-Compulsive Disorder Be Blocked in the Brain? Scientific American mind, June 1, 2014.

[04] Stella-Marie Paradisis, Frederick Aardema, Kevin D. Wu. Schizotypal, Dissociative,and Imaginative Pro-cesses in a Clinical OCD Sample. Journal of Clinical Psychology, 2015; 71 (6): 606 DOI: 10.1002/jclp.22173.

[05] Martijn Figee, Pelle de Koning, Sanne Klaassen, Nienke Vulink, Mariska Mantione,Pepijn van den Munckhof, Richard Schuurman, Guido van Wingen, Thérèse van Amelsvoort, Jan Booij, Damiaan Denys. Deep Brain Stimulation Induces Striatal Dopamine Release in Obsessive-Compulsive Disorder. Biological Psychiatry, 2014;75 (8): 647 DOI: 10.1016/j.biopsych.2013.06.021.

[06] Claire M. Gillan, Sharon Morein-Zamir, Gonzalo P. Urcelay, Akeem Sule, Valerie Voon, Annemieke M. Apergis-Schoute, Naomi A. Fineberg, Barbara J. Sahakian, and Trevor W. Robbins. Enhanced Avoidance Habits in Obsessive-Compulsive Disorder. Biological Psychiatry, April 2014 DOI: 10.1016/ j.biopsych.2013.02.002.

[07] Claire M. Gillan, Sharon Morein-Zamir, Muzaffer Kaser, Naomi A. Fineberg, Akeem Sule, Barbara J. Sa-hakian, Rudolf N. Cardinal, Trevor W. Robbins. Counterfactual Processing of Economic Action-Outcome Alternatives in Obsessive-Compulsive Disorder: Further Evidence of Impaired Goal-Directed Behavior. Biological Psychiatry, 2014; 75 (8): 639 DOI: 10.1016/j.biopsych.2013.01.018.

[08] Pin Xu, Brad A. Grueter, Jeremiah K. Britt, Latisha McDaniel, Paula J. Huntington,Rachel Hodge, Stephanie Tran, Brittany L. Mason, Charlotte Lee, Linh Vong,Bradford B. Lowell, Robert C. Malenka, Michael Lutter, and Andrew A. Pieper.Double deletion of melanocortin 4 receptors and SAPAP3 corrects compulsive behavior and obesity in mice. PNAS, June 10, 2013 DOI: 10.1073/pnas.1308195110.

[09] Vaibhav A. Diwadkar, Ashley Burgess, Ella Hong, Carrie Rix, Paul D. Arnold,Gregory L. Hanna, David R. Rosenberg. Dysfunctional Activation and Brain Network Profiles in Youth with Obsessive-Compulsive Disorder: A Focus on the Dorsal Anterior Cingulate during Working Memory. Frontiers in Human Neuroscience,2015.

[10] Harrison BJ, Pujol J, Soriano-Mas C, et al. Neural Correlates of Moral Sensitivity in Obsessive-Compulsive DisorderMoral Sensitivity in Obsessive-compulsive Disorder. Archives of General Psychiatry, 2012; 69 (7).

[11] Piras F, Piras F, Chiapponi C, Girardi P, Caltagirone C, Spalletta G. Widespread structural brain changes in OCD: a systematic review of voxel-based morphometry studies. Cortex. 2015 Jan;62:89-108. doi: 10.1016/j.cortex.2013.01.016. Epub 2013 Feb 26. Review.

[12] Frick L, Pittenger C. Microglial Dysregulation in OCD, Tourette Syndrome, and

PANDAS. J Immunol Res. 2016;2016:8606057. DOI: 10.1155/2016/8606057. Epub 2016 Dec 7. Review.

[13] Pauls DL, Abramovitch A, Rauch SL, Geller DA. Obsessive-compulsive disorder:an integrative genetic and neurobiological perspective. Nat Rev Neurosci. 2014 Jun;15(6):410-24. doi: 10.1038/nrn3746. Review.

第十六章

[01] Joshua W. Buckholtz et al. Disrupted Prefrontal Regulation of Striatal Subjective Value Signals in Psychopathy. Neuron, July 2017 DOI: 10.1016/ j.neuron.2017.06.030.

[02] Sarah Gregory, R James Blair, Dominic ffytche, Andrew Simmons, Veena Kumari,Sheilagh Hodgins, Nigel Blackwood. Punishment and psychopathy: a casecontrol functional MRI investigation of reinforcement learning in violent antisocial personality disordered men. The Lancet Psychiatry, 2015; 2 (2): 153. DOI: 10.1016/S2215-0366(14)00071-6.

[03] Jean Decety, Chenyi Chen, Carla Harenski and Kent A. Kiehl. An fMRI study of affec-tive perspective taking in individuals with psychopathy: imagining another in pain does not evoke empathy. Frontiers in Human Neuroscience, 2013. DOI: 10.3389/fnhum.2013.00489.

[04] Zhou J, Yao N, Fairchild G, Cao X, Zhang Y, Xiang YT, Zhang L, Wang X. Disrupted default mode network connectivity in male adolescents with conduct disorder. Brain Imaging Behav, 2016 Dec;10(4):995-1003.

[05] Meffert, H., Gazzola, V., Boer, JA., Bartels, AAJ., Keysers, C., (2013). Reduced sponta-neous but relatively normal deliberate vicarious representations in psychopathy. Brain, 136(8), 2550-2562.

[06] Fallon, J., (2006). Neuroanatomical background to understanding the brain of the young psychopath. Ohio State Journal of Criminal Law, 3:34 341-367.

[07] McDermott, R., et al. (2009). Monoamine oxidase A gene (MAOA) predicts behavioral aggression following provocation. PNAS, 106 (7) 2118-2123.

[08] Takahashi, A., Quadros, I. M., de Almeida, R. M. M., & Miczek, K. A. (2012). Behavioral and Pharmacogenetics of Aggressive Behavior. Current Topics in Behavioral Neuro-sciences, 12, 73–138.

[09] Nordquist, N., & Oreland, L. (2010). Serotonin, genetic variability, behaviour, and psy-chiatric disorders - a review. Upsala Journal of Medical Sciences, 115(1), 2–10.

[10] Galang, A. R., Castelo, V. C., Santos, L. I., Perlas, C. C., and Angeles, M. B. (2016). Inves-tigating the prosocial psychopath model of the creative personality: Evidence from traits and psychophysiology. Personality and Individual Differences, 10028-36.

DOI:10.1016/j.paid.2016.03.081.

[11] Rauthmann, J. F., & Kolar, G. P. (2012). How 「dark」 are the Dark Triad traits?Examining the perceived darkness of narcissism, Machiavellianism, and psychopathy. Personality And Individual Differences, 53(7), 884-889. DOI:10.1016/j.paid.2012.06.020.

[12] Bartels, M., Hudziak, J. J., van den Oord, E. J. C. G., van Beijsterveldt, C. E. M.,Rietveld, M. J. H., & Boomsma, D. I. (2003). Co-occurrence of Aggressive Behavior and Rule-Breaking Behavior at Age 12: Multi-Rater Analyses. Behavior Genetics,33(5), 607–621. doi:10.1023/a:1025787019702.

[13] Hawes, S. W., Byrd, A. L., Waller, R., Lynam, D. R., & Pardini, D. A. (2016). Late childhood interpersonal callousness and conduct problem trajectories interact to predict adult psy-chopathy. Journal of Child Psychology and Psychiatry. DOI:10.1111/jcpp.12598.

[14] Hyde, L. W., Waller, R., Trentacosta, C. J., Shaw, D. S., Neiderhiser, J. M., Ganiban,J. M., … Leve, L. D. (2016). Heritable and Nonheritable pathways to early callous-unemotional behaviors. American Journal of Psychiatry, 173(9), 903–910. DOI:10.1176/appi.ajp.2016.15111381.

[15] Miller, J. D., Jones, S. E., & Lynam, D. R. (2011). Psychopathic traits from the perspective of self and informant reports: Is there evidence for a lack of insight?Journal of Abnormal Psychology, 120(3), 758–764. doi:10.1037/a0022477.

[16] Neumann, C. S., & Hare, R. D. (2008). Psychopathic traits in a large community sample: Links to violence, alcohol use, and intelligence. Journal of Consulting and Clinical Psychology, 76(5), 893–899. doi:10.1037/0022-006x.76.5.893.

[17] Rogers, T. P., Blackwood, N. J., Farnham, F., Pickup, G. J., & Watts, M. J. (2008). Fitness to plead and competence to stand trial: A systematic review of the constructs and their application. Journal of Forensic Psychiatry & Psychology, 19(4), 576–596. DOI:10.1080/14789940801947909.

[18] Tuvblad, C., Wang, P., Bezdjian, S., Raine, A., & Baker, L. A. (2015). Psychopathic per-sonality development from ages 9 to 18: Genes and environment. Development and Psychopathology, 28(01), 27–44. DOI:10.1017/s0954579415000267.

第十七章

[01] Kessler, R. C., Petukhova, M., Sampson, N. A., Zaslavsky, A. M., & Wittchen,H. U. (2012). Twelve-month and lifetime prevalence and lifetime morbid risk of anxiety and mood disorders in the United States. International Journal of Methods in Psychiatric Research, 21(3), 169–184. http://doi.org/10.1002/mpr.1359.

[02] Harvard Medical School, 2007. National Comorbidity Survey (NSC). (2017, August

21). Retrieved from https://www.hcp.med.harvard.edu/ncs/index.php. Data Table 1:Lifetime prevalence DSM-IV/WMH-CIDI disorders by sex and cohort.

[03] http://www.nimh.nih.gov/health/topics/bipolar-disorder/index.shtml.

[04] http://www.bipolarworld.net/Bipolar%20Disorder/Diagnosis/dsmv.htm (Adapted from DSM V).

[05] Shared Molecular Neuropathology across Major Psychiatric Disorders Parallels Polygenic Overlap, by Michael J. Gandal et al., in Science. Vol. 359; February 9,2018.

[06] D Dima, R E Roberts, S Frangou. Connectomic markers of disease expression,genetic risk and resilience in bipolar disorder. Translational Psychiatry, 2016; 6 (1):e706 DOI: 10.1038/tp.2015.193.

[07] R Pacifico, R L Davis. Transcriptome sequencing implicates dorsal striatum-specific gene network, immune response and energy metabolism pathways in bipolar disorder.Molecular Psychiatry, 2016; DOI: 10.1038/mp.2016.94.

[08] Mertens J et al., Differential responses to lithium in hyperexcitable neurons from patients with bipolar disorder. Nature, 2015 Nov 5;527(7576):95-9. doi: 10.1038/nature15526. Epub 2015 Oct 28.

[09] Gabriel R. Fries, Isabelle E. Bauer, Giselli Scaini, Mon-Ju Wu, Iram F. Kazimi,Samira S. Valvassori, Giovana Zunta-Soares, Consuelo Walss-Bass, Jair C. Soares,Joao Quevedo. Accelerated epigenetic aging and mitochondrial DNA copy number in bipolar disorder. Translational Psychiatry, 2017; 7 (12) DOI: 10.1038/s41398-0170048-8.

[10] Jie Song, Ralf Kuja-Halkola, Arvid Sjölander, Sarah E. Bergen, Henrik Larsson,Mikael Landén, Paul Lichtenstein. Specificity in Etiology of Subtypes of Bipolar Disorder: Evidence From a Swedish Population-Based Family Study. Biological Psychiatry, 2017; DOI: 10.1016/j.biopsych.2017.11.014.

[11] B Cao, I C Passos, B Mwangi, H Amaral-Silva, J Tannous, M-J Wu, G B ZuntaSoares, J C Soares. Hippocampal subfield volumes in mood disorders. Molecular Psychiatry, 2017; DOI: 10.1038/mp.2016.262.

[12] GE Doucet, DS Bassett, N Yao, DC Glahn, S Frangou. The role of intrinsic brain functional connectivity in vulnerability and resilience to bipolar disorder. American Journal of Psychiatry, 2017.

[13] Eduard Vieta et al. Bipolar disorders. Nature Reviews. DOI:10.1038/nrdp.2018.8.

第十八章

[01] Michael J Owen, Akira Sawa, Preben B Mortensen , Schizophrenia. The Lancet,January 14, 2016 http://dx.doi.org/10.1016/S0140-6736(15)01121-6.

[02] R O'Halloran, BH Kopell, E Sprooten, WK Goodman. Multimodal neuroimaginginformed clinical applications in neuropsychiatric disorders. Frontiers in psychiatry,2016.

[03] Nailin Yao et al. Inferring Pathobiology From Structural MRI in Schizophrenia and Bipolar Disorder: Modeling Head Motion and Neuroanatomical Specificity. Human Brain Mapping 00:00–00.

[04] Joel Gruchot, David Kremer, Patrick Küry. Neural Cell Responses Upon Exposure to Human Endogenous Retroviruses. Frontiers in Genetics, 2019; 10. DOI: 10.3389/fgene.2019.00655.

第十九章

[01] Sangjune Kim, Seung-Hwan Kwon, et al. Transneuronal Propagation of Pathologic α-Synuclein from the Gut to the Brain Models Parkinson's Disease[J]. Neuron, 2019;DOI: 10.1016/j.neuron.2019.05.035.

[02] Braak H, Tredici K D, Rub U, et al. Staging of brain pathology related to sporadic Parkinson's disease[J]. Neurobiology of Aging, 2003, 24(2): 197-211.

[03] Killinger B, Madaj Z, Sikora J W, et al. The vermiform appendix impacts the risk of developing Parkinson's disease[J]. Science Translational Medicine, 2018, 10(465).

[04] Bojing Liu, Fang Fang, et al. Vagotomy and Parkinson disease: A Swedish register–based matched-cohort study. Neurology, April 2017. DOI: 10.1212/WNL.0000000000003961.

[05] Holmqvist S, Chutna O, Bousset L, et al. Direct evidence of Parkinson pathology spread from the gastrointestinal tract to the brain in rats[J]. Acta Neuropathologica,2014, 128(6): 805-820.

大腦修復術

一本書教你如何應對憂鬱、焦慮、強迫症、拖延、社交恐懼、
注意力不集中等精神困擾，幫助你平衡生活壓力、提升工作表現

作　　　　者	姚乃琳	
文 稿 編 輯	林芳妃	
責 任 編 輯	何維民	

版　　　　權	吳玲緯		
行　　　　銷	巫維珍　何維民　蘇莞婷　林圃君		
業　　　　務	李再星　陳紫晴　陳美燕　葉晉源		
副 總 編 輯	何維民		
總 　 經 　 理	陳逸瑛		
發 　 行 　 人	涂玉雲		
出　　　　版	麥田出版		
	104台北市中山區民生東路二段141號5樓		
	電話：（886）2-2500-7696　傳真：（886）2-2500-1967		
發　　　　行	英屬蓋曼群島商家庭傳媒股份有限公司城邦分公司		
	104台北市中山區民生東路二段141號2樓		
	書蟲客服服務專線：(886)2-2500-7718；2500-7719		
	24小時傳真服務：(886)2-2500-1990；2500-1991		
	服務時間：週一至週五09:30-12:00；13:30-17:00		
	郵撥帳號：19863813　戶名：書蟲股份有限公司		
	讀者服務信箱E-mail：service@readingclub.com.tw		
	麥田部落格：http://blog.pixnet.net/ryefield		
	麥田出版Facebook：http://www.facebook.com/RyeField.Cite/		
香港發行所	城邦（香港）出版集團有限公司		
	香港灣仔駱克道193號東超商業中心1樓		
	電話：852-2508-6231		
	傳真：852-2578-9337		
馬新發行所	城邦（馬新）出版集團【Cite (M) Sdn Bhd.】		
	41-3, Jalan Radin Anum, Bandar Baru Sri Petaling,		
	57000 Kula Lumpur, Malaysia.		
	電話：(603) 9056-3833 傳真：(603) 9057-6622		
	Email：service@cite.my		

印　　　　刷	前進彩藝有限公司
電 腦 排 版	浤譜創意設計股份有限公司
書 封 設 計	倪旻

初 版 一 刷	2020年10月	
初 版 九 刷	2023年10月	著作權所有‧翻印必究（Printed in Taiwan）
定　　　　價	380元	本書如有缺頁、破損、裝訂錯誤，請寄回更換
I　S　B　N	978-986-344-815-0	

國家圖書館出版品預行編目資料

大腦修復術：一本書教你如何應對憂鬱、焦慮、強迫症、拖延、社交恐懼、
注意力不集中等精神困擾，幫助你平衡生活壓力、提升工作表現/ 姚乃琳著.
-- 初版. -- 臺北市：麥田出版：家庭傳媒城邦分公司發行, 2020.10

360面 ; 15×21公分
ISBN 978-986-344-815-0(平裝)

1.生理心理學 2.腦部
172.1　　　　　　　　　　　　　　　　　　109012368